MICHEL MONTIGNAC

ICH ESSE UM ABZUNEHMEN
DIE METHODE MONTIGNACS

VORWORT VON DR. MORRISON C. BETHEA
LEITER DER ABTEILUNG FÜR HERZCHIRURGIE
AM MERCY-BAPTIST HOSPITAL,
NEW-ORLEANS, USA.

AUS DEM FRANZÖSISCHEN VON LIANE SCHUMPA

D1662882

ARTULEN-VERLAG
Deutsche Erstausgabe 1994

ARTULEN-VERLAG, OFFENBURG
Luisenstraße 4
D-77654 Offenburg
Telefon: (0781) 948 18 83
Fax: (0781) 948 17 82
Deutsche Erstausgabe 1994

Vom selben Autor sind folgende Bücher
als internationale Ausgaben erschienen:

Deutschland: Essen gehen und dabei abnehmen

Frankreich: Comment maigrir en faisant des repas d'affaires
Je mange donc je maigris!
Mettez un turbo dans votre assiette!
Recettes et Menus Montignac

USA: Dine out and lose weight
Eat yourself slim

England: Dine out and lose weight
Eat yourself slim
Recipes and Menus Montignac

Spanien: Como adelgazar en comidas de negocios
Comer para adelgazar
Las recetas de Michel Montignac

Italien: Come dimagrire facendo pranzi d'affari
Mangio dunque dimagrisco!

Holland: Slank worden met zakendiners
Ik ben slank want ik eet!

Finnland: Syön hyvin ja siksi laihdun

Die Originalausgabe erschien unter dem Titel *La méthode Montignac,
Spécial Femme*, verbesserte Ausgabe von *Je mange donc je maigris!*

© 1994 Artulen-Verlag , Offenburg
Alle Rechte vorbehalten
Titelfoto: Stock Image, J.-C. Marley.
Layout: Rotation Verlags-Service Zerling & Heßling, Berlin
Druck: Druckhaus Beltz, Hemsbach/Bergstraße
Printed in Germany

ISBN 2-906236-73-X

ICH ESSE UM ABZUNEHMEN

DIE METHODE MONTIGNACS

VORWORT 1

In seinem neuen Buch, bei dem speziell die Belange der Frau im Vordergrund stehen, zeigt Michel Montignac uns wieder einmal, daß er nicht nur über fundierte Kenntnisse im Bereich der Ernährung verfügt, sondern daß er auch ein enormes Gespür auf diesem Gebiet besitzt.

Zweifellos ist er durch seine Erfolge zu einer echten Kapazität im Bereich der Ernährung geworden.

In den letzten Jahrzehnten hat die Medizin enorme Fortschritte erzielt, so daß zahlreiche Krankheiten besser diagnostiziert, behandelt und verhindert werden können. Dies hat sich äußerst positiv auf unseren Gesundheitszustand ausgewirkt.

Die Verbesserung der Ernährungsgewohnheiten und die Anwendung körperlicher Betätigung standen besonders im Vordergrund. Wenn man jedoch das Problemfeld Ernährung genauer untersucht, muß man zugeben, daß vor dem Aufkommen der Montignac-Methode nichts wirklich Brauchbares angeboten wurde.

Während sich die Mehrheit der Ernährungsspezialisten mit der allzu vereinfachten Methode zufriedengegeben hat, die darin besteht, die tägliche Nahrungszufuhr und insbesondere die Fette zu reduzieren, um das Gewicht zu verringern und den Gesundheitszustand zu verbessern, war Michel Montignac der erste, der die kalorienreduzierte Ernährungsmethode in Frage stellte und sich stattdessen auf die tatsächliche Beziehung zwischen den einzelnen Lebensmitteln und den biochemischen Reaktionen, die sie im Körper auslösen, konzentrierte.

Ausgehend von allgemein bekannten Untersuchungen, die genau darlegen, warum Franzosen viel seltener an Fettleibigkeit (Adipositas) und Herz-Kreislauf-Erkrankungen leiden als Angehörige anderer Industrieländer, hat Michel Montignac sehr richtig die Behauptung aufgestellt, daß das Fundament eines Ernährungsplans vom Stoffwechsel der Kohlenhydrate (und nicht vom Fett- oder Proteinstoffwechsel) gebildet wird.

Die Aufnahme von Kohlenhydraten, die durch eine Insulinfreisetzung deutlich wird, bildet den entscheidenden Ernährungsfaktor.

Michel Montignac empfiehlt die Wahl der Kohlenhydrate nach ihrem glykämischen Index, wodurch es möglich wird, die Insulinfreisetzung zu regulieren und demzufolge die Gewichtszunahme bzw. -abnahme zu beeinflussen.

Die Richtlinien der Montignac-Methode bezüglich der Aufnahme von Fetten und Proteinen führen zudem zu einer Verbesserung des Gesundheitszustandes. Es ist bekannt, daß Proteine die Ausschüttung des Glukagonhormons anregen, das indirekt zur Reduzierung der Fettreserven beiträgt.

Vor kurzem haben wir bei uns im Mercy-Baptist Hospital, New-Orleans, USA, eine Untersuchung über die Anwendung der Prinzipien der Montignac-Methode durchgeführt.

Die ersten Ergebnisse bei unseren Patienten zeigten nicht nur eine entscheidende Verringerung des Übergewichtes, sondern auch und vor allem eine Senkung des Cholesterinspiegels um 20 bis 30 % bei der Mehrheit der Patienten.

Unserer Ansicht nach sind diese Erfolge direkt mit der Senkung der Insulinfreisetzung verbunden, die durch die Montignac-Methode erreicht wird. Aus diesem Grund werden wir demnächst ausführliche Untersuchungen durchführen und dabei systematisch das Insulin, das Cholesterin und die Triglyzeride messen, wodurch unsere Vermutungen bestätigt werden dürften.

Im Ernährungsbereich stellt die Montignac-Methode einen unbestreitbaren Beitrag dar. Fragen hinsichtlich unserer Ernährungsgewohnheiten werden von ihr auf wissenschaftliche und rationale Art und Weise beantwortet. Als es diese Methode noch nicht gab, sind viele Dinge ungeklärt und unverstanden geblieben.

Die Anwendung der Montignac-Methode verbessert auf jeden Fall den Gesundheitszustand und erhöht das Wohlbefinden.

Ich bin fest davon überzeugt, daß sämtliche seriösen Untersuchungen, die man in nächster Zeit durchführen wird, bestätigen werden, daß Michel Montignac recht damit hatte, beharrlich an einer neuen Methode festzuhalten, bei der er eines Tages als „führender Kopf" anerkannt werden würde.

Dr. Morrison C. BETHEA
Leiter der Abteilung für Herzchirurgie
am Mercy-Baptist Hospital
New Orleans – USA

VORWORT 2

Nach der Veröffentlichung des ersten Buches über die Montignac-Methode, das ein regelrechter Verkaufsschlager war, werden sich viele fragen, ob die Veröffentlichung eines zweiten Buches notwendig war.

Reichte das erste Werk *„Comment maigrir en faisant des repas d'affaires"* (Essen gehen und dabei abnehmen), nicht aus, um sämtliche Geheimnisse der Montignac-Methode präzise darzulegen? Beträchtliche Leserpost und zahlreiche Zeitungsartikel, aber vor allem die Kommentare bestimmter Ernährungsspezialisten haben uns vom Gegenteil überzeugt.

Das erste Buch, das 1986 verfaßt wurde, richtete sich ganz allgemein an die Leserschaft und speziell an diejenigen, die ihre Mahlzeiten außerhalb des Hauses zu sich nehmen.

Dieses Werk mit hauptsächlich praktischer Zielsetzung war auf einfache Art und Weise abgefaßt. Es stellte sich tatsächlich als zweckmäßig heraus, die Ernährungsmethode so darzustellen, daß eine problemlose Umsetzung in die Praxis gewährleistet ist, damit entscheidende und dauerhafte Erfolge erzielt werden können.

Hinter der Abmagerungsmethode verbarg sich jedoch eine bestimmte Ernährungsphilosophie, die auf einem gesunden Lebensstil basiert, doch der Leser bemerkte dies meist erst dann, wenn er die empfohlene Umstellung seiner Ernährungsgewohnheiten vorgenommen hatte und sich daraufhin ein körperliches Wohlbefinden einstellte.

Aus offensichtlich praktischen Beweggründen wurde die anfängliche Darstellung absichtlich vereinfacht. Wozu auch den Leser mit einer Fülle von wissenschaftlichen Informationen überhäufen, die ihn vom Wesentlichen abzulenken drohen.

Deshalb hat auch der Gedanke, daß die Montignac-Methode „dissoziativ" geprägt sei (Kohlehydrate-Lipide), lange Zeit dominiert.

Doch die Erfahrung hat uns gelehrt, daß der dissoziative Gedanke allzu eng gefaßt war, auch wenn damit Erfolge erzielt wurden. Deshalb wurde 1989/1990 beschlossen, ein Kapitel über die glykämischen Indices hinzuzufügen, die das Fundament unserer Ernährungsprinzipien bilden.

Diese zusätzlichen Erklärungen haben jedoch nicht ausgereicht, um böswillige Ernährungsspezialisten davon abzuhalten, die Montignac-Methode als Schreckgespenst darzustellen. Dies gilt zum Beispiel für Dr. Jacques Fricker, der sich fälschlicherweise dazu gezwungen sah, eine „assoziierte" Diät zu entwickeln, um seine Position in bezug auf die Montignac-Methode besser aufzuzeigen. Seiner Ansicht nach läßt sich die von Atkins inspirierte Montignac-Methode in zwei Prinzipien zusammenfassen: „Das Vermeiden von Kohlenhydraten und eine beliebige Zufuhr von Fetten".

Diese lügnerischen Behauptungen haben in Wirklichkeit niemanden berührt, insbesondere nicht die Allgemeinmediziner und die Herzspezialisten, die stets bestätigt haben, daß die Anwendung der Montignac-Methode neben einem wesentlichen und dauerhaften Gewichtsverlust zu einer systematischen Regulierung der Blutparameter, insbesondere des Cholesterins und der Triglyzeride, geführt hat.

Die Veröffentlichung dieses zweiten Buches ist also aus mehreren Gründen gerechtfertigt. Zunächst ist es wichtig, die Lehre aus einer Ernährungsmethode zu ziehen, die sich seit acht Jahren bestens bewährt hat, wie man an den zahlreichen Anwendungen und Reaktionen, die darauf erfolgt sind, sehen kann.

Des weiteren ist es wichtig und notwendig, die Hauptgedanken neu zu präzisieren, neu auszurichten und eventuell neu zu definieren.

Als sich die Montignac-Methode seinerzeit aufgedrängt hat, lag dies daran, daß sie keine „Diät" im herkömmlichen Sinn — restriktiv und zeitlich begrenzt — war. Ihr Erfolg ist nicht nur auf die Abmagerungsmethode zurückzuführen, sondern auch darauf, daß die ursprüngliche Lebenskraft wiederhergestellt und eine Verbesserung der Lebensqualität erreicht wird, die sich im Gesundheitszustand widerspiegelt.

Die Mehrheit der kritischen Beobachter, insbesondere der traditionellen Ernährungsspezialisten, hat sich mit den wahren Absichten, die dem ersten Buch zugrunde liegen, überhaupt nicht auseinandergesetzt. Sie haben absichtlich lediglich die strengen Richtlinien der Phase I der Methode beibehalten unter Anlegung eines noch strengeren Maßstabes und im übrigen den Ausschluß bestimmter Nahrungsmittel übertrieben kritisiert.

Die Erfahrung der Fachärzte und die Reaktion der Leser haben uns dagegen gezeigt, inwieweit die Phase I nichts anderes als eine Übergangsphase ist, die von den Betreffenden stets sehr gut überstanden wird und von ihnen gerade deshalb besser vertragen wird, weil sie nicht restriktiv ist. Zwar ist sie selektiv, was sie aber auch sein muß. Alle haben sehr genau gespürt, daß die wahren Prinzipien der Methode erst in der Phase II zu finden sind, in der es um eine harmonische Umstellung der Ernährungsgewohnheiten geht.

Es gibt im übrigen zahlreiche Leser, die die Phase I übergehen, indem sie lediglich die großen Prinzipien der Methode anwenden, so daß sie sich bereits zu Beginn am Ausgangspunkt der Phase II befinden. Es hat sich gezeigt, daß sie die gleichen Erfolge erzielten. Sie brauchten jedoch längere Zeit, um an Gewicht zu verlieren, was hinsichtlich der Stabilisierung ihres Körpergewichtes nur von Vorteil ist.

Deshalb haben wir beschlossen, die Methode auf eine andere Art und Weise darzulegen. Wir werden den Schwerpunkt mehr auf die Grundprinzipien legen, um aufzuzeigen, wie die Industrieländer allmählich ungesunde Ernährungsgewohnheiten angenommen haben, was zu einem dramatischen Anstieg von Stoffwechselkrankheiten insbesondere Fettleibigkeit, Diabetes und Herz-Kreislauf-Erkrankungen geführt hat.

Wir werden aufzeigen, wie man diese Tendenz durch eine einfache Umstellung der Ernährungsgewohnheiten völlig umkehren kann.

Für diejenigen, die nach bestimmten Nahrungsmitteln, wie z.B. Zucker, süchtig sind, ein ernstes Gewichtsproblem haben oder auf schnelle Erfolge drängen, bleibt die Phase I (die auch jetzt nur eine Übergangsphase darstellt) weiterhin empfehlenswert. Dadurch erhalten sie die Möglichkeit, ihre schlechten Ernährungsgewohnheiten durch eine Umorientierung radikal zu ändern, dem Körper eine Erholungsphase zu gönnen, um den Gesundheitszustand zu verbessern, sowie in kürzester Zeit Erfolge zu erzielen. Diese sogenannte „beschleunigte Übergangsphase" ist weiterhin als fakultativ anzusehen.

Durch die viele Leserpost, die wir seit Jahren erhalten, haben wir erfahren, daß sich unsere empfohlenen Ernährungsprinzipien bei den Geschlechtern unterschiedlich auswirken.
    Dennoch ist es falsch zu behaupten, daß „es bei Männern besser funktioniert als bei Frauen", wie einige verlauten ließen. Unsere Antwort darauf lautet immer, daß die Wirksamkeit der Methode geschlechtsunabhängig ist, daß sie jedoch bei manchen Frauen unterschiedlich wirkt.

Für dieses Phänomen gibt es unterschiedliche Erklärungen. Die Frauen, die diese Methode anwenden, haben in der Regel eine „sehr belebte Diätvergangenheit". Einige haben sogar jahrzehntelange Diäten hinter sich. Dazu läßt sich zumindest sagen, daß in ihrem Körper ein Abwehrmechanismus aktiviert ist, infolgedessen jede Ernährungsumstellung, sei sie auch noch so heilsam, zwangsläufig blockiert wird.
    Ein Arzt hat uns in diesem Zusammenhang erklärt, daß eine seiner Patientinnen sieben Monate warten mußte, bis sich ein Gewichtsverlust einstellte. Innerhalb von wenigen Wochen war dann eine Gewichtsabnahme von zwölf Kilo zu verzeichnen. Hinter der Frau lagen zu diesem Zeitpunkt fünfundzwanzig herkömmliche „Diätjahre"!
    Der Organismus der Frau verfügt über eine größere Sensibilität und einen komplexeren Aufbau als der des Mannes. Die Frau ist viel häufiger Hormonschwankungen ausgesetzt, wodurch in bestimmten Fällen die Gewichtszunahme begünstigt oder zumindest der Gewichts-

verlust verlangsamt werden kann. Zudem ist bei der Frau eine häufigere Medikamenteneinnahme zu verzeichnen. Nun hat sich gezeigt, daß bestimmte Medikamente negative Auswirkungen auf den Stoffwechsel haben und somit den Gewichtsverlust indirekt verzögern können.

Um diese Blockade im Körper zu entfernen, kann es schon ausreichen, auf andere Medikamente auszuweichen, ohne gleich die ganze Behandlung umstellen zu müssen.

Die Ärzte des „Institut Vitalit, et Nutrition" [1]) sowie ihre gesamten Kollegen – in der Mehrheit Fachärzte – haben durch die tägliche Anwendung dieser Methode bei ihren Patienten dazu beigetragen, daß die Problematik der Gewichtszunahme und des Abwehrmechanismus besser verstanden wird. Dank ihrer Erfahrung und ihrer Unterstützung war es möglich, dieses Buch zu schreiben. Die Leser, und vor allem die Leserinnen, können dadurch die Anwendung der Prinzipien wirklich optimieren und so eine größere Wirksamkeit der Methode erzielen.

---

1) Institut Vitalité et Nutrition: Französisches Institut für Ernährung mit Sitz in Paris

EINLEITUNG

In der Natur ist das Phänomen der Fettleibigkeit so gut wie unbekannt. In der Tierwelt lassen sich praktisch keine Anzeichen davon entdecken, außer bei den Haustieren und das aus gutem Grund!

Bei den primitiven Kulturen war das Phänomen der Fettleibigkeit im allgemeinen sehr selten zu finden. Das Auftreten einzelner Fälle war meist hormonell bedingt. Dieser Seltenheitscharakter der Fettleibigkeit führte im übrigen bei bestimmten Kulturen zu einer wahren Verherrlichung dieses Phänomens und wurde als das Nonplusultra angesehen.

Bei den späteren Weltkulturen waren im allgemeinen die Reichen von dem Phänomen der Fettleibigkeit betroffen, die sich aufgrund ihres Lebensstandards „erlesenere" Nahrungsmittel leisten konnten. Im Gegensatz zu dem, was man von vornherein annehmen würde, waren früher die Reichen nicht deswegen dicker als die Armen, weil sie mehr gegessen haben, sondern weil sie sich anders ernährt haben. Wer die folgenden Kapitel liest, wird sehr schnell verstehen, was damit gemeint ist.

Heutzutage hat sich diese Tendenz völlig umgekehrt, da jetzt eher die untersten Bevölkerungsschichten von dem Phänomen der Fettleibigkeit betroffen sind, während bei den obersten Bevölkerungsschichten sehr schlanke Menschen zu finden sind.

Um die Problematik der heutigen Fettleibigkeit genau verstehen zu können, ist es am besten, Untersuchungen in dem Land vorzunehmen, in dem die Fettleibigkeit die Ausmaße einer nationalen Katastrophe angenommen hat, nämlich in den USA. 64% der Amerikaner sind zu dick (gegenüber 28% der französischen Bevölkerung) und 20% leiden an Fettleibigkeit (gegenüber 3 - 5% der französischen Bevölkerung).

Wenn uns die Geschichte gelehrt hat, daß die Fettleibigkeit ein Zivilisationsprodukt darstellt (wie es in Ägypten oder im Römischen Reich der Fall war), ist es auch verständlich, daß dieses Phänomen heute besonders stark in den USA vertreten ist. Befindet sich denn nicht dort das am weitesten entwickelte Modell unserer modernen Zivilisation, das längst vom Verfall gekennzeichnet ist?

Wenn Sie einen Spezialisten nach der Ursache für Ihr „notorisches Übergewicht" fragen und bereits Stein und Bein geschworen haben, daß Sie fast nichts essen und sich ausreichend körperlich betätigen, wird er triumphierend das Argument der erblichen Veranlagung anführen.

Wenn ein Ernährungsspezialist bei Ihnen keinen Gewichtsverlust erzielen kann, erwarten Sie nicht von ihm, daß er seine Diätmethode in Frage stellt, denn er geht davon aus, daß die Schuld allein bei Ihnen liegt. Wenn Sie wirklich nichts heimlich essen, kann seiner Ansicht nach nur die erbliche Veranlagung die Ursache für Ihre Gewichtsprobleme sein.

Zwar kann bei der Fettleibigkeit die erbliche Veranlagung eine große Rolle spielen, doch wird sie etwas zu häufig als bequeme Ausrede verwendet. Sie ist nicht zwangsläufig die Ursache für Ihr Übergewicht, auch wenn diese Erklärung immer schnell zur Hand ist.

Vor hundert Jahren war das Phänomen der Fettleibigkeit in den USA, wie auch in allen anderen Ländern, weitgehend unbekannt. Man kann uns nicht weismachen, daß die vielen Millionen Amerikaner, die heute an Fettleibigkeit leiden, die Nachkommen der wenigen fettleibigen Menschen aus dem neunzehnten Jahrhundert sind, die ihrerseits ihr Übergewicht von ihren Vorfahren haben!

Seltsamerweise gehört heutzutage die Mehrheit der fettleibigen Amerikaner der schwarzen Rasse an, obwohl deren afrikanische Vorfahren schlank waren. Es muß also etwas passiert sein, weshalb sich das durchschnittliche Körpergewicht der Amerikaner von Generation zu Generation erhöht hat, zumal es sich dabei um ein neuartiges Phänomen handelt, das es erst seit einigen Jahrzehnten gibt.

Man darf annehmen, daß es die schlechten Ernährungsgewohnheiten der Amerikaner sind, die allmählich dazu geführt haben, daß die Bedingungen für eine erbliche Veranlagung geschaffen wurden, was zeigen würde, daß dieses Phänomen nicht angeboren ist, sondern gewissermaßen erworben wird!

Die zweite Ursache für die Fettleibigkeit, die von den Spezialisten im allgemeinen angeführt wird, ist die „Hyperphagie". Das würde bedeuten, daß die Menschen deshalb dick sind, weil sie zuviel essen.

Nur allzu leicht greift man zu der Erklärung, daß die Erhöhung des Lebensstandards und die Entwicklung der Konsumgesellschaft aus unseren Zeitgenossen unverbesserliche und verantwortungslose „Vielfraße" gemacht haben.... wenn man an die unterernährte Bevölkerung in der Dritten Welt denkt!

Doch das Klischee, daß „Dicke ständig am Essen sind", wie man es von den Filmen her kennt, entspricht meistens nicht der Wirklichkeit.

Dagegen läßt sich unter Freunden, Verwandten oder Familienmitgliedern mühelos der notorische „Vielfraß" ausmachen, der überhaupt nicht dick ist und sogar als extrem mager bezeichnet werden kann.

Genau er ist es im übrigen, der ständig auf der Suche nach etwas Eßbarem ist ...

Wenn man die fettleibigen Menschen nach ihren Ernährungsgewohnheiten befragt, stellt man vielfach fest, daß ihre Kalorienzufuhr extrem niedrig ist. Dieser Widerspruch ist dadurch zu erklären, daß die Menschen, je dicker sie sind, um so verzweifelter die Kalorien zählen und umgekehrt (wie später gezeigt werden wird).

Man gerät ins Staunen über die gewaltige Menge an Nahrungsmitteln, die unsere Eltern und Großeltern früher bei festlichen Anlässen zu sich genommen haben. Im Vergleich dazu essen wir heute wenig, was im übrigen seit langem erwiesen ist.

Als Erklärung dafür hört man oft, daß die Menschen früher deshalb soviel essen konnten, weil sie sich physisch mehr verausgabten: sie waren häufiger zu Fuß unterwegs, machten sich die Mühe, Treppen zu steigen und wohnten in viel weniger beheizten Häusern...

Dies traf sicherlich auf manche zu, insbesondere auf diejenigen, die zu den untersten Bevölkerungsschichten zählten. Doch wenn man die Situation der Menschen, die dem damaligen Mittelstand angehörten, genauer betrachtet, läßt sich leicht feststellen, daß sie eher zum Zeitvertreib als aus purer Notwendigkeit zu Fuß unterwegs waren. Das Auto war vielleicht noch nicht so verbreitet, doch zog man auch nicht mehr so häufig zu Fuß durch das Land wie noch einige Jahrhunderte zuvor.

Die öffentlichen Verkehrsmittel und die Kutschen wurden früher viel häufiger benutzt. Zwar ist man mehr Treppen gestiegen, doch muß man sagen, daß es damals viel weniger davon gab, da es noch nicht so viele mehrstöckige Häuser gab.

Zugegebenermaßen war die Zentralheizung damals noch nicht so verbreitet wie heute, und wenn sie vorhanden war, wurde sehr sparsam von ihr Gebrauch gemacht. Die Verschwendungsgesellschaft hat es damals noch nicht gegeben.

Dies wird dadurch wieder ausgeglichen, daß die Menschen früher viel wärmer angezogen waren als heute. Die Menge der Kleider, die sie auf dem Leib trugen, war beeindruckend, und das sogar im Sommer.

Die Behauptung, daß unsere Zeitgenossen deshalb dick sind, weil sie mehr Energie zuführen als sie verbrauchen, ist somit nicht sehr überzeugend. Die Erklärung muß demnach woanders gesucht werden.

Offensichtlich ist das Phänomen der Fettleibigkeit, das sich auf die westliche Welt beschränkt, nichts anderes als das Ergebnis einer allmählichen Degenerierung unserer Ernährungsgewohnheiten, wie wir sie seit zwei Jahrhunderten, aber insbesondere seit dem Zweiten Weltkrieg, kennen.

Im nächsten Kapitel wird aufgezeigt, daß die Fettleibigkeit nicht nur direkt mit der modernen Ernährungsweise zusammenhängt, sondern auch die Folge einer fortwährenden Anwendung kalorienreduzierter Diäten darstellt.

Man kann jedoch unbesorgt sein, da in diesem Buch alles auf einfache Weise erklärt und so dargestellt werden wird, daß es mühelos nachvollzogen werden kann.

Wichtig ist dabei nur, daß die nächsten Kapitel sehr aufmerksam durchgelesen werden, da sie wichtige Erklärungen beinhalten. Ohne diese grundlegenden Vorinformationen wäre es schwierig, die Ernährungsprinzipien der Methode erfolgreich anzuwenden.

Mich betrübt es immer wieder, wenn ich jemanden treffe, der behauptet, er habe durch die „Montignac-Diät" - was eine falsche Bezeichnung ist - mühelos zehn Kilo abgenommen, danach die Hälfte des Gewichtes jedoch wieder zugenommen.

Es handelt sich dabei stets um jemanden, der mein Buch nicht „gelesen", sondern sich schlicht und einfach darauf beschränkt hat, einige Grundprinzipien zusammenhanglos anzuwenden.

Die Anwendung dieser Prinzipien ohne reifliche Überlegung kann tatsächlich zu einem schnellen Erfolg führen, doch wenn einmal dieser Punkt erreicht ist und man sich genau an die Prinzipien gehalten hat, ohne jedoch verstanden zu haben, warum man an Gewicht verloren hat, wird man natürlich dazu neigen, seine alten Ernährungsgewohnheiten wieder aufzunehmen.

Da gleiche Ursachen gleiche Wirkungen haben, wird man ganz einfach die meisten verlorenen Pfunde wieder zunehmen...

Wer sich in dem oben beschriebenen Beispiel wiedererkennt, sollte vor allem wissen, daß die Montignac-Methode keine „Diät" ist. Es handelt sich dabei um eine Lebensphilosophie, die auf einer Umstellung der Ernährungsgewohnheiten beruht, was vor allem in der richtigen Auswahl der Lebensmittel zum Ausdruck kommt. Wenn man erst einmal die Zusammenhänge verstanden hat - was nicht schwer ist - wird die Anwendung der Prinzipien völlig problemlos vonstatten gehen.

Wer dieses Buch liest, hat den innigen Wunsch, sich ein für allemal seiner überflüssigen Pfunden zu entledigen, die einem das Leben schwer machen.

In den folgenden Kapiteln wird zunächst aufgezeigt, warum herkömmliche Diäten, nach der Methode, weniger zu essen um abzunehmen, nicht zum gewünschten Erfolg führen. Meist hat man diese Erfahrung selbst schon einmal gemacht.

Anschließend wird ausführlich beschrieben, warum und wie man die überflüssigen Pfunde zugenommen hat. Zum Schluß wird man davon überzeugt sein, daß es nur eine richtige Lösung gibt, sein Übergewicht für immer loszuwerden: ESSEN! Aber auf eine andere Weise ...

TEIL 1

KAPITEL 1

DER MYTHOS
VOM MENSCHEN ALS KESSEL

Wie auf den vorhergehenden Seiten zu erfahren war, ist das Phäno-
men der Fettleibigkeit ein Produkt unserer Zivilisation. Wenn die
Geschichte auch zeigt, daß bestimmte bevorzugte Bevölkerungsschich-
ten — hohe Militärangehörige, Klerus, Adel und Bürgertum — ein paar
Pfunde mehr auf die Waage brachten, muß doch betont werden, daß die
Fettleibigkeit immer nur ein sehr selten auftretendes Leiden war.

Mitte des zwanzigsten Jahrhunderts wurde allerdings ein ernstzunehmendes Problem daraus, das heute in den USA beängstigende
Ausmaße angenommen hat.

Nun sind dieser Entwicklung besondere gesellschaftliche und kulturelle Bedingungen vorausgegangen. Vor etwa fünfzig Jahren war
die Nahrung für uns Menschen noch das, was sie seit Jahrhunderten
war: „Die Quelle des Lebens".

Jeder war davon überzeugt, daß sich die Art, auf die er sich ernährt, direkt auf seinen Gesundheitszustand auswirkt und daß die
Nahrung die „beste Medizin" darstellt, wie es bereits Hippokrates
500 v.Chr. formulierte.

Die Nahrung war damals deshalb so wichtig, weil sie rar und teuer
war. Vor einigen Jahrzehnten waren die Schreckensbilder von Hungers-
nöten, Entbehrungen und Mangel immer noch in den Köpfen der
Menschen vorhanden.

Heute ist der Einkaufskorb der Hausfrau prall gefüllt. Nahrungsmittel
nehmen einen so niedrigen Stellenwert ein, daß die Verschwendung,
die die Mehrheit unserer Zeitgenossen an den Tag legt, eine Beleidi-
gung darstellt angesichts der Hungernden in der Dritten Welt.
Heute verdient man sich das Brot nicht mehr im Schweiße seines
Angesichts, denn die Mülltonnen sind voll davon. Früher wurden
die Nahrungsmittelreste sorgfältig verwertet oder gewissenhaft gesammelt als Futter für die Tiere. Heute wandern sie direkt zu dem
übrigen Müll, den unsere Konsumgesellschaft produziert!

Es muß sich irgendetwas Entscheidendes ereignet haben, weshalb sich allmählich eine derartige Respektlosigkeit gegenüber der Nahrung entwickelt hat. Dies ist nichts anderes als das vorhandene Überangebot an Nahrungsmitteln. Dieses Überangebot, das durch die einschneidenden Veränderungen im Nahrungsmittelbereich Ende des Zweiten Weltkrieges entstanden ist, hat zu einer Abwertung unseres „täglichen Brotes" geführt und unsere Denkweise grundlegend verändert.

Nach 1945 mußte unsere Gesellschaft mit zwei Hauptproblemen fertigwerden:

– einem starken Bevölkerungsanstieg infolge des Babybooms der Nachkriegszeit und der Ankunft von Tausenden von Flüchtlingen;

– einer starken Verstädterung als Folge des Bevölkerungsanstiegs und einer zunehmenden Landflucht.

Es mußte nunmehr eine größere Menge an Nahrungsmitteln produziert werden, und das weitgehend auf eine andere Weise, denn zum ersten Mal in der Geschichte der Menschheit waren plötzlich die Gebiete, in denen die Nahrungsmittel angebaut wurden, nicht mehr identisch mit den Gebieten, in denen sie verzehrt wurden.

1950 wurden 80% der Nahrungsmittel, die von einer Provinzstadt mittlerer Größe verzehrt wurden, in einem Umkreis von fünfzig Kilometern produziert. Die restlichen 20% kamen aus den umliegenden Kreisen oder aus anderen Ländern. Heute ist das Verhältnis genau umgekehrt. Als die Nahrungsmittel noch an Ort und Stelle weiterverarbeitet wurden, wurde der anfallende Abfall als Dünger wiederverwertet.

Von dem Zeitpunkt an, wo man damit begann, Nahrungsmittel zu exportieren, konnte nichts mehr wiederverwertet werden, so daß man zu anderen Düngungsmethoden greifen mußte.

Während der letzten fünfzig Jahre hat sich die Nahrungsmittelindustrie aufgrund zahlreicher, immer leistungsfähiger werdender Technologien immer weiter entwickelt. Diese einschneidenden Veränderungen hatten mehrere Auswirkungen.

1. Sie führten zu einem beträchtlichen Anstieg der Erträge:

- durch die Mechanisierung;
- durch den massiven Einsatz von Kunstdünger;
- durch den zunehmenden Einsatz von Pestiziden, Insektiziden und Fungiziden;
- durch die Einführung einer intensiven Massentierhaltung.

2. Sie führten zu der Entwicklung von Konservierungstechniken:

- durch die Verbreitung des Kühl-und Tiefkühlverfahrens;
- durch die Verwendung von Zusatzstoffen und anderen chemischen Haltbarkeitsstoffen.

Das Ergebnis all dieser Maßnahmen übertraf die Erwartungen bei weitem und führte dazu, daß ein Teil der Menschheit in einer Welt zu leben begann, in der es Nahrungsmittel im Überfluß gab.

Gleich zu Beginn dieser Veränderungen im Nahrungsmittelbereich wiesen Beobachter darauf hin, daß beim Durchschnittsgewicht der westlichen Bevölkerung eine starke Zunahme zu verzeichnen ist.

In den USA begann man bereits in den Dreißiger Jahren, Lösungen für das Problem der Fettleibigkeit zu suchen. Die Wissenschaftler von damals − Diätetik und Ernährungslehre wurden noch nicht als medizinische Fachgebiete betrachtet − befaßten sich mit dem Problem und stellten eine Hypothese auf: Weil das Körpergewicht der Menschen plötzlich zu dem Zeitpunkt stark zunahm, als die westliche Welt über Nahrungsmittel im Überfluß verfügte, lag sehr wahrscheinlich ein Kausalzusammenhang vor. Und so ist der Mythos vom „Menschen als Kessel" entstanden.

Man nahm an, daß der menschliche Organismus wie ein Kessel funktioniert. Zum Leben benötigt er Energie, die er über die Nahrung zuführt. Auf der einen Seite hat man also die Energiezufuhr, auf der andern Seite den Energieverbrauch.

Das Übergewicht kann also nur die Folge eines Ungleichgewichtes zwischen der Energiezufuhr und des Energieverbrauchs sein. Dies bedeutet, daß die zusätzlichen Pfunde nichts anderes als einen Energiespeicher darstellen.

Dies kann nun heißen, daß entweder eine zu große Energiezufuhr oder ein zu geringer Energieverbrauch stattgefunden hat.

Wenn man nun Übergewicht hat, liegt dies entweder daran, daß man zu viel gegessen oder sich zu wenig körperlich betätigt hat, oder an beidem zusammen.

Aus dieser allzu vereinfachten Hypothese, die im Grunde eine gewisse Logik enthält, ist die kalorienreduzierte Ernährungstheorie entstanden. Da die Energiezufuhr in Kalorieneinheiten ausgedrückt werden konnte, war man in der Lage, sämtliche Nahrungsmittel auf der Grundlage ihres Gewichts und ihrer Zusammensetzung (Kohlenhydrate, Fette, Proteine) nach ihrem Kaloriengehalt einzuteilen.

Dennoch war diese Überlegung bereits zu Beginn mit Fehlern behaftet, da man die Kalorien im Teller zählte, ohne zu berücksichtigen, was sich tatsächlich bei der Verdauung abspielt.

Daraus ist dann die herkömmliche Diätetik entstanden, die restriktiv ausgerichtet ist, da sie auf einer kalorienreduzierten Ernährungsmethode beruht.

Indem die Diätetik den täglichen Kalorienbedarf des Menschen auf etwa 2 500 Kalorien festlegte, lieferte sie die Erklärung, daß das Körpergewicht durch die tatsächliche Kalorienzufuhr in die eine oder andere Richtung beeinflußt werden kann.

Wenn man also 3 000 Kalorien am Tag zu sich nimmt, entsteht ein Überschuß von 500 Kalorien, der im Körper gespeichert wird, was eine Gewichtszunahme zur Folge hätte.

Wenn man dagegen mit 2 000 Kalorien auskommt, ist ein Defizit von 500 Kalorien vorhanden, was den Organismus veranlaßt, seine Fettreserven anzugreifen, um den Unterschied auszugleichen, wodurch ein Gewichtsverlust eintreten würde.

Die Kalorientheorie besagt also, daß man lediglich weniger essen muß, um abzunehmen und daß man, wenn man zunimmt, zuviel ißt.

In den letzten Jahrzehnten stand dieses allzu vereinfachte Schema, das auf einem naiven Denkansatz beruht, in der Diätetik im Vordergrund. Leider wird es immer noch offiziell in den Krankenhausabteilungen für Ernährung propagiert und in den Diätetikschulen gelehrt.

Doch wer die Kalorienmethode zugrunde legt, wie es sämtliche Diätetikspezialisten immer noch tun, läßt absichtlich die Anpassungs- und Regulierungsmechanismen des menschlichen Körpers außer acht, leugnet die individuellen Besonderheiten, die aus jedem Menschen ein einzigartiges Wesen machen, und ignoriert den Einfluß der Qualität der Nahrung.

Im Gegensatz zur herkömmlichen Auffassung ist der Fettleibige nicht unbedingt jemand, der zuviel ißt. In der Mehrheit der Fälle ist es sogar umgekehrt. Statistiken über die fettleibige Bevölkerung (in Frankreich, wie in allen anderen westlichen Ländern) zeigen, daß:

- lediglich 15% der Fettleibigen zuviel essen
  (2 800 bis 4 000 Kalorien);

- 35% der Fettleibigen normal essen
  (2 000 bis 2 700 Kalorien);

- 50% der Fettleibigen wenig essen
  (800 bis 1 500 Kalorien).

Im Bereich des Sports läßt sich im übrigen feststellen, daß für ein konstantes Körpergewicht die Kalorienzufuhr zwischen 2 500 und 9 000 Kalorien betragen kann, was nicht von der Sportart, sondern von der Einzelperson abhängt.

Mit einer Zufuhr von gerade 2 000 Kalorien am Tag hielt der Marathonläufer Alain Mimoun sein Gewicht und absolvierte erfolgreich sein hartes Training, während der Radrennfahrer Jacques Anquetil 6 000 Kalorien benötigte, um sein Gewicht zu halten und in Form zu bleiben.

Obwohl sich die medizinische Literatur auf diesem Gebiet seltsamerweise zurückhaltend gezeigt hat, wurden dennoch eine große Anzahl von Untersuchungen veröffentlicht, die aufzeigen, daß die

Kalorienzufuhr keinen Einfluß darauf hat, ob man dünn, normal- oder übergewichtig ist. Es gibt tatsächlich keinen bedeutungsvollen Zusammenhang zwischen dem Übergewicht und der Kalorienzufuhr.

Doch am besten wird man von der Wirkungslosigkeit der kalorien- reduzierten Ernährungsmethode überzeugt, wenn man die Resultate in dem Land analysiert, in dem sie täglich angewendet wird, näm- lich in den USA.

Seit fünfundvierzig Jahren wenden achtundneunzig Millionen Amerikaner ständig die kalorienreduzierte Diätmethode an. Der Ge- danke an Kalorien ist bei ihnen allgegenwärtig. Durch die audiovi- suelle Kommunikation und insbesondere durch die Werbung ist die- se Ernährungsmethode in den Köpfen der Menschen fest verwurzelt.

Um auch sicherzugehen, Erfolge zu erzielen, sind die Amerikaner, die bei allem immer bis zum äußersten gehen, nicht nur darum be- müht, Kalorien zu zählen, sondern sie achten auch zwanghaft dar- auf, daß sie sich viel körperlich betätigen, um sicher zu sein, soviel Kalorien wie möglich zu verbrauchen.

Statistiken hinsichtlich der Fettleibigkeit in den USA zeugen jedoch von einer katastrophalen Situation.

Obwohl mehr als ein Drittel der Bevölkerung konsequent die kalorienreduzierte Diätmethode anwendet und sich jeden Tag inten- siv körperlich betätigt, sind paradoxerweise die Amerikaner welt- weit am dicksten.

Zwei Drittel der Bevölkerung hat Übergewicht, gegenüber einem Drittel in Frankreich, und jeder fünfte Amerikaner ist fettleibig, ge- genüber jedem zwanzigsten in Frankreich. Einen richtigen Vergleich zwischen den leicht übergewichtigen Franzosen und den extrem übergewichtigen Amerikanern - Menschen mit einem Körpergewicht von mehr als dreihundert Kilo sind dort keine Seltenheit - zu ziehen, ist, wohlbemerkt, nicht möglich.

In einem Dokumentarfilm über die Fettleibigkeit in den USA, der im November 1990 im ersten französischen Fernsehprogramm ausge- strahlt wurde, zeigte man einen Betroffenen, der vierhundertsechzig Kilo wog, und im Guiness Buch der Rekorde ist zu lesen, daß das höchste Körpergewicht, das ein Mensch jemals auf die Waage gebracht hat, sechshundertzwanzig Kilo beträgt. Es handelte sich dabei natürlich um einen Amerikaner.

Wer verstehen will, warum die kalorienreduzierte Ernährungsmethode, die seit vierzig Jahren propagiert wird, von Erfolglosigkeit geprägt ist, kann dies am leichtesten am Beispiel der USA nachvollziehen.

Doch in all den westlichen Ländern, in denen diese Methode genauso konsequent angewendet wurde, sind die Resultate genauso katastrophal.

Wir haben gewußt, daß die kalorienreduzierte Ernährungsmethode wirkungslos ist, da sie immer zu einem Mißerfolg führt. Jetzt wissen wir, warum dies so ist. Die Hypothese, auf die sie sich stützt, ist falsch und entbehrt jeder wissenschaftlichen Grundlage. Wir werden in den darauffolgenden Kapiteln sogar zeigen, daß sie gefährlich ist.

KAPITEL 2

DIE FALSCHE SPUR ODER
DER RATGEBER FÜR „FALSCHES ABNEHMEN"

VORSICHT VOR KALORIENREDUZIERTEN DIÄTEN!

Auf den vorhergehenden Seiten haben wir gezeigt, wie in der Vergangenheit der Begriff des Gleichgewichtes zwischen der Energiezufuhr und dem Energieverbrauch beim menschlichen Körper entstanden ist, woraus sich dann die kalorienreduzierte Diätmethode entwickelt hat. Heute verfügen wir über genügend Abstand, um die Wirkungslosigkeit dieser Methode zu bestätigen.

Professor David Gartner von der Universität Michigan ist, wie viele seiner Kollegen, der Ansicht, daß die primäre Ursache für die Fettleibigkeit in den USA „die permanente Anwendung der kalorienreduzierten Diätmethode" darstellt. Es sind also die kalorienreduzierten Diäten, die zum Mißerfolg führen. Doch wenn dies auch jeder bestätigt, sollte man trotzdem den Beweis dafür erbringen, um völlig davon überzeugt zu sein.

Wer schon einmal eine kalorienreduzierte Diät gemacht hat, was vor allem auf Frauen zutrifft, weiß, daß man zunächst gewisse Erfolge erzielt, dann jedoch Schwierigkeiten hat, sein Gewicht zu halten.

Häufig bringt man hinterher noch mehr auf die Waage als zuvor. Wenn man das Verhalten des Organismus genauer betrachtet, wird man verstehen, warum dies so ist.

Nehmen wir als Beispiel jemanden, der etwa 2 500 Kalorien am Tag zu sich nimmt und einige Pfunde zuviel wiegt. Wenn man nun entsprechend der kalorienreduzierten Diätmethode diese Zufuhr auf 2 000 Kalorien reduziert, entsteht ein Defizit von 500 Kalorien. Der Organismus, der an die Zufuhr von 2 500 Kalorien gewöhnt war, gleicht die fehlenden 500 Kalorien über die Fettreserven aus, was zu einem entsprechenden Gewichtsverlust führt.

Nach einiger Zeit, die individuell verschieden sein kann, stellt man fest, daß keine Gewichtsabnahme mehr erfolgt, obwohl man die Diät nicht unterbrochen hat. Dies liegt daran, daß sich die Energiezufuhr und der Energieverbrauch nach und nach angeglichen haben.

Der Organismus hat sich an die geringere Zufuhr von 2 000 Kalorien am Tag gewöhnt und reagiert mit einem Gewichtsstopp.

Wenn man sich nun entschließt, nach einer kurzen Pause die Diät fortzusetzen in der Hoffnung, daß sich der Gewichtsverlust wieder einstellt, wird die Enttäuschung noch größer sein. Anstatt weniger zu wiegen, nimmt man wieder an Gewicht zu.

Obwohl man weniger ißt, nimmt man paradoxerweise wieder zu. Die Erklärung ist einfach.

Der menschliche Organismus wird von einem Überlebensinstinkt angetrieben, der geweckt wird, sobald ein Defizit vorliegt. Da zuvor eine Reduzierung der Kalorienzufuhr stattgefunden hat, an die sich der Organismus durch einen geringeren Energieverbrauch angepaßt hat, wird er nun durch den Überlebensinstinkt dazu veranlaßt, seinen Energieverbrauch noch weiter zu senken. Es erfolgt zum Beispiel eine Reduzierung des Verbrauchs auf 1 700 Kalorien, damit wieder neue Reserven gebildet werden können.

Man darf nicht vergessen, daß die durch Hunger und Mangel erlittenen Entbehrungen von früher noch nicht so weit entfernt sind, und wenn die Erinnerung daran auch nur noch im Unterbewußtsein vorhanden ist, kann sie doch beim geringsten Anlaß wieder lebendig werden.

Der menschliche Organismus wird von dem gleichen Überlebensinstinkt geleitet wie z.B. der Hund, der bei sehr großem Hunger seine Knochenvorräte vergräbt. Seltsamerweise wird der Instinkt, sich einen Vorrat anzulegen, beim Tier erst dann geweckt, wenn es hungrig ist. Wenn im Organismus also ein Defizit vorliegt, d.h. wenn eine zu geringe Energiezufuhr erfolgt, ist die Abwehrreaktion aktiviert und jede Gelegenheit zur Bildung von Reserven wird ausgenutzt.

Wer regelmäßig kalorienreduzierte Diäten macht, weiß im übrigen sehr genau, daß der geringste Fehltritt, zum Beispiel an einem Wochenende, ausreicht, um auf einen Schlag die zwei oder drei Kilo wieder zuzunehmen, die man nach wochenlanger Diät verloren hat.

Dies ist einer der Gründe, warum wir unseren Lesern raten, niemals eine Mahlzeit auszulassen, was dennoch von sehr vielen Leuten getan wird. Durch den erlittenen Nahrungsentzug wird der Organismus nämlich in Alarmbereitschaft versetzt, was ihn veranlaßt, bei der nächsten Mahlzeit Reserven anzulegen.

Die Gewohnheit, seinem Hund nur einmal am Tag (offensichtlich aus praktischen Gründen) etwas zu fressen zu geben, ist genauso unsinnig und erklärt in der Mehrheit der Fälle das Übergewicht bei Haustieren.

Laborversuche an Tieren haben im übrigen sehr genau gezeigt, daß bei einer gleichen täglichen Nahrungszufuhr die Tiere, die nur eine Mahlzeit am Tag erhielten, übergewichtig wurden und bei den Tieren, bei denen die Tagesration auf fünf oder sechs Mahlzeiten verteilt wurde, keine Gewichtszunahme zu verzeichnen war.

Wie bereits aufgezeigt wurde, kann es sein, daß die Frau länger mit ihrem Übergewicht zu kämpfen hat als der Mann, was an der Beschaffenheit des weiblichen Körpers liegt. Auf diese Problematik wird im zweiten Teil des Buches näher eingegangen.

Dort wird genau erklärt werden, daß es an einer größeren Anzahl von Fettzellen (Adipozyten) liegt, wenn die Fettmasse bei der Frau üppiger ist als beim Mann.

Man weiß seit langem, daß das Übergewicht durch eine umfangreichere Fettmasse zum Ausdruck kommt. Besonders ist jedoch, daß auch eine größere Menge an Fettzellen vorhanden ist. Dies ist umso problematischer, als daß dieser Vorgang nicht rückgängig gemacht werden kann.

Man kann zwar den Umfang der Fettzellen verringern, eine Reduzierung ihrer Anzahl ist jedoch nicht möglich.

Untersuchungen haben nun gezeigt, daß der weibliche Organismus vor allem dann neue Fettzellen produziert, wenn sein Überlebensinstinkt durch eine kalorienreduzierte Diät geweckt wird, was ein Zeichen dafür ist, daß ein Nahrungsdefizit vorliegt. Da der Organismus nun über ein größeres Potential an Fettzellen verfügt, ist er in der Lage, die verlorenen Pfunde umso schneller wieder zuzunehmen und das Gewicht noch zusätzlich zu erhöhen.

Die kalorienreduzierte Diät, die, wie bereits aufgezeigt wurde, eine Illusion und somit wirkungslos ist, birgt obendrein Gefahren in sich, da sie durch eine Erhöhung der Fettzellenmenge langfristig zu einer Festigung des Übergewichts führt.

Wenn man den Verlauf der Fettleibigkeit (mehr als fünfzehn oder zwanzig Kilo über dem Normalgewicht) genauer betrachtet, läßt sich in der Mehrheit der Fälle feststellen, daß das Übergewicht über mehrere Jahre hinweg entstanden ist als Folge einer permanenten kalorienreduzierten Ernährungsweise.

An dem nachfolgenden Beispiel sieht man sehr genau, wie aus einem stabilen Anfangsgewicht von neunzig Kilo bei einer Kalorienzufuhr von 3 000 Kalorien nach mehreren Jahren plötzlich einhundertzwanzig Kilo geworden sind, obwohl die tägliche Kalorienzufuhr nur noch 800 Kalorien beträgt.

Der Leidensweg oder das Martyrium eines Übergewichtigen

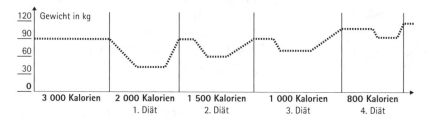

Eine kalorienreduzierte Diät verläuft in drei Phasen:
1. Die Phase der Gewichtsabnahme;
2. Die Phase der Stabilisierung;
3. Die Phase der Gewichtszunahme.

Dazu ist festzuhalten, daß bei jeder neuen Diät eine immer geringere Gewichtsabnahme erzielt wird.

Zunächst wird das Ausgangsgewicht nahezu wieder erreicht, dann führt jede weitere Diät zu einer neuerlichen Gewichtszunahme.

Wenn man zum Beispiel unbedingt fünf Kilo abnehmen möchte und dieses Ziel zunächst auch erreicht, findet man sich häufig fünfzehn Jahre später mit einem Übergewicht von dreißig Kilo wieder, obwohl man die ganze Zeit kalorienarm gelebt hat.

Täglich hören wir von Ärzten, daß sich bei ihren Patientinnen trotz einer strengen Diät (800 Kalorien) und zahlreicher Frustrationen, die dadurch ausgelöst wurden, keine Gewichtsabnahme eingestellt hat, sondern daß sie in der Mehrheit der Fälle sogar noch an Gewicht zugenommen haben.

Dies ist umso problematischer, als daß sie während der Diät an einem Mangel an lebenswichtigen Nährstoffen (essentiellen Fettsäuren, Mineralsalzen, Vitaminen und Spurenelementen) leiden, was eine starke Müdigkeit und vor allem eine erhöhte Krankheitsanfälligkeit, die durch die geschwächte Abwehr ausgelöst wird, zur Folge hat.

Desweiteren traten bei der Mehrheit dieser Patientinnen Depressionen und sogar Mager- bzw. Freßsucht auf.

Diesen Frauen bleibt nun nichts anderes mehr übrig, als die Hilfe eines Psychiaters in Anspruch zu nehmen.

Außerdem begünstigen diese „Ziehharmonika-Diäten" das Entstehen von Herz-Kreislauf-Erkrankungen, ohne daß Hypercholesterinämie, Diabetes oder regelmäßiges Rauchen vorliegen muß.

Professor Bronwell von der Universität Pennsylvania hat das Phänomen bei Laborratten untersucht, indem er ihnen abwechselnd kalorienarmes und kalorienreiches Futter verabreicht hat.

Bei den Tieren war sowohl ein Gewichtsverlust als auch eine Gewichtszunahme zu verzeichnen. Es gab jedoch Unterschiede hinsichtlich der Dauer. Bei der ersten Diät verloren die Ratten innerhalb von drei Wochen ein bestimmtes Gewicht und nahmen es dann innerhalb von sechsundvierzig Tagen wieder zu. Bei der zweiten Diät verloren die Tiere das gleiche Gewicht erst innerhalb von sechsundfünfzig Tagen und nahmen es dann bereits innerhalb von zwei Wochen wieder zu. Danach wurde es immer schwieriger, eine Gewichtsabnahme zu erzielen und es kam viel schneller zu einer Gewichtszunahme. Dies beweist, daß sich der Stoffwechsel an die verringerte Kalorienzufuhr anpaßt.

Zwar kann jede Verringerung der Kalorienzufuhr den Stoffwechselverbrauch um mehr als 50% herabsetzen, doch führt jede Rückkehr zur normalen Ernährungsweise, auch wenn sie nur von kurzer Dauer ist, unweigerlich zu einer drastischen Gewichtszunahme. Je größer im übrigen der Abstand zwischen der Diät und der normalen Ernährungsweise ist, desto schneller nimmt man wieder an Gewicht zu.

Zwar ist die Wirkung dieser „Ziehharmonikadiäten", die zu einer Gewichtsveränderung nach dem Jo-Jo-Prinzip führen, bestens bekannt, doch wird dies paradoxerweise von den Spezialisten nur sehr zögernd bekanntgemacht, als ob absolutes Stillschweigen vereinbart worden wäre. Es ist fast so, als ob man sich heute scheut, zuzugeben, daß man seit fünfundvierzig Jahren eine völlig falsche Ansicht vertreten hat.

Deshalb ist der Vorstoß, den Professor Apfelbaum auf dem Internationalen Kongreß in Antwerpen im September 1993 gewagt hat, zu begrüßen, als er folgende Frage stellte (und diese anschließend bejahte): „Haben wir uns in der Behandlung der Fettleibigkeit allesamt getäuscht?"

Seltsamerweise sind die Menschen, die davon betroffen sind und darunter zu leiden haben, immer noch nicht bereit, die Wahrheit zu akzeptieren.

Als ich einmal einer Einladung des Fernsehens folgte, an einer großen Fernsehdiskussion über das Phänomen der Fettleibigkeit teilzunehmen, kam ich einige Minuten lang auf dieses Thema zu sprechen, allerdings ohne großen Erfolg. Als die Sendung, die aufgezeichnet worden war, dann ausgestrahlt wurde, war die Passage einfach gestrichen worden, wahrscheinlich aus reiner Interesselosigkeit!

Eine Journalistin, die für ihre sachlichen Artikel über die Gesundheit bekannt ist, hat einmal einen langen Bericht verfaßt, in dem sie den Sinn der kalorienreduzierten Diäten in Frage stellte und, wie wir es gerade getan haben, deren Gefahren aufzeigte. Es wurde ein absoluter Reinfall, kein einziger Leserbrief ging ein! Es herrschte völlige Gleichgültigkeit, während irgendeine „Wunderdiät" sofort Beachtung finden würde.

Man muß sagen, daß das „Phänomen der reduzierten Kalorienzufuhr" in unserer westlichen Gesellschaft eine kulturelle Bedeutung erlangt hat. Es hat sich überall, und vor allem in den USA, in allen Bereichen fest etabliert.

Wie soll man ein Prinzip in Frage stellen, das immer noch auf dem Lehrplan sämtlicher medizinischer Fakultäten steht, als Grundlage der Ernährungslehre propagiert wird und in sämtlichen staatlichen Einrichtungen, Krankenhäusern, Schulen und Betrieben angewendet wird?

Wie soll man ein Prinzip in Frage stellen, das einen wichtigen Wirtschaftszweig unserer westlichen Welt darstellt?

Die Nahrungsmittelindustrie floriert nicht nur zur Zeit, sondern ist sogar in einigen Ländern, wie zum Beispiel in Frankreich, der wichtigste Industriezweig und einer der erfolgreichsten dazu.

Wenn man in Frankreich die SIAL [1]) besucht, stellt man fest, daß sich die Anstrengungen der Industrie bei der Entwicklung neuer Produkte auf die kalorienreduzierte Ernährungsweise konzentrieren.

Sämtliche Marktstudien sind eindeutig: In diese Richtung muß man sich orientieren, das ist der Markt der Zukunft! Die Entwicklung neuer Produkte wird dann danach ausgerichtet. Im Laufe der Jahre haben die Light-Produkte jedoch an Boden verloren.

Auch der Hotelbereich blieb von dem „Virus" der kalorienreduzierten Ernährungsweise nicht verschont. In vielen Hotels findet man bereits kalorienarme Menüs auf der Speisekarte. Andere haben ein Teil ihres Hotelbetriebs auf kalorienreduzierte Küche umgestellt.

---

1) bedeutende internationale Messe der Nahrungsmittelindustrie

DIE TRÜGERISCHEN EIWEISSDRINKS

Man sollte wissen, daß zu den strengsten kalorienreduzierten Diäten die VLCD (Very Low Calories Diet) bzw. Diäten auf der Basis von Eiweißdrinks zählen.

Diese Proteindiät, die theoretisch für schwerwiegende Fälle gedacht ist (mit einem BMI von mehr als 30 [2])), wird leider immer noch von einigen Ärzten verordnet und von Frauen sogar ohne entsprechende ärztliche Überwachung eingenommen.

1. Wie funktionieren sie ?

An die Stelle der normalen Nahrung tritt die Einnahme von 55 bis 75g Protein in Pulverform (zum Auflösen in Flüssigkeit) oder als vorgefertigte Flüssigkeit über den Zeitraum von zwanzig bis dreißig Tagen. Diese Proteine liefern etwa 500 Kalorien pro Tag (manchmal weniger!).

Ergänzend kommen Vitamine und Mineralien hinzu sowie reichlich Flüssigkeit (mindestens zwei Liter am Tag).

Durch die Proteinzufuhr in Form dieser Trinklösungen wird Muskelschwund vermieden und infolge der fehlenden Kohlenhydrate kommt es zu einer Senkung des Blutzuckerspiegels und der Insulinfreisetzung. Dadurch entstehen ketonische Verbindungen, die innerhalb von 48 Stunden appetithemmend wirken und den Betreffenden in einen leicht euphorischen Zustand versetzen.

Der Organismus ist nun gezwungen, Glukose über die Fettreserven zu produzieren, man spricht in einem solchen Fall von Glukoneogenese. Sobald die Fettreserven abnehmen – was einen Gewichtsverlust zur Folge hat – spricht man von Lipolyse.

---

2) siehe Teil 2, Kapitel 1

2. Wo liegen die Fehler?

Wissenschaftliche Untersuchungen der einzelnen Körperbereiche haben gezeigt, daß es während der ersten neunzehn Tage doch zu Muskelschwund kommt und erst ab dem zwanzigsten Tag von einem Stillstand gesprochen werden kann.

Fast 25% des Gewichtsverlustes sind auf die zurückgegangene Muskelmasse zurückzuführen. Allerdings ist beim Übergewicht auch eine erhöhte Muskelmasse vorhanden.

Der beträchtliche Salzverlust fördert im übrigen die Wasserausscheidung, was sich auch auf das Gewicht auswirkt... Man muß jedoch darauf achten, daß es dabei nicht zu einem Blutdruckabfall kommt.

Diese Hypotonie (zu niedriger Blutdruck) ist auf die fehlenden Kohlenhydrate zurückzuführen, die einen Rückgang des Natrium- und Wasserhaushaltes hervorrufen.

Nach Beendigung der Diät ist es absolut notwendig, die Kohlenhydrate unverzüglich wieder zuzuführen, denn wenn sie in großen Mengen absorbiert wurden, kommt es zu Ödembildungen aufgrund einer hohen Wasseransammlung.

Die Nebenwirkungen der VLCD sind zahlreich:

- Anstieg des Harnsäurespiegels: 10 bis 20%;
- Hypotonie: 8 bis 10%;
- Haarausfall: 9%;
- Verstopfung: 8 bis 10 %;
- Müdigkeit: 8%;
- brüchige Fingernägel: 8%;
- trockene Haut: 8%;
- Kälteempfindlichkeit: 8%;
- Muskelkrämpfe: 7%;
- Menstruationsbeschwerden: 6%;
- Depressionen: 5%;
- Kopfschmerzen: 3%.

Die Hyperurikämie (erhöhter Harnsäurespiegel) besteht ungefähr drei Wochen lang. Um die Risiken einzudämmen (Gichtanfälle oder Auftreten von Nierenkoliken durch die Bildung von Harnsteinen), ist es äußerst wichtig, viel Flüssigkeit zu sich zu nehmen.

Die Verstopfung ist normal, da keine feste Nahrung zugeführt wird. Man kann sie dadurch bekämpfen, indem man mit Zitronensaft angemachten Salat zu sich nimmt.

Die größte Komplikation, die in Ausnahmefällen bei einer solchen Diät auftreten kann, ist der plötzliche Tod. In den USA hat man siebzehn Todesfälle registriert, die auf solche äußerst kalorienreduzierte Diäten zurückzuführen sind!

Es handelte sich dabei um Frauen, bei denen es ohne vorherige Anzeichen zu einem Vorhofflimmern und einem plötzlichen Herzstillstand kam. In dreizehn Fällen waren die zugeführten Proteine von schlechter Qualität. Sie enthielten wenig Tryptophan und der notwendige Kaliumzusatz fehlte ganz.

Bei den letzten vier Fällen konnte keine plausible Erklärung gefunden werden, es sei denn, es lag an der Dauer der Behandlung von fünf bis sechs Monaten, obwohl der Zeitraum von vier Wochen nicht überschritten werden sollte.

Wenn man weiß, daß diese Präparate in den Apotheken frei verkäuflich sind, kann man nur entsetzt sein, denn sie dürften normalerweise nur denjenigen verordnet werden, deren BMI höher als dreißig [3]) ist und deren Herz- und Nierenfunktion zuvor gründlich untersucht wurde. Vor jedem neuen Diätbeginn sollte ein Zeitraum von drei Monaten verstrichen sein.

Es ist also offensichtlich, daß diese Diäten nur unter ärztlicher Aufsicht mit einem zeitweiligen stationären Aufenthalt und einer genauen Überwachung der Herzfunktion erfolgen sollten.

Wer kann jedoch zusichern, daß die Betreffenden - berauscht durch die vielversprechenden Erfolge - nicht der Versuchung erliegen, die Behandlung länger als zwei Monate durchzuführen?

---

3) Siehe Teil 2, Kapitel 1

Die Frauen, die diese Diät nur über einen Zeitraum von acht bis zehn Tagen machen, müssen wissen, daß in der ersten Woche nur Muskelschwund und Wasserverlust eintreten. Es kommt zu keiner Verringerung der Fettmasse, weshalb diese Frauen auch nicht schlanker werden...!

Trotz großer Entbehrungen gibt es keine Garantie dafür, daß man überhaupt an Gewicht verliert, wie man an einer Untersuchung von Van Goal sehen kann, die er an vierhundert Personen vorgenommen hat. Die Erfolgsquoten betrugen lediglich:

- 38% bei einer Dauer von sechs Monaten;
- 31% bei einer Dauer von einem Jahr;
- 14% bei einer Dauer von zwei Jahren.

Eine Untersuchung, die kürzlich von der Universität Pennsylvania veröffentlicht wurde, wies sogar nur eine Erfolgsquote von 2% bei einer Dauer von fünf Jahren auf.

Professor Apfelbaum, der mehr als fünfundzwanzig Jahre ein überzeugter Verfechter dieser Eiweißdiät war, besaß den Mut, auf dem „Internationalen Kongreß über das Phänomen der Fettleibigkeit" in Antwerpen im September 1993 die Wirkungslosigkeit dieser Diät einzugestehen, indem er seine Rede mit den Worten beendete, daß, *„langfristig gesehen, alle Betroffenen die verlorenen Pfunde wieder zugenommen haben".*

Das Schlimmste ist, daß diese Behandlungen trotz ihrer Risiken (wenn sie ohne ärztliche Überwachung durchgeführt werden) weitverbreitet sind, da sie für die Hersteller und die Apotheken ein einträgliches Geschäft darstellen. Bei einem Direktverkauf nach Verordnung durch den Arzt erhält dieser zusätzlich eine bestimmte Umsatzbeteiligung, womit klar sein dürfte, daß nicht gerade wenig daran verdient wird!

Eine solche Abmagerungsmethode hat vor allem zum Nachteil, daß sie bei den Betreffenden zu einer vierwöchigen, künstlichen Unterbrechung der normalen Ernährungsweise führt, was am wirklichen Problem vorbeigeht. Bei einem langfristigen Abmagerungsvorhaben, das die Mitarbeit des Patienten und die Einbeziehung einer

Diätmethode erfordert, die auf einer Umstellung der Ernährungsgewohnheiten beruht, macht eine derartige Diät wenig Sinn.

Einzig und allein durch Einkäufe im Lebensmittelgeschäft, auf dem Markt oder im Supermarkt, aber auf keinen Fall in der Apotheke, läßt sich eine sinnvolle Ernährungsmethode anwenden, die zu einem Gewichtsverlust führt.

DIE „FATALEN" ERSATZMAHLZEITEN

Heutzutage sind die Auslagen der Apotheken voll von vanille- und kakaopulverartigen Trinklösungen, die - zum Frühstück oder zum Mittagessen eingenommen - schlank machen sollen. Abends gönnt man sich dann eine „normale" Mahlzeit.

Ihre chemische Zusammensetzung ist sehr verschieden, doch immer unausgeglichen. Einige enthalten zuwenig Proteine, andere zuviel „schlechte" Kohlenhydrate.

Sehen wir uns einmal an, welche negativen Seiten diese „Schlankmacher" noch haben.

Zu den Mechanismen, die das Hungergefühl dämpfen, gehören zum einen das Kauen und zum andern das Völlegefühl.

Wenn man nun Flüssigkeit zu sich nimmt, tritt weder die Kaufunktion in Kraft noch stellt sich ein Völlegefühl ein, was ganz einfach daran liegt, daß Flüssiges nicht lange im Körper bleibt. Dies führt dazu, daß man einige Stunden später Hunger verspürt, wodurch das Risiko, etwas zu knabbern, größer wird.

Wenn man morgens und mittags diese „Ersatzmahlzeiten" eingenommen hat (zu Zeitpunkten, wo das Risiko, Fett anzusetzen, am geringsten ist), wird man abends dazu tendieren, etwas üppiger als sonst zu essen. Dies ist leider genau der Zeitpunkt, wo der Organismus am meisten dazu neigt, Fettreserven anzulegen, erst recht dann, wenn er durch zwei vorhergehende Pseudomahlzeiten Frustrationen erlitten hat. Das ist also die Logik einer kalorienreduzierten Diät...

Indem man Ersatzmahlzeiten einführt, begeht man außerdem einen psychologischen Fehler, denn übergewichtige Frauen, die diese Diätmethode anwenden, entwickeln unbewußt eine Art Abneigung gegen die Nahrung, da sie ihr immer mehr die Schuld an ihren Gewichtsproblemen geben.

Sie werden in dem Gedanken bestärkt, daß die Nahrung ihr Feind darstellt, vor dem sie sich in acht nehmen müssen, obwohl es unserer Meinung nach gerade umgekehrt ist. Diese Frauen müssen sich wieder mit der Nahrung anfreunden, anstatt sie als Ganzes abzulehnen. Danach erfahren sie, wie man die richtige Auswahl trifft.

DIE WUNDERMITTEL...

Von der „Wunderpille" zum Abnehmen träumen wir schon lange. Um jedoch in medizinischer und ethischer Hinsicht bestehen zu können, muß sie einige Kriterien erfüllen:

- eine Wirksamkeit, die durch zuverlässige und reproduzierbare Versuche bewiesen wurde;
- eine gute Verträglichkeit (ohne unerwünschte Nebenwirkungen);
- keine Vergiftung auf lange Sicht.

Das heißt, daß man auf diese Wundertablette noch eine ganze Weile warten muß, denn es gibt heutzutage kein einziges Produkt, das auch nur im entferntesten diese Kriterien erfüllt!
Betrachten wir doch die Mittel, die in der Hoffnung auf eine Gewichtsabnahme verordnet wurden oder leider immer noch angeboten werden, einmal genauer.

1. Diuretika (harntreibende Mittel)

Wenn das Abnehmen darin besteht, eine bestimmte Menge an Fettmasse zu verlieren, liegt es auf der Hand, daß Diuretika, die lediglich eine harntreibende Wirkung dahingehend haben, daß vermehrt Wasser ausgeschieden wird, diese Funktion ganz und gar nicht erfüllen.

Außerdem muß man wissen, daß mit dem Wasser Mineralsalze (Natrium, Kalium) ausgeschieden werden, was letztendlich mehr Schaden anrichtet als Nutzen bringt. Es kommt zu trockener Haut, Müdigkeit, Muskelkrämpfen und Schwindelanfällen mit Blutdruckabfall, was zu Ohnmachtsanfällen führen kann.

Nach Beendigung der Behandlung neigt der Körper im übrigen dazu, wie ein trockener Schwamm zu reagieren, indem er so schnell wie möglich Wasser und Salz wieder aufnimmt mit dem zusätzlichen Risiko von Ödembildungen, die sehr hartnäckig werden können.

Die Ärzte, die noch die Dreistigkeit besitzen, diese Diuretika, die sowohl wirkungslos als auch gefährlich sind, zu verordnen, sind nur selten so ehrlich, die jeweilige Bezeichnung deutlich anzugeben, da diese Präparate allgemein bekannt sind und gewöhnlich bei bestimmten Krankheiten verordnet werden. Deshalb verwenden die Ärzte häufig chemische Fachausdrücke, die die Patienten nicht kennen, und mischen diese Diuretika unauffällig pseudohomöopathischen Präparaten bei.

All dies erfolgt natürlich mit der wohlwollenden Unterstützung des Apothekers, obwohl diese Tricks in Frankreich seit einiger Zeit gesetzlich verboten sind.

In diesem Zusammenhang sollte man sich vor bestimmten Präparaten auf Pflanzenbasis – den sogenannten „Entwässerungsmitteln" – in acht nehmen, die aus Pflanzen mit einer mehr oder weniger stark harntreibenden Wirkung bestehen, um so den Anschein von Natürlichkeit zu erwecken.

Zu diesen Pflanzen zählen zum Beispiel: Kleines Habichtskraut, Schachtelhalm, Fenchel, Klette, Wiesenkönigin (oder Mädelsüß), Artischocke, Löwenzahn, Esche und Kirschenstiele.
Sie haben vielleicht eine schwach harntreibende Wirkung, wodurch nicht soviel Kalium ausgeschieden wird, doch es bleibt bei der ausschließlich entwässernden Wirkung...

Das Mineralwasser, das oft als Schlankmacher gepriesen wird, dient eigentlich nur wirtschaftlichen Interessen. Wie bereits erwähnt wurde, ist es zwar wichtig, viel zu trinken, doch hat dies nur eine leicht harntreibende Wirkung. Wenn auch durch das Trinken die Abfallstoffe des Proteinstoffwechsels (Harnstoff, Harnsäure) ausgeschieden werden, heißt das noch lange nicht, daß ein Fettabbau stattfindet!

2. Laxativa (Abführmittel)

Einige einfallsreiche Frauen meinen, daß sie abnehmen, wenn sie Abführmittel schlucken!

Diese Frauen müssen wissen, daß durch die Einnahme von Reizlaxativa vor allem der Dickdarm geschädigt werden kann, oder es kann aufgrund von Durchfall, der mit dieser „Säuberungsaktion" einhergeht, zu einem Kaliummangel kommen. Dies zeigt, daß bei diesen Frauen ein Hang zur Phobie (Angst vor Toxinen) oder zur Zwangsneurose (Sauberkeitswahn...) besteht.

3. Schilddrüsenextrakte

Die Schilddrüsenunterfunktion ist nur in Ausnahmefällen für das Auftreten von Fettleibigkeit verantwortlich. Einem Patienten Schilddrüsenextrakte zu verordnen, dessen Schilddrüse einwandfrei funktioniert, ist nicht nur wirkungslos, sondern auch gefährlich, da es zu einer künstlichen Schilddrüsenüberfunktion kommen kann.

Diese Mittel, die eher Muskelschwund verursachen als zu einem Fettabbau führen, können zudem Herzrhythmusstörungen hervorrufen, da das Herz bekanntlich auch ein Muskel ist (allerdings ein ganz spezieller).

Diese Schilddrüsenextrakte werden aufgrund der Nebenwirkungen, die sie verursachen (durch die Destabilisierung der Schilddrüse), oft schlecht vertragen. Es kommt zum Beispiel zu Schlaflosig-

keit, Angstzuständen, Herzklopfen, Herzjagen, Zittern und Erregungs-
zuständen.

Die schlimmste Komplikation bleibt jedoch die plötzliche Dekom-
pression (Druckabfall) bei einer vorher existierenden Koronarinsuffizienz (Angina pectoris), die bei einer vorausgegangenen Untersuchung möglicherweise unentdeckt geblieben ist.

Wieder einmal werden die „Giftmittel" häufig komplexen Präparaten beigemischt und mit komplizierten chemischen Bezeichnun-
gen oder rätselhaften Abkürzungen versehen. Bei den Präparaten
auf Pflanzenbasis werden zum Beispiel Blattang oder Blasentang
verordnet, die durch das darin enthaltene Jod die Schilddrüsentätigkeit
beeinflussen.

4. Appetitzügler

Sie bestehen aus appetithemmenden Amphetaminen, die eine stark
anregende Wirkung auf die Psyche haben. Der Erregungszustand, in
den man versetzt wird, führt zu Schlafstörungen sowie zu einer Her-
absetzung der Selbstkritik und der Selbstkontrolle.

Wenn es nach Beendigung der Einnahme auch häufig zu Depressionen bis hin zu Selbstmord kommt, ist die schlimmste Folge doch die
starke Suchtabhängigkeit.

Man kann also leicht abhängig von Appetitzüglern werden!

Die Übergewichtigen, die häufig nur wenig Nahrung zu sich nehmen, bleiben gewissermaßen davon verschont, doch bei denjenigen,
die Störungen im Eßverhalten (Bulimie) an den Tag legen, führt die
Einnahme von Amphetaminen zu einer Verschlimmerung ihres Zustands.

5. Dexfenfluramine

Um bestimmte positive Wirkungen der Amphetamine beizubehalten, hat man versucht, ein Präparat zu entwickeln, das weniger Risiken aufweist.

So sind die Dexfenfluramine entstanden, bei denen die anregende Wirkung auf die Psyche nicht mehr vorhanden ist. Tierversuchen zufolge verursachen sie auch keine Abhängigkeit mehr.

Sie beeinflussen den Serotoninstoffwechsel – eine Substanz, die in die Appetitregulierung eingreift – und lassen ein Sättigungsgefühl entstehen. Bei denjenigen, die nach Süßem süchtig sind, hat sich die Einnahme von Dexfenfluraminen als wirksam erwiesen, doch trifft dies nur auf 15% der übergewichtigen zu. Deshalb wäre es falsch, daraus eine allgemeingültige Behandlung für alle Betroffenen zu machen.

Es wurde eine Versuchsreihe durchgeführt, bei der man eine Gruppe von mehr als achthundert übergewichtigen Frauen, von denen 86% ein durchschnittliches Übergewicht von 40% im Vergleich zu ihrem theoretischen Idealgewicht (mit einem durchschnittlichen BMI von 32) aufwiesen, für die Dauer von einem Jahr mit Dexfenfluraminen behandelte. Zur Gegenkontrolle bekam eine weitere Gruppe von Frauen Placebos [4]) verabreicht.

Gleichzeitig wurden die Betreffenden auf Diät gesetzt mit einer Zufuhr von weniger als 1 450 Kalorien am Tag, die ärztlich überwacht wurde. Es stellte sich heraus, daß das Dexfenfluramin-Präparat schlecht vertragen wurde. Fast 40% der Frauen mußten die Behandlung aufgrund unerwünschter Nebenwirkungen abbrechen. Es kam zu Müdigkeit, Unterleibsbeschwerden, Kopfschmerzen, Schlafstörungen, Durchfall, trockenem Mund, Angstzuständen, Depressionen, Polyurie (krankhafte Vermehrung der Harnausscheidung), Schwindelanfällen, Schlaflosigkeit, Übelkeit und Erbrechen.

Zwischen der Gruppe, die mit Dexfenfluraminen behandelt wurde und der Gruppe, die Placebos erhielt, stellte man nach elf Monaten nur einen Gewichtsunterschied von ungefähr 2,7 Kilo fest.

Bei einer Stichprobe, die zwei Monate nach Beendigung der einjährigen Behandlung stattfand, stellte man fest, daß die Placebo-Gruppe monatlich ein Kilo zugenommen hatte und die Dexfenfluramin-Gruppe zwei Kilo!

---

4) Placebo: unwirksames Scheinmedikament

Die Ärzte, die die Versuchsreihe durchgeführt hatten, folgerten daraus, daß die Behandlung lebenslang erfolgen sollte, um die relativ schwache Wirksamkeit zu bewahren... (zur großen Freude der Hersteller).

Dieses Versuchsergebnis wirft einige Fragen auf:

- Ist es wirklich notwendig und vor allem vernünftig, täglich zwei Dexfenfluramin-Tabletten über den Zeitraum von einem Jahr einzunehmen, um 2,7 Kilo mehr abzunehmen als mit dem Placebo?
- Rechtfertigt dieser geringe Erfolg die horrenden Kosten dieser Behandlung, die nicht von der Krankenkasse übernommen werden?
- Welche Wirkung hätte die alleinige Einnahme des Präparates erzielt?
- Wie groß war letztendlich der Einfluß der kalorienreduzierten Diät und der auf die Psyche wirkenden Placebos?
- Ist man bereit, bei einer Fortsetzung der einjährigen Behandlung das Risiko einer langsamen Gewichtszunahme und bei Unterbrechung der Dexfenfluramin-Einnahme das Risiko einer schnellen Gewichtszunahme auf sich zu nehmen?

Wenn im übrigen von den 15% übergewichtigen Frauen, die dafür in Frage kommen, mehr als ein Drittel die Behandlung vorzeitig abbrechen müssen, sind es letztendlich nur 10% der Betroffenen, die einen Nutzen daraus ziehen, indem sie möglicherweise drei Kilo mehr abnehmen als bei einer herkömmlichen Behandlung.

Wenn man weiß, daß der Selbstkostenpreis dieser Behandlung sagenhafte 600 Francs (etwa 180 DM) pro Kilo Gewicht, das man verloren hat, beträgt, fragt man sich wirklich, ob sich die Mühe (oder das Risiko) tatsächlich lohnt. Das Resultat erscheint auf jeden Fall ziemlich mager (zumindest für die Betroffenen!).

Außerdem kann und darf sich die Behandlung einer Störung im Eßverhalten nicht darauf beschränken, ein Präparat zu verordnen, ohne die notwendige Psychotherapie (oder Verhaltenstherapie) miteinzubeziehen, die mit einer Umstellung der Ernährungsgewohnheiten einhergehen sollte. Auch wenn sehr viele Frauen die Verschreibung dieses „Wundermittels" wünschen, weil sie möglichst schnell abnehmen wollen, um rechtzeitig für die Badesaison gerüstet zu sein, sollte sich der Arzt trotzdem zurückhaltend zeigen. Es geht nicht darum, im Hinblick auf einen schnellen Erfolg voreilig ein Präparat zu verschreiben. Dies gilt umso mehr, als daß bei bestimmten Präparaten, abgesehen von ihrer Giftigkeit und ihren unerwünschten Nebenwirkungen, die Patientinnen nach Beendigung der Behandlung die verlorenen Pfunde wieder zunehmen.

Bei einer regelmäßigen Wiederholung der Behandlung aktiviert der Körper seinen Abwehrmechanismus, so daß anstelle des gewünschten Gewichtsverlustes eine weitere Gewichtszunahme stattfindet.

Es muß noch einmal gesagt werden, daß eine Abmagerungsmethode nur dann zu einem Erfolg führt, wenn sie langfristig ausgerichtet ist und auf einer Umstellung der gegenwärtigen Ernährungsgewohnheiten beruht. Die Entscheidung, eine Abmagerungskur zu machen, sollte gut überlegt sein, weshalb schnelle Erfolge abzulehnen sind, da sie im nachhinein unglücklich machen.

WEITERE BEISPIELE VON ZUSATZPRÄPARATEN...

Als Anhänger schneller Erfolge sollte man sich vor den zahlreichen Schlankheitspräparaten in acht nehmen, die fälschlicherweise als Naturprodukte auf dem Markt angeboten werden.

1. L-Carnitin

L-Carnitin ist ein Enzym, das im Organismus vorkommt. Ausgehend von den Aminosäuren L-Lysin und L-Methionin wird es in der Leber und in den Nieren synthetisiert unter Zuhilfenahme von Eisen und den Vitaminen C und B6.

Heutzutage kommt ein Mangel an L-Carnitin sehr selten vor, da wir dieses Enzym über die herkömmliche Nahrung aufnehmen, wie zum Beispiel: Fleisch, Huhn, Kaninchen, Kuhmilch und Eier.

Lediglich bei einigen Vegetarierinnen, vor allem wenn sie an Eisenmangel leiden, kann eventuell eine etwas zu geringe L-Carnitinsynthese stattfinden.

Sehr selten besteht auch ein angeborener L-Carnitinmangel, doch wenn die Betroffenen gelegentlich über Muskelstörungen klagen, haben sie kein Übergewicht.

In der Werbung wird L-Carnitin fälschlicherweise als eine Substanz angepriesen, die den Fettabbau fördert. Dies muß klargestellt werden: L-Carnitin benötigt zwar die freien Fettsäuren im Blut als „Energietreibstoff", doch ist es absolut nicht in der Lage, Fettreserven, die in Form von Triglyzeriden gespeichert sind, abzubauen.

Erst ein weiteres Enzym, die Triglyzeridlipase, das durch einen niedrigen Insulinspiegel aktiviert wird, ermöglicht einen Abbau der Fettreserven und die Absonderung der entstandenen Fettsäuren in den Blutkreislauf.

Glücklicherweise hat die zuständige Stelle für Betrugsdelikte endlich „aufgeräumt" und den Vertrieb zahlreicher L-carnitinhaltiger Produkte verboten. Bald wird man sie nur noch in schlechter Erinnerung haben. Andere Wundermittel werden folgen!

2. Pflanzen

Als nächstes wandte man sich den Präparaten auf Pflanzenbasis zu: Pflanzen mit fettreduzierender Wirkung, harntreibender Tee usw., alles eignete sich hervorragend dazu, den Anschein zu erwecken, daß ein Gewichtsverlust ohne große Anstrengung erzielt werden kann und die Art der zugeführten Nahrung dabei keine Rolle spielt!

Nehmen wir zum Beispiel die Ananas. Jeder hat schon einmal gehört, daß Ananas eine fettreduzierende Wirkung hat. Doch das berühmte Bromelin oder Bromelain, das man im übrigen vor allem im Stiel und nicht in der Frucht vorfindet, besitzt ganz und gar nicht diese angeblich schlankmachende Eigenschaft. Entgegen dem, was man bisher geglaubt hatte, übt es nicht einmal eine positive Wirkung auf den Insulinstoffwechsel aus. Hinsichtlich der Bohnenschoten ist zu sagen, daß sie etwas aus der Mode gekommen sind, seit sie in den USA als Verursacher von Darmverschluß ausgemacht wurden.

Andere Pflanzen, die man als harmlos eingestuft hatte, entpuppten sich als giftig. Dies gilt zum Beispiel für Gamander, der seitdem nicht mehr verkauft werden darf.

Einige chinesische Pflanzen mit fettreduzierender Wirkung (je exotischer, desto besser) lösten schwere Hepatitis aus. Die einzigen Substanzen, die man allenfalls akzeptieren könnte, sind lösliche Ballaststoffe wie Glucomannan, die jedoch bei schwacher Dosierung überhaupt keine Wirkung zeigen.

Bei einer Dosis von 4 g am Tag wirken sie appetithemmend. Wenn man sie mit viel Flüssigkeit eine halbe Stunde vor dem Essen einnimmt (sie quellen im Bauch), entsteht ein vorzeitiges Sättigungsgefühl und die Freisetzung von Insulin wird gesenkt. Sie fördern jedoch auch die Entstehung von quälenden Blähungen.

Welches Mittel man auch einnimmt, es bringt einen unvermeidlich vom wahren Ziel einer dauerhaften Umstellung der Ernährungsgewohnheiten ab. Diese Änderung im Ernährungsverhalten ist jedoch die einzige Möglichkeit, sein Körpergewicht auf lange Sicht zu stabilisieren.

KAPITEL 3

DIE ZUSAMMENSETZUNG
DER LEBENSMITTEL

In den vorhergehenden Kapiteln wurde deutlich, daß der in den Lebensmitteln enthaltene Nährwert nicht für die Gewichtszunahme verantwortlich ist.

Wie später zu sehen sein wird, hängt alles von der Zusammensetzung der Lebensmittel aus Kohlenhydraten, Fetten, Eiweißen, Ballaststoffen, Vitaminen, Mineralsalzen und Spurenelementen ab.

Man wird feststellen, daß man nicht deswegen zugenommen hat, weil man zuviel ißt, sondern weil man sich falsch ernährt und weil man nicht immer die richtigen Lebensmittel auswählt.

Letztendlich ist es sinnlos, die Nahrungszufuhr einzuschränken, um die überflüssigen Pfunde loszuwerden und ein Idealgewicht zu erreichen. Man wird bald begreifen, daß es ausreicht, seine Ernährung umzustellen, indem man auf bestimmte ungesunde Lebensmittel verzichtet und stattdessen gesündere Lebensmittel bevorzugt.

Um jedoch die richtige Auswahl zu treffen, ist es vor allem notwendig, sich in sämtlichen Lebensmittelklassen auszukennen und jedes ihrer Merkmale genau zu verstehen.

Dieses Kapitel ist trotz seines technischen Inhalts von allen Frauen zu verstehen, auch wenn sie über keine fundierten wissenschaftlichen Kenntnisse verfügen.

Egal, welchem Hobby man frönt (Garten, Basteln, Sport) oder welchem Beruf man nachgeht (Informatik...), das erste, was einem beigebracht wird, sind die „Grundprinzipien". Danach steht weiteren Fortschritten nichts mehr im Wege.

Einiges aus diesem Kapitel wird einem vielleicht bekannt vorkommen, doch sollte man genau aufpassen, da im Bereich der Ernährung viel Falsches verbreitet wurde.

Zuallererst muß man wissen, daß sich die Lebensmittel aus Nähr-stoffen zusammensetzen, d.h. aus Substanzen, die vom Körper auf-genommen werden und dazu bestimmt sind, ihn am Leben erhalten. Diese Nährstoffe werden in zwei Kategorien unterteilt:

– **die energetischen Nährstoffe**

Sie dienen als Energielieferant und als Rohstoff für zahlreiche Syn-thesen, die beim Aufbau und Wiederaufbau von lebendem Gewe-be ablaufen. Dazu zählen:

- Eiweiße oder Proteine;
- Kohlenhydrate;
- Fette oder Lipide.

– **Die nicht energetischen Nährstoffe**

Sie werden für die Aufnahme und den Stoffwechsel der energeti-schen Nährstoffe benötigt. Einige dienen als Katalysator und Auslö-ser zahlreicher chemischer Reaktionen. Man unterscheidet zwischen:

- Ballaststoffen (Faserstoffen),
- Wasser;
- Mineralsalzen;
- Spurenelementen;
- Vitaminen.

DIE ENERGETISCHEN NÄHRSTOFFE

1. Proteine

Proteine sind organische Substanzen tierischen oder pflanzlichen Ursprungs und bilden die Grundlage der Zellstrukturen des Organis-mus. Sie bestehen aus zahlreichen Aminosäuren als Grundbausteine.

Einige dieser Aminosäuren können vom Organismus produziert werden, andere dagegen müssen über die Nahrung aufgenommen werden, da der Körper sie nicht selbst synthetisieren kann.

Proteine können zweifachen Ursprungs sein:

- tierischen Ursprungs: sie finden sich in Fleisch, Wurst, Innereien, Fisch, Krustentieren, Muscheln, Eiern, Milch, Milchprodukten und Käse;
- pflanzlichen Ursprungs: sie finden sich in Soja, Algen, Mandeln, Haselnüssen, Schokolade, aber auch in Getreide, Vollkornprodukten und Hülsenfrüchten.

Eine ausreichende Proteinzufuhr ist notwendig:

- für die Bildung der Zellstrukturen;
- für die Produktion bestimmter Hormone und Neurotransmitter, wie z.B. Thyroxin und Adrenalin;
- als mögliche Energiequelle für den Organismus, wenn Bedarf besteht;
- für die Erhaltung des Muskelsystems;
- für die Bildung der Gallensäuren und der Atmungsfermente.

Für jede ausgezeichnete Köchin dürfte es interessant sein zu erfahren, daß außer dem Ei kein anderes Lebensmittel über soviel ausreichende und ausgewogene Aminosäuren verfügt. Wenn man weiß, daß eine fehlende, notwendige Aminosäure die Aufnahme weiterer Aminosäuren stören kann, versteht man umso besser, warum einem unbedingt dazu geraten wird, sowohl tierische als auch pflanzliche Nahrung zu sich zu nehmen.

Wenn man sich ausschließlich vegetarisch ernährt, entsteht zwangsläufig ein Ungleichgewicht. Eine vegetarische Ernährung, die dagegen mit Eiern und Milchprodukten kombiniert wird, ist völlig ausreichend (siehe Teil 2, Kapitel 3).

Eine Proteinzufuhr, die ausschließlich über Fleisch erfolgt, würde im übrigen zu einem Mangel an Schwefelaminosäuren führen, was die Aufnahme anderer Aminosäuren stören könnte.

Für eine ausgewogene Ernährung müßte ein Erwachsener täglich 1 g Protein pro Kilo Gewicht zu sich nehmen, wobei es mindestens 60 g am Tag bei der Frau und 70 g beim Mann sein sollten.

Leistungssportler, die ihre Muskelmasse vergrößern möchten, können 1,5 g Protein pro Kilo Gewicht zu sich nehmen, unter der Voraussetzung, daß sie reichlich Flüssigkeit zuführen.

Mahlzeiten	Lebensmittel		Tierische Proteine	Pflanzliche Proteine
Frühstück	150 ml	Milch	5 g	
	60 g	Vollkornbrot		5 g
Mittagessen	150 g	Fisch	20 g	
	50 g	Vollkornnudeln		5 g
	1	Joghurt	5 g	
Abendessen	200 g	Linsen		18 g
	30 g	Käse	3 g	
	60 g	Vollkornbrot		5 g
			33 g	33 g

In der Praxis sieht dies so aus, daß jemand, der sechsundsechzig Kilo wiegt, etwa 33 g tierische Proteine und 33 g pflanzliche Proteine pro Tag zu sich nehmen sollte, so wie es in der obigen Übersicht anhand eines Beispiels veranschaulicht wurde.

Diese Proteine sollten 15% unserer täglichen Nahrungszufuhr betragen. Nachfolgend ist eine Übersicht zu finden, die die Auswahl der Lebensmittel erleichtern soll:

Proteinhaltige Lebensmittel	
Tierische Proteine	**Pflanzliche Proteine**
Durchschnittliche Konzentration Rind Kalb Hammel Schwein Geflügel Wurst Fisch ausgereifter Käse	Sojabohnen Getreidekörner Algen geröstete Erdnüsse Linsen weiße Bohnen Mandeln
Hohe Konzentration Eier Milch Frischkäse	Haferflocken Schrotbrot Schokolade (über 70% Kakao) Roggenvollkorn Teigwaren Vollkornreis Walüsse Linsen

Eine unzureichende Proteinzufuhr hätte fatale Auswirkungen auf den Organismus: Muskelschwund, schlechte Narbenbildung, Organsenkung, usw...

Wenn dagegen zuviel Proteine mit der Nahrung aufgenommen werden, verbleiben Proteinrückstände im Organismus, die sich zu Harnsäure und Harnstoff umwandeln, wodurch Gicht entsteht. Deshalb wird dazu geraten, reichlich Flüssigkeit zuzuführen, um diese Rückstände zu beseitigen.

Es sollte jedoch nicht vergessen werden, daß Proteine für die Gesundheit notwendig sind und daß selbst eine beträchtliche Zufuhr kein Problem darstellt, es sei denn, es liegt eine Beeinträchtigung der Nierenfunktion vor.

Man muß allerdings wissen, daß sie in der Nahrung im allgemeinen mit Fetten (Lipiden) verknüpft sind, die meistens gesättigt sind und nur in sehr geringen Mengen zugeführt werden sollten.

2. Die Kohlenhydrate

Die Kohlenhydrate, die diesen Namen aufgrund ihrer Zusammensetzung aus den drei Elementen Kohlenstoff, Sauerstoff und Wasserstoff erhalten haben, werden auch häufig ganz allgemein als „Zukker" bezeichnet.

a. Klassifizierung der Kohlenhydrate nach der Komplexität ihrer Moleküle (chemische Formel)

Kohlenhydrate aus einem Molekül (Monosaccharide):

- Glukose (vom griechischen „glukus" = süß), die man im Honig in geringer Menge und im Obst vorfindet;

- Fruktose, die man hauptsächlich im Obst vorfindet;

- Galaktose, die man in der Milch vorfindet.

Kohlenhydrate aus zwei Molekülen (Disaccharide):

- Saccharose, die nichts anderes ist als weißer Zucker (Streu- oder Würfelzucker); man gewinnt sie aus Rüben oder Zuckerrohr (Glukose + Fruktose);

- Laktose (Glukose + Galaktose), die man in der Milch von Säugetieren vorfindet;

- Maltose (Glukose + Glukose), die aus Malz gewonnen wird, d.h. aus Bier und Mais.

54

Kohlenhydrate aus mehreren Molekülen (Polysaccharide):

– Glykogen, das man in der Tierleber vorfindet;
– Stärke, die aus sehr zahlreichen Glukosemolekülen zusammengesetzt und in folgenden Nahrungsmitteln zu finden ist:

- im Getreide: Weizen, Mais, Reis, Roggen, Gerste, Hafer;
- in Knollen: Kartoffeln, Yamswurzeln;
- in Wurzeln: Kohl-, Steckrüben;
- in Körnern/Hülsenfrüchten: Kichererbsen, Trockenbohnen, Lin
  sen, Soja.

Einige Verfasser beziehen auch Zellulose, Hemizellulose, Pektin, Pflanzenmehl- und Quellstoffe mit ein, doch in Wahrheit sind es Kohlenhydrate, die bei der Verdauung nicht assimiliert werden können. Sie liefern somit keine Energie für den Organismus. Es ist deshalb besser, sie den Ballaststoffen zuzuordnen.

Von dieser Klassifizierung der Kohlenhydrate (auf der Grundlage ihrer Molekülstruktur) ist man lange Zeit ausgegangen und hat eine Unterteilung in zwei Gruppen vorgenommen:

die Gruppe der „einfachen Zucker"

– die „einfachen Zucker" (Kohlenhydrate aus einem oder zwei Molekülen), die nur eine geringe Umwandlung im Verdauungstrakt benötigen und im Dünndarm rasch wieder absorbiert werden, wurden als „schnelle Zucker" bezeichnet;

die Gruppe der „komplexen Zucker"

– die „komplexen Zucker" auf Stärkebasis, von denen man annahm, daß sie aufgrund ihrer komplexen Molekülstruktur eine lange Verdauung benötigen, wurden „langsame Zucker" genannt. Man dachte tatsächlich, daß ihre Assimilation bei der Verdauung länger dauert. Diese Unterteilung der Kohlenhydrate in „schnelle und langsame Zucker" ist heute völlig überholt und beruht auf einer falschen Auffassung (siehe nachfolgender Kasten).

Versuche, die vor kurzem durchgeführt wurden, haben bewiesen, daß die Molekülstruktur des Kohlenhydrates nicht für die Geschwindigkeit verantwortlich ist, in der Glukose vom Organismus assimiliert wird.

Aufgrund zahlreicher Versuche konnte nachgewiesen werden, daß sich die Veränderung des Blutzuckerspiegels nach dem nüchternen Verzehr eines Kohlenhydrates praktisch immer im gleichen Zeitraum vollzieht (unabhängig von der Komplexität der Moleküle).

Es hat sich herausgestellt, daß die Einteilung der Kohlenhydrate in „schnelle und langsame Zucker" rein theoretischer und spekulativer Natur ist, da es sich dabei um nichts anderes als um eine aus der chemischen Zusammensetzung der Kohlenhydrate gezogene Schlußfolgerung handelt.

„Langsame und schnelle Zucker"
Eine falsche Unterscheidung

Ein Großteil der heutigen Ernährungsspezialisten verwendet weiterhin ungestraft die überholten Begriffe der „langsamen und schnellen Zucker".

Der Diabetologe Prof. Slama erinnert jedoch bei jeder Gelegenheit mit Nachdruck daran, daß Kohlenhydrate einzig und allein nach ihrer glykämischen Amplitude klassifiziert werden sollten.

Wenn man sieht, wie Paul-Loup Sulitzer mit seinem letzten Buch „Die Sulitzer-Diät" für eine weite Verbreitung dieser irrtümlichen Auffassung gesorgt hat — wie sämtliche Fachautoren (oder Nicht-Fachautoren) kalorienreduzierter Diätbücher vor ihm — kann man sich nur darüber wundern.

Wenn man jedoch betrachtet, wie rege der Endokrinologe Daninos in einem kritischen Artikel über die Montignac-Methode (November 1993 im „Le Quotidien du Medecin" erschienen) davon Gebrauch macht, muß man sich doch ernsthafte Gedanken darüber machen.

Die Versuche haben somit gezeigt, daß die Absorption aller Kohlenhydrate (mit einfacher oder komplexer Molekülstruktur) ungefähr zwanzig bis fünfundzwanzig Minuten nach ihrem Verzehr erfolgt.

Absorptionsgeschwindigkeit der Kohlenhydrate

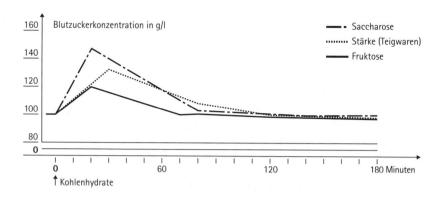

Leider liegt einem Großteil der Ernährungsmethoden immer noch diese falsche Einteilung der Kohlenhydrate zugrunde, insbesondere im Bereich des Sports, wo sie sehr häufig als Glaubensbekenntnis betrachtet wird.

b. Was ist Blutzucker?

Glukose ist der wahre „Treibstoff" des Organismus. Sie entsteht auf zweifache Art:

Entweder wird sie vom Körper auf der Grundlage der Fettreserven synthetisiert, oder sie wird beim Kohlenhydratstoffwechsel gebildet. Der Transport erfolgt dabei stets über das Blut (mit oder ohne Speicherung in Form von Glykogen). Deshalb zeigt der Blutzucker den Gehalt der im Blut befindlichen Glukose an.

Nüchtern beträgt der Blutzuckergehalt normalerweise 1 g pro Liter Blut (oder 5,5 mmol/l).

Bei einer Blutentnahme durch den Arzt wird unter anderem dieser biologische Parameter genau überprüft.

Nach dem nüchternen Verzehr eines Kohlenhydrates läßt sich die Veränderung des Blutzuckerspiegels genau beobachten.

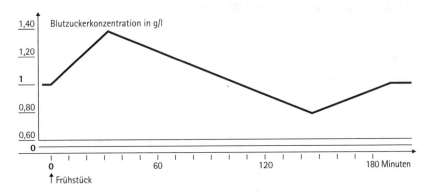

Zuerst steigt der Blutzuckerspiegel je nach Art des Kohlenhydrates mehr oder wenig stark an, bis der höchste Punkt erreicht ist, die sogenannte „Blutzuckerspitze". Die Bauchspeicheldrüse, die beim Stoffwechsel eine entscheidende Rolle spielt, sondert daraufhin das Hormon Insulin ab, damit die Glukose aus dem Blut in die Zellen gelangt, wo sie benötigt wird.

Durch die Insulinabsonderung kommt es dann zu einer Senkung des Blutzuckerspiegels.

Schließlich normalisiert sich der Blutzuckerspiegel wieder.

c. Der glykämische Index

Anstelle der Assimilationsgeschwindigkeit sollte eher die blutzuckersteigernde Wirkung der Kohlenhydrate untersucht werden.

Im Mittelpunkt des Interesses steht somit die „Blutzuckerspitze" jedes verzehrten Kohlenhydrates. Diese Fähigkeit der Kohlenhydrate, den Blutzuckerspiegel zu erhöhen, wird durch den glykämischen Index bestimmt, der 1976 in den USA von Prof. Crapo entwickelt wurde.

Der glykämische Index entspricht der Fläche des Dreiecks der Blut-
zuckerkurve, die durch das untersuchte Lebensmittel entsteht. Glukose
erhält willkürlich den Index 100, der Wert der übrigen Kohlenhydrate berechnet sich nach folgender Formel:

$$\frac{\text{Fläche des Dreiecks des untersuchten Lebensmittels}}{\text{Fläche des Dreiecks der Glukose}} \times 100$$

Der glykämische Index ist umso höher, je stärker das untersuchte
Kohlenhydrat den Blutzucker erhöht.

Heute sind sich die meisten Wissenschaftler darin einig, daß die
Kohlenhydrate nach ihrer blutzuckersteigernden Fähigkeit (die durch
den glykämischen Index bestimmt wird) klassifiziert werden sollten.

Wie im weiteren Verlauf noch zu sehen sein wird, hat der glykämische
Index fundamentale Bedeutung.

Er liefert uns nämlich die Erklärung für das Phänomen der Fettleibigkeit und für zahlreiche Probleme wie Müdigkeit und Vitalitätsmangel, mit denen die Menschen, insbesondere Frauen, zu kämpfen
haben.

Hoher glykämischer Index

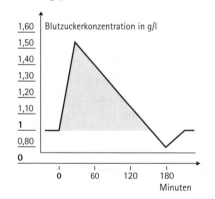

Niedriger glykämischer Index

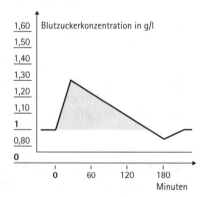

Der Einfachheit halber werden die Kohlenhydrate in zwei Gruppen
eingeteilt, in die „guten Kohlenhydrate" (mit einem niedrigen glykä-

mischen Index) und in die „schlechten Kohlenhydrate" (mit einem hohen glykämischen Index).

d. Die schlechten Kohlenhydrate

Dazu gehören sämtliche Kohlenhydrate, deren Verzehr zu einem starken Anstieg der Glukose im Blut und damit zu einer Hyperglykämie führt.

Es handelt sich dabei vor allem um Kohlenhydrate, deren glykämischer Index über 50 liegt. Dies gilt zum Beispiel für weißen Zukker in allen Variationen, rein oder als Zusatz in anderen

Lebensmitteln (Getränke, Süßigkeiten...), aber auch für sämtliche industriell bearbeitete Kohlenhydrate wie etwa weißes Mehl (Weißbrot, Nudeln) und weißer Reis.

Außerdem zählen zu diesen „schlechten Kohlenhydraten" auch bestimmte gängige Lebensmittel wie Kartoffeln oder Mais, deren glykämischer Index weitaus höher ist, wenn sie entweder industriell bearbeitet (Kartoffelstärke und Kartoffelchips, Cornflakes, Popcorn...) oder gekocht wurden (Kartoffelpüree, Kartoffelauflauf).

e. Die guten Kohlenhydrate

Im Gegensatz zu den schlechten Kohlenhydraten verursachen die guten Kohlenhydrate im Organismus nur eine geringe Freisetzung von Glukose. Somit entsteht nur eine leichte Erhöhung des Blutzukkerspiegels. Dies gilt für sämtliches Rohgetreide (nicht raffiniertes Mehl),

Vollkornreis, zahlreiche Stärkeprodukte und für Hülsenfrüchte, wie etwa Linsen, Erbsen oder Bohnen.

Des weiteren zählen vor allem Obst und frisches Gemüse (Lauch, Kohl, Salat, grüne Bohnen...) dazu, die im übrigen dafür bekannt sind, daß sie viel Ballaststoffe enthalten.

TABELLE DER GLYKÄMISCHEN INDICES

Kohlenhydrate mit einem hohen glykämischen Index		Kohlenhydrate mit einem niedrigen glykämischen Index	
Maltose (Bier)	110	Vollkorn- oder Kleiebrot	50
Glukose	100	Vollkornreis	50
Bratkartoffeln	95	Erbsen	50
Sehr weißes Brot (Hamburger)	95	Vollkornmüsli ohne Zucker	50
Kartoffelpüree	90	Haferflocken	40
Honig	90	Rote Bohnen	40
Karotten	85	Frischer Fruchtsaft (ohne Zucker)	40
Cornflakes, Popkorn	85	Vollkornnudeln	40
Schnellkochreis	85	Pumpernickel	40
Saubohnen	80	Roggenvollkornbrot	40
Riesenkürbis	75	Schrotbrot	35
Wassermelone	75	Trockenerbsen	35
Zucker (Saccharose)	70	Milchprodukte	35
Weißbrot (Baguette)	70	Eis	35
Müsli mit Zucker	70	Trockenbohnen	30
Schokoriegel	70	Linsen	30
Gekochte Kartoffeln	70	Kichererbsen	30
Kekse	70	Nudeln aus Vollkornschrot	30
Mais	70	Frisches Obst	30
Weißer Reis	70	Marmelade ohne Zucker	30
Dörrobst	65	Schwarze Schokolade (> 70% Kakaoanteil)	22
Graubrot	65	Fruktose	20
Pellkartoffeln	65	Soja	15
Rüben	65	Erdnüsse	15
Bananen, Melonen, Konfitüre	60	Frisches Gemüse	<15
Nudeln	55	Pilze	

f. Hyperglykämie und Insulin

Wenn die Absorption eines Kohlenhydrates den höchsten Punkt erreicht hat (Blutzuckerspitze), sondert die Bauchspeicheldrüse das Hormon Insulin ab, das die Aufgabe hat, die Glukose aus dem Blut zu treiben, damit der Blutzuckerspiegel wieder sinkt (wie bereits dargelegt wurde). Die Menge des produzierten Insulins steht dabei zwangsläufig in Beziehung zur Höhe des Blutzuckerspiegels; Hyperglykämie führt somit in den meisten Fällen zu Hyperinsulinismus.

Später wird noch einmal ausführlicher auf diesen Begriff eingegangen, der sehr wichtig ist, um einen Großteil der Stoffwechselvorgänge mit ihren Auswirkungen - vor allem auf die Gewichtszunahme - genau zu verstehen.

3. Lipide (oder Fette)

In der westlichen Welt sind die Fette seit einigen Jahren Auslöser einer wahren Psychose; in den USA trägt das Verhalten der Bevölkerung bereits paranoide Züge.

Nachdem Fett jahrhundertelang das begehrteste und am meisten geschätzte Lebensmittel war, ist es heute Zielscheibe sämtlicher Anschuldigungen und Verzichtserklärungen.

Die herkömmliche Ernährungslehre gibt den Fetten vor allem dann die Schuld an der Fettleibigkeit, wenn sie viel Kalorien enthalten. Man konnte im übrigen nachweisen, daß das Fett über das Cholesterin die meisten Herz-Kreislauf-Erkrankungen auslöst. Es wird heute sogar beschuldigt, bei der Entstehung bestimmter Krebsarten eine entscheidende Rolle zu spielen.

In einem späteren Kapitel über Hypercholesterinämie wird genauer auf diese soziologischen und epidemiologischen Betrachtungen eingegangen.

Da dieses Kapitel den chemischen Begebenheiten gewidmet ist, beschränken wir uns auf eine möglichst objektive und sachliche Darstellung der Thematik.

Lipide, oder Lipidreserven, sind komplexe Moleküle und werden normalerweise als Fette bezeichnet. Man teilt sie im allgemeinen nach ihrem Ursprung ein:

- *Lipide tierischen Ursprungs* findet man in Fleisch, Fisch, Butter, Milchprodukten, Käse, Eiern...

- *Lipide pflanzlichen Ursprungs* sind Öle (Olivenöl, Sonnenblumenöl...) und Margarine.

Es ist jedoch aufschlußreicher, die Lipide nach ihrer chemischen Formel einzuteilen. Man unterscheidet somit:

- **Gesättigte Fettsäuren**, die in Fleisch, Wurst, Eiern, Milchprodukten (Milch, Butter, Crème fraiche, Käse) und in Palmöl, etc. enthalten sind;

- **Einfach und mehrfach ungesättigte Fettsäuren**, die bei Raumtemperatur flüssig bleiben (Sonnenblumenöl, Olivenöl, Rapsöl...), obwohl einige durch Hydrierung (Herstellung von Margarine) gehärtet werden können;

- **Ungesättigte Fettsäuren**, die in Fisch, Gans und Ente zu finden sind.

Die Lipidzufuhr über die Nahrung ist nicht nur wichtig, sondern auch unerläßlich, denn:

- sie liefern Energie, die in Form von Fettreserven gespeichert werden kann und jederzeit zur Verfügung steht, um den Organismus mit Glukose zu versorgen;

- sie sind der Ausgangsstoff für die Bildung der Membranen und der Zellen;

- sie sind Bestandteil der Gewebe und insbesondere des Nervensystems;

- sie ermöglichen die Bildung von Hormonen und Prostaglandinen;

- sie sind das Ausgangsmaterial für die Bildung der Gallensalze;

– sie sind Träger der fettlöslichen Vitamine A,D,E und K;

– sie sind die einzige Quelle der sogenannten essentiellen Fettsäuren
  – Linolsäure und α-Linolensäure –;

– einige Fettsäuren haben eine vorbeugende Wirkung bei Herz-Kreislauf-Erkrankungen.

a. Lipide und Fettleibigkeit

Fette sind die größten Energielieferanten, weshalb sie bei den kalorienreduzierten Diäten als größter Feind angesehen werden.
  Doch wie später gezeigt werden wird, ist es weniger die Energie-
menge, die in der Ernährung in Frage gestellt werden muß, sondern
vielmehr die schlechten Ernährungsgewohnheiten, die den Stoffwechsel destabilisieren und die Bildung von Fettreserven begünstigen. Es
ist also die Hyperglykämie, die über den Hyperinsulinismus weitgehend dazu beiträgt, daß die übermäßig zugeführten Fette gespeichert werden (Lipogenese).

b. Lipide und Cholesterin

Es besteht tatsächlich eine Korrelation zwischen einer übermäßigen
Fettzufuhr und dem Cholesterinspiegel im Blut (verantwortlich für
Herz-Kreislauf-Erkrankungen). Dies muß jedoch differenzierter betrachtet werden, denn das Gesamtcholesterin wird in zwei Cholesterin-
arten unterteilt: das „gute" und das „schlechte" Cholesterin.
  Ideal ist ein Gesamt-Cholesterinspiegel von höchstens 2 g/l, wobei
die Konzentration des „guten" Cholesterins so hoch wie möglich sein
sollte.

Man muß wissen, daß nicht alle Fette zu einem Anstieg des „schlechten" Cholesterins führen. Es gibt sogar Fette, die eine spürbare Senkung hervorrufen. Dies wird im Kapitel über Hypercholesterinämie
und Herz-Kreislauf-Risiken genauer erklärt werden.

Aus Gründen der Genauigkeit ist es deshalb zweckmäßig, die Fette in drei neue Kategorien einzuteilen.

– **Fette, die den Cholesterinspiegel erhöhen**

Es handelt sich dabei um gesättigte Fettsäuren, die vor allem in Fleisch, Wurst, Milch, Vollmilchprodukten, Butter und bestimmten Käsesorten enthalten sind.

Eine übermäßige Zufuhr von gesättigten Fettsäuren kann zu einer Erhöhung des Cholesterinspiegels im Blut führen, was die Entstehung Herz-Kreislauf-Erkrankungen begünstigen kann. In zahlreichen Untersuchungen wurde im übrigen die Ansicht geäußert, daß eine übermäßige Aufnahme von gesättigten Fettsäuren zu einem Risikofaktor bei der Entstehung bestimmter Krebsarten werden kann.

– **Fette, die den Cholesterinspiegel geringfügig erhöhen**

Man findet sie in Geflügel, Krustentieren und Eiern.

– **Fette, die den Cholesterinspiegel senken und Gefäßablagerungen entgegenwirken**

Hierbei handelt es sich um ungesättigte Fettsäuren, die man vor allem in Ölen (außer Palmöl), Ölfrüchten, Fisch oder auch in Gänse- und Entenschmalz findet.

Man unterscheidet zwischen

- *einfach ungesättigten Fettsäuren*, insbesondere die Ölsäure des Olivenöls, die die Eigenschaft hat, das Gesamtcholesterin zu senken und das „gute" Cholesterin zu erhöhen. Sie besitzen den Vorteil einer chemischen Stabilität;

- *mehrfach ungesättigten Fettsäuren*, die vor allem in Sonnenblumenöl, Maisöl und Rapsöl vorkommen und zu einer Senkung des Gesamt-Cholesterinspiegels führen. Sie sind reich an essentiellen Fettsäuren, haben jedoch den Nachteil, leicht oxydierbar zu sein. Wenn sie oxydiert werden, sind sie aber ebenso schädlich für die Gefäßwände wie die gesättigten Fettsäuren.

Genauso verhält es sich mit einigen pflanzlichen Fetten, die beim Verfestigungsvorgang (Margarineherstellung) eine chemische Umwandlung durchmachen, die ihre Eigenschaften zu verändern scheinen.

c. Essentielle Fettsäuren

Linolsäure und α-Linolensäure (früher als Vitamin F bezeichnet) verdienen an dieser Stelle besondere Aufmerksamkeit, da sie für die Ernährung absolut notwendig sind.

In den letzten Jahren wurde die grundlegende Bedeutung dieser Fettsäuren bei der Bildung der Gehirnzellmembranen und der Entwicklung des Nervensystems nachgewiesen. Demzufolge müßte ein Mangel an diesen Fettsäuren zu einer Beeinträchtigung der geistigen Entwicklung führen, vor allem dann, wenn dieser Mangel in der frühen Kindheit aufgetreten ist.

Des weiteren wurde aufgezeigt, daß das Fehlen dieser Fettsäuren eine entscheidende Rolle bei der Entstehung der schwersten chronischen Stoffwechselerkrankungen spielen kann, von denen die Industrieländer heimgesucht werden, wozu vor allem die Erkrankungen des Immunsystems zählen.

Verantwortlich für diesen Mangel sind wahrscheinlich die schlechten Ernährungsgewohnheiten der heutigen Zeit, wie zum Beispiel der Verzehr von Produkten mit einer bedenklichen Beschaffenheit, insbesondere dann, wenn sie in raffinierter Form vorliegen. Linolsäure, die in Sonnenblumenöl, Maisöl und Traubenkernöl vorkommt, verringert das Risiko einer Herz-Kreislauf-Erkrankung.

Ein Mangel an dieser Fettsäure führt zu Wachstumsstörungen und Zellveränderungen im Bereich der Haut, der Schleimhäute, der endokrinen Drüsen und der Geschlechtsorgane. Die empfohlene Zufuhr beträgt 10 g pro Tag, was zum Beispiel durch den Verzehr von 20 g Sonnenblumenöl, Maisöl oder Sojaöl erreicht wird.

α–Linolensäure, die man in großer Menge in Rapsöl, Walnußöl und Weizenkeimöl findet, ist besonders wichtig für die chemischen Vorgänge im Nervensystem. Ein Mangel an dieser Säure kann zu Störungen der Lernfähigkeit, Anomalien der Nervenleitfähigkeit, erhöhtem Thromboserisiko und verminderter Alkoholverträglichkeit führen. Die empfohlene Zufuhr beträgt 2 g pro Tag, die man zum Beispiel durch den Verzehr von 25 g Rapsöl erreicht.

Die Zufuhr eines einzigen Öls reicht nicht aus, um eine ausgewogene Menge an Ölsäure, Linolsäure und α–Linolensäure zu erhalten. Für die Salatsoße sollte man deshalb zwei oder drei Öle mischen (oder abwechseln):

– entweder Olivenöl + Isio 4;
– oder Olivenöl + Sonnenblumenöl + Rapsöl.

d. Tägliche Fettzufuhr

Die tägliche Gesamt-Fettzufuhr sollte nicht mehr als 30 % der Ernährung ausmachen. In Frankreich beträgt sie heutzutage mindestens 45 % (zwei Drittel davon sind gesättigte Fette).

Ideal ist eine Verteilung der Fettzufuhr auf 25 % gesättigte Fette (Fleisch, Wurst, Butter, Vollmilchprodukte), 50 % einfach ungesättigte Fettsäuren (Gänseschmalz, Olivenöl) und 25 % mehrfach ungesättigte Fettsäuren (Fisch, Sonnenblumenöl, Rapsöl, Maisöl, usw.).

Auf diese Empfehlungen wird in einem späteren Kapitel noch einmal genauer eingegangen.

DIE NICHT ENERGETISCHEN NÄHRSTOFFE

Die Tatsache, daß bestimmte Nährstoffe nicht energetisch sind, mindert keineswegs ihren Nutzen für die Ernährung.

Das Gegenteil ist der Fall. Doch die Tatsache, daß sie keine Energie liefern, hat viele unserer Zeitgenossen dazu veranlaßt, sie zu vernachlässigen, obwohl sie in der Ernährung eine lebenswichtige Rolle spielen.

1. Ballaststoffe

Unsere Vorfahren haben Ballaststoffe zu sich genommen, ohne es zu wissen. Wir haben sie erst vor kurzer Zeit entdeckt und dabei festgestellt, daß wir zu wenig davon verzehren.

Ballaststoffe, die man vor allem in Kohlenhydraten mit einem niedrigen und sehr niedrigen glykämischen Index findet, sind Substanzen pflanzlichen Ursprungs und kommen im allgemeinen in Verbindung mit anderen Nährstoffen vor. Man definiert sie als *„pflanzliche Reste, die von den Enzymen des Dünndarms nicht angegriffen werden, teilweise aber durch die Bakterien der Darmflora hydrolisiert werden".*

Es sind Substanzen pflanzlichen Ursprungs, deren chemische Formel aus komplexen Kohlenhydraten besteht. Man bezeichnet sie gelegentlich als „unverdauliche Kohlenhydrate".

Deshalb sind sie auf einigen Verpackungen in der Gesamtkohlenhydratangabe enthalten. Diese Gleichsetzung ist jedoch falsch, da diese Substanzen überhaupt nicht verdaut werden und zu keiner Erhöhung des Blutzuckerspiegels führen.

a. Verschiedene Ballaststoffe

Man unterscheidet zwei Arten mit sehr verschiedenen Eigenschaften:

– Unlösliche Ballaststoffe

Dazu zählen Zellulose, ein Großteil der Hemizellulosen und Lignin. Man findet sie in Obst, Gemüse, Getreide und in Hülsenfrüchten.

– Lösliche Ballaststoffe

Dazu zählen Pektin, Pflanzenmehl- und Quellstoffe (Hülsenfrüchte), Alginsäure der Algen (Agar-Agar, Guar, Carrageen) und die Hemizellulosen der Gerste und des Hafers.

b. Wirkung der Ballaststoffe

Unlösliche Ballaststoffe saugen Wasser auf wie ein Schwamm und bewirken dadurch eine beschleunigte Magenentleerung und eine Erhöhung des Volumens und des Wassergehaltes des Darminhaltes, was die Ausscheidung verbessert.

Ihre wesentliche Bedeutung besteht also in der Vermeidung von Verstopfung (in Verbindung mit reichlicher Flüssigkeitszufuhr). Sie tragen aber auch zu einer geringen Senkung des Cholesterinspiegels im Blut bei und wirken vor allem der Entstehung von Gallensteinen entgegen. Schließlich haben sie eine vorbeugende Wirkung bei Dickdarm- und Mastdarmkrebs, die in Frankreich immer noch 25 000 Todesfälle im Jahr fordern!

Früher warf man der in Getreide enthaltenen Phytinsäure vor, daß sie die Absorption von Kalzium stören würde. Somit hieß es, daß „Vollkornbrot einen Kalkmangel hervorruft". Neuere Untersuchungen haben jedoch gezeigt, daß dies nicht der Fall ist, vor allem dann nicht, wenn die Herstellung des Brotes mit einem Treibmittel und auf traditionelle Art erfolgt (ohne Kneten im Eilverfahren).

Ballaststoffe stören auch nicht die Absorption von Vitaminen und Spurenelementen, zumal die ballaststoffreichen Lebensmittel (Obst, Hülsenfrüchte, Gemüse) häufig eine große Menge an diesen Mikronährstoffen enthalten, die für ein einwandfreies Funktionieren unseres Organismus unerläßlich sind.

Lösliche Ballaststoffe absorbieren eine sehr große Wassermenge und bilden dadurch ein dickes Gel, das zahlreiche Eigenschaften besitzt.

Dieses Gel füllt durch sein großes Volumen den Magen weitgehend aus, wodurch ein vorzeitiges Sättigungsgefühl entsteht. Somit geht das Hungergefühl schneller zurück, ohne daß Kalorien zugeführt werden.

Dieses Gel reguliert die Absorption von Kohlenhydraten und Fetten. Deshalb steigt der Blutzuckerspiegel nach dem Verzehr von Lebensmitteln, die reich an löslichen Ballaststoffen sind, nicht so stark an, obwohl die gleiche Menge an Kohlenhydraten verdaut wird. Es wird also weniger Insulin freigesetzt. Dieses Hormon begünstigt aber die Bildung von Fettreserven, d.h. die Gewichtszunahme. Alles in allem bewirken lösliche Ballaststoffe bei einer reichlichen Zufuhr einen Gewichtsverlust.

Dieser Vorgang bewirkt auch eine Verbesserung bei Diabetes, da eine Senkung des Blutzuckerspiegels erfolgt. Diabetiker sollten deshalb bevorzugt kohlenhydrathaltige Lebensmittel zu sich nehmen, die reich an löslichen Ballaststoffen sind (Obst, weiße Bohnen und vor allem Linsen) und einen niedrigen glykämischen Index besitzen.

Ballaststoffe senken den Cholesterinspiegel im Blut und schützen damit vor Herz-Kreislauf-Erkrankungen. Dies trifft umso mehr zu, als daß bestimmte ballaststoffreiche Lebensmittel (Gemüse, rohes Obst und Ölfrüchte) Antioxydationsmittel enthalten (Vitamin C und E, Beta-Karotin), die zusätzlich die Gefäßwände schützen.

Diese positive Wirkung auf die Blutfette gilt auch für Triglyzeride. Leider werden in allen Industrieländern, vor allem in den USA, viel zuwenig Ballaststoffe verzehrt.

Heutzutage beträgt die Ballaststoffzufuhr in Frankreich nur 17 g pro Tag und Einwohner, während es 40 g sein sollten. Ein Verzehr von 30 g wäre gerade noch ausreichend.

Die Amerikaner nehmen gegenwärtig weniger als 10 g zu sich, was einer Katastrophe gleichkommt.

2. Wasser

Die Körperflüssigkeit eines gesunden Erwachsenen macht 45 bis 60 %
seines Körpergewichtes aus.

Der Mensch kann wochenlang ohne Nahrung auskommen, aber
nur einige Tage ohne Wasser. Er kann seine Glykogen- und Fettreserven und die Hälfte seiner Proteine verlieren, ohne sich einem
wirklichen Risiko auszusetzen, aber ein Wasserverlust von nur 10 %
würde eine beträchtliche Erschöpfung zur Folge haben.

Jeder weiß, daß der durch Harnentleerung, Atmung, Schweißab-
sonderung und Darmentleerung entstandene Wasserverlust wieder
ausgeglichen werden muß. Diese ausgeschiedene Wassermenge beträgt zwischen zwei und zweieinhalb Liter pro Tag.

Der Ausgleich erfolgt durch:

- Getränke: 1,5 Liter/Tag (Wasser, Magermilch, Fruchtsaft, Tee, Suppe...);
- die in der festen Nahrung enthaltene Flüssigkeit (Brot besteht zum
  Beispiel zu 35 % aus Wasser);
- Stoffwechselflüssigkeit, d.h. Flüssigkeit, die bei den verschiedenen chemischen Prozessen im Organismus entsteht.

Wenn man ausreichend Flüssigkeit zu sich nimmt, ist dies an der
hellen Färbung des Urins zu erkennen. Weist der Urin dagegen eine
dunkle Färbung auf, ist dies ein eindeutiges Zeichen dafür, daß zuwenig getrunken wurde.

3. Mineralsalze und Spurenelemente

Mineralsalze sind lebenswichtige Substanzen. Sie sind am Stoffwechsel und den elektrochemischen Prozessen des Nerven- und Muskelsystems sowie an der Bildung von Knochen, Zähnen und anderen
Geweben beteiligt. Einige Mineralien fungieren im übrigen als Katalysatoren bei zahlreichen chemischen Reaktionen im Organismus.

Die Mineralien werden in zwei Gruppen eingeteilt:

- Mineralien, die in relativ großer Menge vom Organismus benötigt werden: die Makroelemente;
- Mineralien, die in winzigen Mengen vorkommen: die Spurenelemente.

Diese Substanzen wirken bei chemischen Reaktionen im Organismus als Katalysatoren. Es sind gewissermaßen Überträger, die die Enzyme bei ihrer Arbeit unterstützen. Wenn sie fehlen, können die chemischen Reaktionen nicht stattfinden. Diese Substanzen sind also absolut notwendig, auch wenn sie nur in äußerst geringen Mengen vorhanden sein müssen.

Einige Spurenelemente kennt man seit langem. Dies gilt zum Beispiel für Eisen, dessen Bedeutung für die Gesundheit bereits in der Antike erkannt wurde, ohne daß man jedoch wußte, wie es seine Wirkung entfaltet.

Die meisten Spurenelemente sind aber erst vor kurzer Zeit bei Untersuchungen entdeckt worden, die über die sogenannten Zivilisationskrankheiten (wie zum Beispiel Vitalitätsmangel bzw. Müdigkeit) durchgeführt wurden.

Mineralsalze	Spurenelemente
Natrium	Eisen
Kalium	Jod
Kalzium	Zink
Phosphor	Kupfer
Magnesium	Mangan
	Fluor
	Chrom
	Selen
	Kobalt
	Molybdän

Spurenelemente sind Metalle oder Metalloide, die in sehr geringen Mengen im Organismus vorkommen.

Heutzutage bestehen bei den Spurenelementen Probleme bezüglich der Quantität und Qualität.

Der Boden ist infolge einer intensiven industriellen Bewirtschaftung in Form eines massiven Einsatzes von Kunstdünger und Phosphaten und einer Nichteingliederung des natürlichen Düngers in den biologischen Kreislauf arm an Spurenelementen. Dies gilt vor allem für Mangan.

Die Pflanzen, die auf diesem ausgelaugten Boden wachsen, enthalten ebenfalls zuwenig Spurenelemente. Sogar die Tierwelt ist davon betroffen: in manchen Fällen kann eine zusätzliche Zufuhr von Zink ausreichen, um zum Beispiel die Fortpflanzung beim Rind zu gewährleisten; ohne Zink kann keine Zeugung stattfinden.

Da unsere Nahrungsmittel immer weniger Spurenelemente enthalten, entsteht in unserem Körper ein Mangel. Ein Großteil der Fachleute ist der Ansicht, daß unsere modernen Krankheiten auf diesen Mangel zurückzuführen sind.

Es bieten sich nun zwei Möglichkeiten an: entweder greift man auf die althergebrachte Methode zurück, wie es im biologischen Anbau erfolgreich getan wird, oder man ergänzt die Nahrung durch Nahrungszusätze bis zur Anwendung einer Anbaumethode, die mehr unseren natürlichen Bedürfnissen entspricht.

4. Vitamine

Im Laufe der Jahrhunderte konnte man in besonderen Situationen (Belagerungszustand, Hungersnöte, Seefahrten) bestimmte Krankheiten beobachten, die offensichtlich mit einer schlechten Ernährung in Zusammenhang standen.

Dies galt zum Beispiel für Zahnfleischbluten (Zeichen für Skorbut), Knochenanomalien (Zeichen für Rachitis), Lähmungen und Ödeme (Zeichen für Beri-Beri) oder Hautverletzungen (Zeichen für Pellagra).

Erst um die Jahrhundertwende konnte nachgewiesen werden, daß dieses Ungleichgewicht auf fehlende notwendige Substanzen in der Ernährung zurückzuführen ist, die man als Vitamine bezeichnete.

Abgesehen von den oben erwähnten historischen Fällen wurde die Existenz dieser wichtigen Nährstoffe überhaupt nicht beachtet, da sie im allgemeinen ausreichend in der Nahrung vorhanden waren, so daß keine Mangelerscheinungen auftraten.

Mit der Änderung der Ernährungsgewohnheiten in den letzten Jahrzehnten, dem allgemein verbreiteten Verzehr raffinierter Produkte (weißer Zucker, weißes Mehl, weißer Reis) und der Entwicklung ertragreicher Pflanzen, die industriell verarbeitet wurden, stellte man immer häufiger neue Fälle von Vitaminmangel fest.

Man könnte somit die Vitamine als organische Verbindungen definieren, die in geringen Mengen notwendig sind, um das Leben zu erhalten, das Wachstum zu fördern und die Fortpflanzung der Menschen und eines Großteils der Tiere zu sichern.

Sie kommen in mehreren Nahrungsmitteln vor. Vitaminquellen sind zum Beispiel mageres Fleisch und vor allem Innereien (Leber und Niere), die sehr viel davon enthalten.

Körner, wie etwa Hülsenfrüchte, Walnüsse, Haselnüsse oder Getreide, sind auch sehr vitaminreich, Wurzeln und Knollen (Kartoffeln) dagegen weniger. Bei Obst und frischem Gemüse schwankt der Vitamingehalt je nach Bodenbeschaffenheit, Jahreszeit, Lager- und Zubereitungsart.

Es ist zwar interessant, von den Vitaminen in ihrer Gesamtheit zu sprechen, doch bilden sie aufgrund ihrer Struktur und ihrer Wirkung eine heterogene Gruppe. Deshalb ist es zweckmäßig, sie getrennt voneinander zu betrachten. Es bietet sich eine Aufteilung in zwei Gruppen an: die fettlöslichen Vitamine und die wasserlöslichen Vitamine.

a. Fettlösliche Vitamine

Es gibt vier fettlösliche Vitamine: A, D, E und K. Sie sind im allgemeinen in fetthaltigen Lebensmitteln enthalten, in Butter, Sahne, Pflanzenölen, Fetten und bestimmten Gemüsearten.

Sie besitzen folgende gemeinsame Eigenschaften:

– sie sind hitzebeständig;

– sie werden im Organismus gespeichert, vor allem in der Leber, wodurch es nicht so schnell zu einem Mangel kommt;

– sie können toxisch wirken, wenn sie in zu großen Mengen zugeführt werden (vor allem Vitamin A und Vitamin D).

b. Wasserlösliche Vitamine

Da diese Vitamine wasserlöslich sind, können sie im Falle eines Überschusses über die Harnwege ausgeschieden werden. Obwohl sie unterschiedliche Eigenschaften besitzen, sind sie durch die verschiedenen Zellreaktionen, an denen sie beteiligt sind, eng miteinander verbunden.

Zu den wichtigsten wasserlöslichen Vitaminen gehören:

– Vitamin C: Ascorbinsäure;
– Vitamin B1: Thiamin;
– Vitamin B2: Riboflavin;
– Vitamin PP: Niacin;
– Vitamin B5: Pantothensäure;
– Vitamin B6: Pyridoxin;
– Vitamin B8: Biotin;
– Vitamin B9: Folsäure;
– Vitamin B12: Zyanokobalamin.

Wie die Spurenelemente fungieren die Vitamine somit als Katalysatoren bei zahlreichen biochemischen Reaktionen. Heutzutage kennt man die Folgen eines Vitaminmangels ziemlich genau, denn in den meisten Fällen sind die Symptome offenkundig.

Weniger gut kennt man dagegen die Umstände ihrer Wechselbeziehung und die genauen Folgen eines Mangels.

Die bisher gesammelten Kenntnisse sind trotzdem schon sehr ansehnlich. Aufgrund dieser Kenntnisse, die von Tag zu Tag umfangreicher werden, ist es unmöglich, sich nicht angesprochen zu fühlen. Deshalb sollten wir die richtigen Fragen stellen und dafür sorgen, daß sie beantwortet werden.

Die folgenden Kapitel werden zeigen, daß das Übergewicht eher auf einem destabilisierten Stoffwechsel als auf eine zu reichhaltige Ernährung zurückzuführen ist, wie man es immer noch viel zu oft zu hören bekommt.

Wir werden vor allem sehen, daß eine drastische Verringerung der täglichen Nahrungszufuhr, wie es die kalorienreduzierten Diäten vorsehen, nur zu einer Verschlimmerung des Mineralstoff- und Vitaminmangels führt, den unsere Ernährung sowieso schon aufweist.

Erstaunlicherweise sind es gerade diese kalorienreduzierten Diäten, die eine Frustration nach der anderen auslösen und dadurch zur Entstehung der Fettleibigkeit führen, die in den Industrieländern, insbesondere in den USA, so charakteristisch ist.

In den folgenden Kapiteln geht es darum, ein Bewußtsein für diese Zusammenhänge zu entwickeln und die erworbenen Kenntnisse in die Tat umzusetzen, um die negativen Folgen so weit wie möglich zu begrenzen.

Bereits zu Beginn wurde darauf hingewiesen, daß dieses „technische" Kapitel von entscheidender Bedeutung ist. Es ist auf jeden Fall notwendig, um die Methode und besonders das nächste Kapitel zu verstehen. Mit den Kenntnissen über die Nährstoffzusammensetzung der Lebensmittel ist man nun in der Lage zu begreifen, warum man an Gewicht zunimmt und wie man essen und dabei richtig und dauerhaft abnehmen kann.

KAPITEL 4

WARUM NIMMT MAN
AN GEWICHT ZU?

Die herkömmliche Diätetik, die auf einer verringerten Kalorienzufuhr beruht, geht davon aus, daß man deshalb an Gewicht zunimmt, weil man zuviel ißt (abgesehen von der erblichen Veranlagung).

Wer schon einmal versucht hat, weniger zu essen, um an Gewicht zu verlieren, wird festgestellt haben, daß man dieses Ziel nicht erreicht. Anstatt die überflüssigen Pfunde für immer zu verlieren, bringt man häufig einige Monate später noch mehr auf die Waage als zuvor.

Wie bereits gesagt wurde, ist nicht die übermäßige Energiezufuhr über die Nahrung für die Bildung der Fettreserven verantwortlich, sondern die Beschaffenheit der verzehrten Lebensmittel, d.h. ihre Nährstoffzusammensetzung. In diesem Kapitel wird ausführlich auf diese Thematik eingegangen.

Der Inhalt dieses Kapitels ist ebenfalls technischer Natur und sollte auch sehr aufmerksam gelesen werden. Es wäre falsch, sich gleich das Kapitel über die Methode vorzunehmen, ohne die wahre Ursache für die Gewichtszunahme zu kennen.

Die Erklärung für die Gewichtzunahme liegt in der Höhe des Blutzuckerspiegels und der daraus resultierenden Bildung von Fettreserven.

Wie bereits dargelegt wurde, ist die Glukose der Treibstoff des Organismus. Das Blut dient als permanenter Glukosespeicher, aus dem die Organe ihren Glukosebedarf decken (Gehirn, Herz, Nieren, Muskeln...).

Bekanntlich enthält dieser „Speicher" normalerweise eine Konzentration von 1 g Glukose pro Liter Blut. Der Organismus verfügt über zwei Möglichkeiten, die benötigte Glukose zu beschaffen und somit die Konzentration von 1 g pro Liter Blut aufrechtzuerhalten.

Die erste Möglichkeit besteht in der Glukoseherstellung. Der Organismus ist jederzeit in der Lage, über die Fettreserven, die im Fettgewebe gespeichert sind, Glukose zu produzieren.

Bei einem sehr großen Bedarf ist es ihm sogar möglich, über die Muskelmasse, d.h. über die in den Muskeln enthaltenen Proteine, Glukose herzustellen.

Die zweite Möglichkeit der Glukosebeschaffung besteht in dem Verzehr kohlenhydrathaltiger Lebensmittel, d.h. sämtliche Arten von Zucker, Obst und andere Stärkeprodukte (siehe Teil 1, Kapitel 3).

Bekanntlich findet bei der Verdauung eine Umwandlung der Kohlenhydrate in Glukose statt, mit Ausnahme der Fruktose. Man bezeichnet diesen Vorgang auch als Verstoffwechselung.

Doch bevor eine Speicherung im Organismus in Form von Glykogen erfolgt, wird die Glukose durch das Blut transportiert.

Dies bedeutet, daß die nach dem Verzehr eines Kohlenhydrates entstandene Glukose einen plötzlichen Anstieg des Blutzuckerspiegels verursacht.

Nach dem Verzehr von Obst, Süßigkeiten oder Stärkeprodukten erhöht sich plötzlich die Blutzuckerkonzentration (die normalerweise bei 1 g pro Liter Blut liegt).

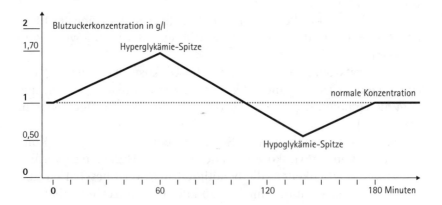

Sie beträgt zum Beispiel 1,20 g nach dem Verzehr von Obst oder 1,70 g nach dem Verzehr von Kartoffeln. Dieser plötzliche Anstieg des Blutzuckerspiegels durch die Absorption eines Kohlenhydrates bezeichnet man als Hyperglykämie.

Sobald die Schwelle von 1 g Glukose pro Liter Blut stark überschritten ist, befindet man sich im Bereich der Hyperglykämie. Wenn dagegen die Blutzuckerkonzentration zu sehr absinkt (bis auf 0,50 g/l), spricht man vom Hypoglykämiebereich (siehe Grafik Seite 78)

Wie im vorhergehenden Kapitel dargelegt wurde, hängt die Hyperglykämie vom glykämischen Index des verzehrten Kohlenhydrates ab.

Somit ensteht nach dem Verzehr von Obst, das einen niedrigen glykämischen Index aufweist (30), nur eine geringe Hyperglykämie. Wenn dagegen Süßigkeiten (mit einem glykämischen Index von 75) oder Bratkartoffeln (mit einem glykämischen Index von 95) verzehrt werden, führt dies zu einer starken Hyperglykämie, die beispielsweise den Wert von 1,75 g erreicht.

Da der normale Blutzuckerwert bei 1 g/l liegt, wird bei einer erhöhten Konzentration ein Regulationsmechanismus ausgelöst. Dessen Überwachung erfolgt durch ein wichtiges Organ, die Bauchspeicheldrüse, die das Hormon Insulin freisetzt.

Das Insulin ermöglicht das Eindringen der Glukose in die Organe, die es benötigen, wodurch eine Senkung des Blutzuckerspiegels hervorgerufen wird. Außerdem begünstigt Insulin die Bildung von Fettreserven.

Sobald also die Konzentration des Blutzuckerspiegels den Wert von 1 g/l übersteigt, sondert die Bauchspeicheldrüse Insulin ab, um den Normalzustand wiederherzustellen.

Wenn dagegen die Blutzuckerkonzentration unter den Normalwert sinkt (Hypoglykämie), sorgt der Organismus für einen Wiederanstieg des Blutzuckerspiegels und stellt somit das Gleichgewicht wieder her.

Normalerweise steht die Menge des von der Bauchspeicheldrüse zur Senkung des Blutzuckerspiegels produzierten Insulins direkt im Verhältnis zur Blutzuckerkonzentration.

Nach dem Verzehr von Obst beispielsweise, das eine schwache Hyperglykämie auslöst, sondert die Bauchspeicheldrüse eine geringe Menge Insulin ab, da der Blutzuckerspiegel nur leicht erhöht ist.

Nach dem Verzehr von Süßigkeiten, die eine starke Hyperglykämie auslösen, scheidet die Bauchspeicheldrüse jedoch eine große Menge Insulin aus, um die Blutzuckerkonzentration wieder zu normalisieren.

In allen Fällen wird die vom Insulin aus dem Blut getriebene Glukose entweder in der Leber gespeichert (in Form von Glykogen) oder von Organen verwendet, die es benötigen, wie zum Beispiel Gehirn, Nieren oder rote Blutkörperchen.

Wenn man nun zu Übergewicht neigt, ist dies darauf zurückzuführen, daß eine Funktionsstörung der Bauchspeicheldrüse vorliegt. Dies bedeutet, daß im Falle einer starken Hyperglykämie die Bauchspeicheldrüse eine extrem große Menge Insulin absondert. Man bezeichnet dies als Hyperinsulinismus.

Es wurde wissenschaftlich bewiesen, daß gerade Hyperinsulinismus für die übermäßige Bildung von Fettreserven verantwortlich ist.

Um dieses Phänomen besser zu verstehen, wurden zwei Versuche durchgeführt, bei denen betrachtet wurde, wie sich der Verzehr eines Butterbrotes bei einer zu Übergewicht neigenden Person auswirkt.

ERSTER VERSUCH

Beim ersten Versuch wurden 100 g Weißbrot mit einem Belag von 30 g Butter verzehrt. Das Brot wird in Glukose, die Butter in Fettsäure umgewandelt; ihr Transport erfolgt über das Blut (Abb. 1).

Da Weißbrot einen hohen glykämischen Index aufweist (70), entsteht eine starke Hyperglykämie (ungefähr 1,70 g).

Die Bauchspeicheldrüse sondert daraufhin eine bestimmte Menge Insulin ab, um die Blutzuckerkonzentration wieder zu senken. Da wir es aber mit einer Bauchspeicheldrüse zu tun haben, die in ihrer Funktion gestört ist, wird eine extrem große Menge Insulin freigesetzt (Abb. 2). Dieser Hyperinsulinismus verursacht dann eine übermäßige Speicherung eines Teils der Fettsäuren der Butter (Abb. 3 und 4).

ZWEITER VERSUCH

Beim zweiten Versuch wurden 100 g Schrotbrot mit einem Belag von 30 g Butter verzehrt (Abb. 1). Da Schrotbrot über einen niedrigen glykämischen Index verfügt (35), entsteht nur eine geringe Erhöhung des Blutzuckerspiegels (ungefähr 1,20 g). Um den Normalzustand wieder herzustellen, sondert die Bauchspeicheldrüse eine sehr kleine Menge Insulin ab (Abb.2).

Da bei einer niedrigen Blutzuckerkonzentration kein Hyperinsulinismus verursacht wird, scheidet die Bauchspeicheldrüse nur die Insulinmenge aus, die benötigt wird, um den schwach erhöhten Blutzuckerspiegel wieder zu normalisieren (Abb.3).

Die Fettsäuren der Butter werden nicht übermäßig gespeichert, da die freigesetzte Insulinmenge gering ist (Abb. 4).

Diese „Butterbrotversuche", die zwar etwas schematisch dargestellt sind, zeigen sehr deutlich den Mechanismus der Fettreservenbildung und damit der Gewichtszunahme.

In beiden Fällen hat unser „Versuchskaninchen" das gleiche gegessen: 100 g Brot und 30 g Butter. Warum nimmt es im ersten Fall an Gewicht zu und im zweiten Fall nicht? Natürlich aufgrund der Beschaffenheit des Brotes! Seine Nährstoffzusammensetzung ist die einzige Erklärung dafür.

ERSTER VERSUCH:

Verzehr von
100 g Weißbrot
und 30 g Butter

Abbildung 1

Darstellung eines
Blutgefäßes

Weißbrot → Glukose
Butter → Fettsäuren

Weißbrot und Butter

Glukose   Fettsäuren

Abbildung 2

Die in großer Menge
im Blut enthaltene Glukose
löst eine hohe
Insulinabsonderung aus
(Hyperinsulinismus).

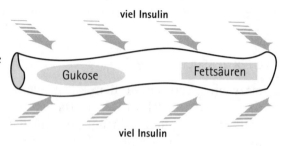

viel Insulin

Gukose   Fettsäuren

viel Insulin

Abbildung 3

Das Insulin treibt die
Glukose aus dem Blut,
doch da eine große
Insulinmenge vorhanden ist,
wird ein großer Teil der
Fettsäuren ausgeschieden.

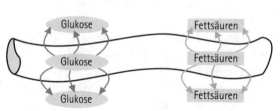

Glukose   Fettsäuren
Glukose   Fettsäuren
Glukose   Fettsäuren

Abbildung 4

Die Glukose wird in Form
von Glykogen gespeichert.

Die Fettsäuren werden in
den Fettreserven gespeichert
(Gewichtszunahme).

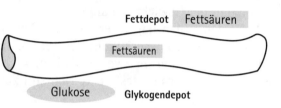

Fettdepot   Fettsäuren

Fettsäuren

Glukose   Glykogendepot

82

Abbildung 1

Darstellung eines
Blutgefäßes

Schrotbrot → Glukose
Butter → Fettsäuren

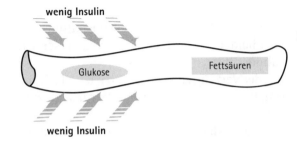

Abbildung 2

Die geringe Menge Glukose
löst eine sehr niedrige
Insulinabsonderung aus.

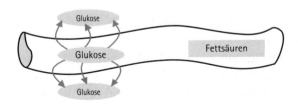

Abbildung 3

Die niedrige Insulin-
absonderung sorgt für
einen Abtransport der
Glukose aus dem Blut,
reicht aber nicht aus,
um auch die Fettsäuren
mit auszuscheiden.

Abbildung 4

Die Glukose wird in Form
von Glykogen gespeichert.

Die Fettsäuren werden
nicht in den Fettreserven
gespeichert
(keine Gewichtszunahme).

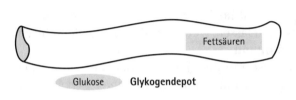

Weißbrot ist ein raffiniertes Lebensmittel. Ihm fehlen nicht nur die Ballaststoffe, sondern auch die meisten Proteine, Vitamine, Mineralsalze und Spurenelemente. Aus diesem Grund besitzt es einen hohen glykämischen Index. Schrotbrot ist dagegen ein Rohprodukt, in dem noch sämtliche Nährstoffe und vor allem die Ballaststoffe und Proteine enthalten sind. Deshalb verfügt es über einen niedrigen glykämischen Index.

Weißbrot löst eine starke Erhöhung des Blutzuckerspiegels aus und bewirkt somit über den Hyperinsulinismus eine Gewichtszunahme (Speicherung der Butter). Schrotbrot hat eine schwach blutzuckersteigernde Wirkung und löst nur eine geringe Insulinabsonderung aus, wodurch es zu keiner Speicherung der Fettsäuren der Butter kommt.

Somit wurde bewiesen, daß es nicht die in den Lebensmitteln enthaltene Energie ist (die bei beiden Brotarten praktisch identisch ist), die zu der Gewichtszunahme führt.

Es ist die Beschaffenheit der verzehrten Lebensmittel, d.h. ihr Nährstoffgehalt, der das zusätzliche Gewicht entweder verursacht oder nicht.

Im zweiten Versuch kam es deshalb zu keiner Gewichtszunahme, weil der glykämische Index des Brotes niedrig genug war, um keinen Hyperinsulinismus auszulösen, der indirekt für das Entstehen zusätzlicher Pfunde verantwortlich ist.

Dabei muß betont werden, daß in diesem Fall keine Funktionsstörung der Bauchspeicheldrüse vorlag.

Was unterscheidet den Dünnen vom Dicken? Wenn einer von beiden (der Dicke) mehr an Gewicht zunimmt als der andere, obwohl er das gleiche ißt (Kohlenhydrate mit einem hohen glykämischen Index), leidet er an Hyperinsulinismus. Bei ihm steht die Höhe der Insulinabsonderung nicht im Verhältnis zur zugeführten Kohlenhydratmenge.

Der Dünne leidet vielleicht noch nicht daran, aber dies wird nicht mehr lange auf sich warten lassen, wenn er weiterhin zu viel schlechte Kohlenhydrate zu sich nimmt.

Die Fettleibigkeit ist also nur die indirekte Folge eines übermäßigen Verzehrs von Kohlenhydraten mit einem hohen glykämischen

Index (zuviel weißer Zucker, weißes Mehl, Kartoffeln) in Verbindung mit einer Fettzufuhr.

Der übermäßige Verzehr von schlechten Kohlenhydraten äußert sich durch eine permanente Erhöhung des Blutzuckerspiegels, was eine extreme Reizung der Bauchspeicheldrüse zur Folge hat. Zu Beginn ist die Bauchspeicheldrüse noch in der Lage, dieser Reizung standzuhalten, nach einigen Jahren zeigt sie jedoch erste Anzeichen von Schwäche, da sie für eine derartige Extremsituation nicht ausgelegt ist. Aus diesem Grund nimmt man mit zunehmendem Alter an Gewicht zu, denn die Fettleibigkeit steht immer im Verhältnis zur Entwicklung des Hyperinsulinismus.

Die glykämische Wirkung bei einer Mahlzeit

Einige meiner Kritiker ließen verlauten, daß der Begriff des glykämischen Indexes theoretisch sei, da sich die Mahlzeiten normalerweise aus mehreren Lebensmitteln zusammensetzen, bei denen die Kohlenhydrate oft nur eine untergeordnete Rolle spielen. Untersuchungen haben jedoch gezeigt, daß der Begriff des glykämischen Indexes auch bei kompletten Mahlzeiten seine Gültigkeit behält. Er hängt sowohl von der Menge der absorbierten Kohlenhydrate als auch von den gleichzeitig zugeführten Proteinen und Ballaststoffen ab. Bei einer Mahlzeit entsteht also eine echte glykämische Wirkung, die den Untersuchungen zufolge nur geringfügig niedriger ist als bei einer isolierten Kohlenhydratzufuhr.

Doch abgesehen von dem Begriff des glykämischen Indexes sollte vor allem die Höhe der Insulinabsonderung in Betracht gezogen werden. Es hat sich herausgestellt, daß die Insulinreaktion bei denjenigen, die an Hyperinsulinismus leiden (dies gilt für die Fettleibigen und die nicht insulinabhängigen Diabetiker), immer dann viel stärker war (außer bei weißen Bohnen), wenn die Kohlenhydrate nicht allein, sondern in Verbindung mit einer kompletten Mahlzeit zugeführt wurden.

Wenn man in jungen Jahren an Übergewicht leidet, liegt dies daran, daß die Bauchspeicheldrüse bereits von Geburt an in ihrer Funktion gestört ist, was wahrscheinlich erbliche Ursachen hat. Die schlechten Ernährungsgewohnheiten (zuviel schlechte Kohlenhydrate) haben dann zu einer Verschlimmerung der Situation beigetragen.

Das ernstzunehmende Problem der Fettleibigkeit, das die westliche Welt heute kennt, ist dadurch entstanden, daß unsere Nahrung seit etwa fünfzig Jahren zuviel schlechte Kohlenhydrate enthält.

Diese Änderung der Ernährungsgewohnheiten hat vor fast einhundertfünfzig Jahren begonnen, als sich in der ersten Hälfte des neunzehnten Jahrhunderts neue, hyperglykämisch wirkende Lebensmittel in der westlichen Welt ausbreiteten: Zucker, Kartoffeln und weißes Mehl.

ZUCKER

Bis zum sechzehnten Jahrhundert war Zucker in der westlichen Welt praktisch unbekannt. Er wurde gelegentlich als Gewürz verwendet, doch da er durch seine Knappheit sehr teuer war, stand er nur den Allerreichsten zur Verfügung.

Die Entdeckung der Neuen Welt ermöglichte eine bedingte Ausbreitung des Zuckerrohrs, doch durch die Transport- und Raffinierungskosten blieb Zucker weiterhin ein Luxusartikel für die Reichen.

1780 lag der Zuckerverbrauch unter einem Kilo pro Jahr und pro Einwohner. Erst mit der Entdeckung der Zuckerextraktion aus der Rübe im Jahre 1812 verringerte sich der Selbstkostenpreis dauerhaft, wodurch aus dem Zucker allmählich ein gängiges Konsumprodukt wurde.

Statistiken über den Zuckerverbrauch in Frankreich weisen folgende Zahlen auf:

- 1800 : 0,6 Kilo pro Jahr und pro Einwohner;
- 1880 : 8 Kilo pro Jahr und pro Einwohner;
- 1900 : 17 Kilo pro Jahr und pro Einwohner;
- 1930 : 30 Kilo pro Jahr und pro Einwohner;
- 1965 : 40 Kilo pro Jahr und pro Einwohner;
- 1990 : 35 Kilo pro Jahr und pro Einwohner.

Zucker ist bekanntlich ein Kohlenhydrat mit einem hohen glykämischen Index (75). Bei einem Verzehr wird demzufolge eine Hyperglykämie ausgelöst, die zu einer übermäßigen Reizung der Bauchspeicheldrüse führt.

Man kann somit sagen, daß die Entdeckung des Rübenzuckers zu einer gewaltigen Änderung unserer Ernährungsgewohnheiten geführt hat. Noch nie hat sich in der Geschichte der Menschheit ein so radikaler Ernährungswandel in einem so kurzen Zeitraum vollzogen.

Erfreulicherweise ist der Zuckerkonsum der Franzosen der niedrigste in der westlichen Welt. Die Engländer konsumieren 49 Kilo, die Deutschen 52 Kilo und der Weltrekord wird mit 63 Kilo pro Jahr und pro Einwohner von den Amerikanern gehalten!

KARTOFFELN

Etliche werden glauben, daß die Kartoffel zum Erbe des alten Europas gehört. Dem ist nicht so, denn sie hat sich erst zu Beginn des neunzehnten Jahrhunderts allmählich ausgebreitet, nachdem sie in den Hungerszeiten vor der Französischen Revolution von Parmentier als Getreideersatz empfohlen wurde.

Seit ihrer Entdeckung in Peru Mitte des sechzehnten Jahrhunderts diente sie lediglich als Schweinemastfutter. Man bezeichnete sie im übrigen als „Schweineknolle" und war ihr gegenüber sehr mißtrauisch, da sie zu den Nachtschattengewächsen zählte, die meistens giftig waren.

Es ist festzuhalten, daß die Kartoffel einen der höchsten glykämischen Indices aufweist; als Bratkartoffel beispielsweise liegt ihr glykämischer Index über dem des Zuckers.

Die Zubereitungsart spielt eine überaus wichtige Rolle, da dabei mehr oder weniger verdauungsresistente Stärke entsteht. Bei Bratkartoffeln oder Kartoffelpüree ist die entstandene resistente Stärkemenge so gering, daß der größte Teil verdaut wird.

Die Kartoffel ist im übrigen für die Ernährung von geringem Nutzen, da sie neben ihrer stark blutzuckersteigernden Wirkung in gekochtem Zustand auch nur über einen sehr niedrigen Nährwert verfügt (8 mg/100 mg Vitamin C und wenig Ballaststoffe). Ihr Gehalt an Vitaminen, Mineralien und Spurenelementen ist umso wertloser, als daß sich diese Nährstoffe an der Schale befinden, so daß sie beim Schälen automatisch entfernt werden. Bei einer längeren Lagerung der Kartoffel verringert sich ebenfalls ihr Nährstoffgehalt.

RAFFINIERTES MEHL

Das Beuteln bzw. Sieben von Mehl hat es schon immer gegeben. Früher wurde es ganz grob mit der Hand gesiebt und aufgrund des hohen Selbstkostenpreises (30 % entfernte Stoffe) war das Mehl nur wenigen Reichen zugänglich.

Da das einfache Volk sich mit Schwarzbrot begnügen mußte, wurde Weißbrot zu einer der symbolischen Hauptforderungen der Französischen Revolution.

Doch erst mit der Entdeckung des Mühlwerks im Jahre 1870 wurde es möglich, die Selbstkosten für die Raffinierung des Mehls beträchtlich zu verringern und somit das tägliche Weißbrot in einer wesentlich größeren Menge anzubieten.

Bekanntlich hat man dem raffinierten Mehl jedoch sämtliche Nährstoffe entzogen, d.h. Proteine, essentielle Fettsäuren, Vitamine, Mineralsalze, Spurenelemente und Ballaststoffe.

Wie man ebenfalls weiß, bewirkt die Raffinierung von Weizenmehl einen Anstieg des glykämischen Indexes von 35 auf 70, wodurch es zu einem hyperglykämisch wirkenden Lebensmittel wird.

Wir (mit Ausnahme der Amerikaner) essen heute vielleicht weniger Brot als vor einhundert Jahren, dafür nehmen wir mehr Weißmehl zu uns durch den Verzehr von Nudeln, Sandwichs, Pizza, Keksen, diversen Kuchen...

WEISSER REIS UND MAIS

Wie jeder weiß, stammt weißer Reis aus Asien, wo ihn die Einheimischen normalerweise in Verbindung mit Gemüse verzehren, das sehr reich an Ballaststoffen, Vitaminen, Mineralsalzen und Spurenelementen ist, was die glykämische Wirkung abschwächt. In der westlichen Welt, wo Reis raffiniert wird, ißt man bevorzugt Fleisch dazu, d.h. gesättigte Fettsäuren.

Es ist im übrigen festzuhalten, daß der echte asiatische Reis (selbst wenn er weiß ist) einen viel niedrigeren glykämischen Index aufweist als der westliche Reis (insbesondere der amerikanische), der von ertragsreichen Arten stammt. Beim Reis handelt es sich auf jeden Fall um das vierte Kohlenhydrat mit einem hohen glykämischen Index, das seit kurzem Bestandteil unserer modernen Ernährung geworden ist.

Genauso verhält es sich mit Mais, der in den westlichen Ländern in Form von Hybridpflanzen vorkommt, die im Labor zum Zweck der Ertragssteigerung entwickelt wurden.

Der ursprüngliche Mais, von dem sich die Indianer ernährten, besitzt einen viel niedrigeren glykämischen Index (ungefähr 30). Wie nachgewiesen wurde, liegt dies an der größeren Menge löslicher Ballaststoffe.

Dieser hohe Gehalt an löslichen Ballaststoffen verursacht nicht nur einen niedrigen Blutzuckerspiegel, sondern ermöglicht auch die Speicherung von Feuchtigkeit.

Aufgrund der fehlenden löslichen Ballaststoffe ist es deshalb heutzutage notwendig, den modernen Mais zu bewässern, was zu einem Absinken des Grundwassers führt.

Das Phänomen der Fettleibigkeit in der westlichen Welt erklärt sich durch die Änderung unserer Ernährungsgewohnheiten. Es hat sich ein Wandel zugunsten hyperglykämisch wirkender Lebensmittel (Zucker, Kartoffeln, Mehl, weißer Reis) und zum Nachteil von Kohlenhydraten mit einem niedrigen glykämischen Index (Frisches Gemüse, Linsen, Bohnen, Erbsen, Rohgetreide, Obst...) vollzogen, die früher die Grundlage der Ernährung bildeten.

Sämtliche Forschungen der letzten Jahre, die ausschließlich auf eine Steigerung der Produktivität ausgerichtet waren, gingen demzufolge auf Kosten der Nährwertqualität der Lebensmittel. Beim Getreide beispielsweise äußert sich dies durch einen Anstieg der glykämischen Indices mit den bekannten Folgen für den Stoffwechsel.

Bei Betrachtung der Tabelle der glykämischen Indices (siehe Kapitel 3) fällt auf, daß sich die heutige Ernährung aus Lebensmitteln der linken Spalte zusammensetzt (hohe glykämische Indices) und die Ernährung von früher aus Lebensmitteln der rechten Spalte bestand.

Die Änderung der Ernährungsgewohnheiten der westlichen Welt beruht somit auf einem Übergang von den Lebensmitteln der rechten Spalte zu den Lebensmitteln der linken Spalte, d.h. auf einer Übernahme einer Ernährungsweise, bei der der Verzehr von Kohlenhydraten mit einem hohen glykämischen Index im Vordergrund steht.

Seit Beginn des neunzehnten Jahrhunderts hat die westliche Welt immer mehr hyperglykämisch wirkende Lebensmittel in die Ernährung miteinbezogen. Doch obwohl die Bauspeicheldrüse bereits erste Anzeichen von Schwäche zeigte, kam Fettleibigkeit noch sehr selten vor. Dafür gibt es zwei Erklärungen.

Zunächst haben die Menschen früher viel mehr Gemüse und Hülsenfrüchte verzehrt als heute, was eine beträchtliche Ballaststoffzufuhr bedeutete. Bekanntlich bewirken diese Ballaststoffe eine Senkung des Blutzuckerspiegels und eine begrenzte Insulinabsonderung.

Außerdem war der glykämische Index von Getreide (sogar zum Teil in raffinierter Form) viel niedriger aufgrund der geringen Erträge. Vor allem aber haben die Menschen früher nur wenig Fleisch verzehrt, da sie nicht die nötigen Mittel dafür hatten. Dies bedeutet, daß sie wenig Fett zu sich genommen haben.

Wie man weiß, müssen für eine Gewichtszunahme jedoch zwei Faktoren zusammentreffen: eine hyperglykämisch wirkende Ernährung, die Hyperinsulinismus verursacht, und eine fettreiche Ernährung.

Fast ein Jahrhundert lang war die Ernährung nur schwach blutzuckersteigernd, da kaum Fette zugeführt wurden. Die Folgen von Hyperinsulinismus waren noch nicht sichtbar, obwohl er bereits existierte. Daß es zu einer schnellen Ausbreitung der Gewichtszunahme und einem plötzliche Auftauchen der Fettleibigkeit in der westlichen Welt nach dem Zweiten Weltkrieg kam, ist darauf zurückzuführen, daß einer der beiden auslösenden Faktoren (übermäßige Fettzufuhr) auf einmal in Erscheinung trat.

Mit der Erhöhung des Lebensstandardes hat die westliche Welt ihre Ernährungsgewohnheiten plötzlich dahingehend geändert, daß mehr Fleisch (also Fette), aber auch mehr schlechte Kohlenhydrate (Zukker, raffiniertes Mehl, Kartoffeln, weißer Reis, Hybridmais) und weniger Gemüse und Hülsenfrüchte, d.h. Ballaststoffe, verzehrt wurden.

Amerika ist das beste Beispiel dafür, da dort am meisten hyperglykämisch wirkende Lebensmittel und Fleisch verzehrt werden und am wenigsten frisches Gemüse. Deshalb ist es nicht erstaunlich, daß dieses Land den Weltrekord in Sachen Fettleibigkeit hält.

Im Laufe der Jahrhunderte hat man immer wieder festgestellt, daß die wenigen Menschen, die dick waren, zu der wohlhabenden Schicht gehörten. Lange Zeit hat man gedacht, daß diese Menschen deshalb dick waren, weil sie aufgrund ihres Reichtums mehr gegessen haben als die anderen.

In Wahrheit haben sie nicht mehr Nahrung zu sich genommen als das einfache Volk, sondern sich nur anders ernährt, da sie die Möglichkeit hatten, Zucker und raffiniertes Mehl zu verzehren, was beides rar und teuer war.

Paradoxerweise gehören die meisten fettleibigen Menschen in den USA heutzutage der armen Bevölkerungsschicht an. Dies liegt ganz einfach daran, daß hyperglykämisch wirkende Lebensmittel sowie sehr fettes Fleisch heute zu den billigsten Produkten zählen.

Wie bereits mehrfach erwähnt wurde, ist dieses Kapitel wichtig, um die Prinzipien der Methode zu verstehen, die im nächsten Kapitel ausführlich behandelt werden.

Man sollte es so oft lesen, bis man begriffen hat, daß es an der Beschaffenheit der Kohlenhydrate liegt, ob es zu einer Bildung von Fettreserven kommt oder nicht. Um abzunehmen und nie wieder zuzunehmen, muß man unbedingt verstanden haben, warum man zugenommen hat.

Die Hoffnung, für immer seine überflüssigen Pfunde loszuwerden, gründet sich darauf, daß der menschliche Organismus über die Fähigkeit der Reversibilität verfügt. Die Amerikaner, die nach Frankreich kommen, sind überrascht, daß sie an Gewicht verlieren, wenn sie in den Genuß der französischen Küche kommen. Genauso kommen junge Franzosen nach einem Aufenthalt in den USA mit zusätzlichen Pfunden nach Frankreich zurück.

Dies bedeutet, daß die jeweilige Ernährungsweise für die Gewichtszunahme oder -abnahme verantwortlich ist. Die Qualität der Ernährung ist also ausschlaggebend und nicht die Quantität.

Wer ausschließlich Kohlenhydrate der linken Spalte zu sich nimmt, die über hohe glykämische Indices verfügen, wird an Gewicht zunehmen. Wer Kohlenhydrate der rechten Spalte bevorzugt, besitzt reelle Chancen, an Gewicht zu verlieren.

Die Indianer von Arizona und die Ureinwohner Australiens entdecken aufs neue die niedrigen glykämischen Indices

Mit dem New Deal führte Präsident Roosevelt 1945 Indianerreservate in den USA ein, wodurch die Indianer Zugang zur degenerierten Ernährungsweise der „Bleichgesichter" bekamen.

Fünfzehn Jahre danach wurde dieses Volk von Fettleibigkeit und Diabetes heimgesucht. Vor einigen Jahren hat man den Indianern von Arizona die Rückkehr zu ihrer ursprünglichen Ernährungsweise ermöglicht, wodurch der Ausbreitung dieser beiden Stoffwechselkrankheiten Einhalt geboten wurde.

Mit diesem Experiment hat man somit nachgewiesen, daß bei einer gleichen Kalorienzufuhr (vor allem Fette) einzig und allein der Verzehr von Kohlenhydraten mit einem niedrigen glykämischen Index für dieses außergewöhnliche Ergebnis verantwortlich ist.

Das gleiche Experiment wurde in Australien mit den Ureinwohnern durchgeführt, deren Existenz durch eine Rückkehr zur ursprünglichen Ernährungsweise gesichert wurde.

Deshalb beruht die von mir empfohlene Methode auf einer Auswahl der Lebensmittel. Sie ist nicht restriktiv, sondern selektiv ausgerichtet. Durch die richtige Wahl der Lebensmittel, unabhängig von der zugeführten Menge, ist man in der Lage, wirksam und dauerhaft abzunehmen, wobei man weiterhin mit Genuß und nach Feinschmeckerart essen kann.

Wenn die Phase I über mehrere Monate hinweg richtig angewendet wurde und sich bis dahin kaum ein Gewichtsverlust eingestellt hat, sollten die möglichen Gründe für diese Resistenz woanders gesucht werden.

Die Fälle, in denen Frauen fast über ein Idealgewicht verfügen und sich trotzdem in den Kopf gesetzt haben, abzunehmen oder Übergewicht mit Cellulitis verwechseln, werden von Beginn an außer acht gelassen.

Andere Ursachen sollten ebenfalls ausgeschlossen werden. Dazu zählen:

- bestimmte Medikamente mit einem negativen Einfluß auf den Stoffwechsel, wie z.B. Beruhigungsmittel, angstlösende Mittel, Antidepressiva, Lithium, Betablocker, Kortison oder gesüßte Stärkungsmittel (siehe Teil 2, Kapitel 7);

- Streß (auf den später noch einmal eingegangen wird). Eventuell ist die Anwendung einer Entspannungsmethode notwendig, um eine korrekte Gewichtsabnahme zu erzielen;

- Hormonstörungen, die bei der Frau vor oder während der Menopause auftreten können, mit oder ohne medikamentöse Behandlung (siehe Teil 2);

- Bulimie, die einer verhaltenstherapeutischen Behandlung bedarf.

KAPITEL 5

DIE METHODE

Bei Betrachtung der Fernsehwerbung für Nahrungsmittel fällt auf, daß sie unterschiedlich aufgemacht ist, je nachdem ob es sich um Tierfutter oder um Nahrung für den Menschen handelt.

Im Fall der Tiernahrung wird die Werbebotschaft ziemlich klassisch dargestellt. Zunächst sieht man einen Züchter, da der Bezug zu einem Fachmann immer wertsteigernd ist. Dann folgt eine Großaufnahme des Tieres, eines Hundes beispielsweise, der frei herumläuft, um seine große Vitalität zu betonen. Anschließend wird die Aufmerksamkeit auf das schöne Fell und den lebhaften Blick gelenkt, die auf eine ausgezeichnete Gesundheit schließen lassen.

Zum Schluß kommt ein Tierarzt ins Blickfeld, der erklärt, daß dieses Tier deshalb in diesem außerordentlichen Zustand ist, weil sein Herrchen es mit dem Produkt X füttert, für dessen Qualität er bürgt. Es folgt eine Aufzählung sämtlicher unverzichtbarer Nährstoffe wie Proteine, Vitamine, Mineralsalze, Spurenelemente und Ballaststoffe, die in dem Futter enthalten sind.

Ein Werbespot, der die Vorzüge der Nahrung für den Menschen anpreist, ist dagegen völlig anders aufgemacht. Im Vordergrund stehen fast immer der Preis, die Verpackung oder die Aufbewahrungsmöglichkeiten.

Ein Radfahrer kommt zum Beispiel mit Verspätung an und seine Mitfahrer haben in sichtlich egoistischer Manier die Suppe leergegessen. Er wird beruhigt, denn mit einer Trinksuppe, deren Marke dann empfohlen wird, kann er sich in Sekundenschnelle eine Suppe „wie früher" machen.

Scheinbar ein Ersatzprodukt, bei dem niemand auf die Idee kommen würde, seine Zusammensetzung anzuzweifeln (Natriumglutamat, Zucker, modifizierte Stärke, Konservierungsmittel...), geschweige denn sich für das Fehlen nahezu sämtlicher Nährstoffe zu interessieren.

Bei der Herstellung von Werbespots wird der Werbefachmann immer sensible Themen aufgreifen und somit auf Symbole Bezug nehmen, die das Unterbewußtsein der Fernsehzuschauer beeinflussen.

Warum sollte man man also den Nährstoffgehalt eines Lebensmittels erwähnen, um dessen Vorzüge anzupreisen, wenn niemand dafür empfänglich ist und es obendrein niemanden interessiert?

Seit fast einem halben Jahrhundert ist in unserer Gesellschaft die Bedeutung, die die Ernährung für die Gesundheit und die Erhaltung des Lebens haben kann, allmählich in Vergessenheit geraten.

Da bei den Ernährungsfachleuten ausschließlich der energetische Aspekt der Lebensmittel im Vordergrund stand, konnte sich die Nahrungsmittelindustrie voll und ganz auf wirtschaftliche Ziele konzentrieren, was zu einer gewaltigen technologischen Entwicklung geführt hat.

Es hat sich eine Änderung in der Denkweise vollzogen; das Verhältnis der Menschen zur Nahrung hat sich durch die Verstädterung, Gesellschaftsstruktur, Frauenarbeit und Freizeit allmählich verändert.

Diese Situation wird natürlich am Beispiel der USA besonders deutlich.

Dort ist die Nahrungsaufnahme auf die Befriedigung eines physiologischen Bedürfnisses reduziert. Man ißt gezwungenermaßen etwas, vergleichbar mit dem Gang zur Toilette. Unter diesen Umständen sieht man selbstverständlich nicht ein, warum man viel Geld für Essen ausgeben sollte. Aus diesem Grund richtet sich die Wahl der Lebensmittel zuallererst nach dem Preis. Die Fastfood-Restaurants haben darauf reagiert, indem sie ein Essen für 99 Cents anboten, d.h. unter einem Dollar.

Bei der Arbeitseinteilung wird auf Mittagessen keine Rücksicht genommen. Offiziell existiert es gar nicht. Deshalb ißt man auf der Straße oder in einer Ecke des Büros, ohne mit der Arbeit aufzuhören. In allen Fällen ist die Nahrung nur dazu da, den Hunger zu stillen. Demzufolge muß sie billig und so schnell verzehrbar wie möglich sein.

Wie die meisten romanischen Länder (Italien, Spanien) besitzt Frankreich Gott sei Dank eine andere Einstellung zum Essen. Für den echten Franzosen nimmt die Nahrung einen ganz anderen Stellenwert ein. Essen ist für ihn fast ein Ritual. Auch wenn es der Lebenserhaltung dient, stellt Essen für den Franzosen einen Genuß dar, da er es vom hedonistischen Standpunkt aus betrachtet.

Die Koch- und Feinschmeckertradition ist nicht einfach ein volkstümlicher Brauch, sondern ein grundlegender Bestandteil der französischen Kultur. Mit ihren Unterschieden, Eigenarten und geographischen Besonderheiten bildet sie eine regelrechte Kunst. Die regionale Küche und regionalen Produkte sind Teil eines Erbes, das jeder echte Franzose unbewußt an die nachfolgende Generation weitergibt.

Die Mittagszeit ist somit heilig und wird freigehalten. In der Provinz sind die Büros, Geschäfte und Verwaltungen geschlossen; die meisten gehen nach Hause und essen im Kreis der Familie zu Mittag. Die anderen treffen sich in der Cafeteria oder Kantine. Das Mittagessen ist ein wichtiger Lebensakt und wird nach festen Regeln eingeteilt.

Essen ist ein Zeichen von Lebenskunst. Aus diesem Grund läßt man sich beim Essen Zeit und gibt gerne Geld dafür aus.

DAS FRANZÖSISCHE PARADOXON

Am 17. November 1991 strahlte die bekannteste amerikanische Fernsehsendung „Sixty minutes" einen zwanzigminütigen Beitrag mit dem Titel „The French paradox" aus.

Darin wurde berichtet, daß sich die Franzosen in einem bedeutend besseren Gesundheitszustand befinden als die Amerikaner, obwohl sie viel Zeit mit Essen zubringen, 30 % mehr Fette zu sich nehmen, sich nicht körperlich betätigen und zehnmal mehr Wein trinken.

Das durchschnittliche Körpergewicht der Franzosen ist das geringste der ganzen westlichen Welt und die Mortalitätsrate bei Herz-Kreislauf-Erkrankungen ist nach Japan am niedrigsten.

Die Sendung von CBS berief sich dabei auf Beobachtungen, die von der Weltgesundheitsorganisation im Rahmen einer Untersuchung (genannt „Monica") gesammelt worden waren.

Wie kommt es, daß bei den Franzosen das Risiko Herz-Kreislauf-Erkrankungen im Vergleich zu den Amerikanern nur ein Drittel beträgt, während sie gerade das Gegenteil von dem tun, was in Amerika als Vorbeugung empfohlen wird?

Die höchst erstaunten Wissenschaftler mußten eingestehen, daß sie mehrere Erklärungen dafür gefunden hatten:

– die Franzosen nehmen sich Zeit zum Essen;

– sie essen dreimal am Tag;

– sie teilen die Mahlzeiten ein (drei Gänge) und gestalten sie abwechslungsreich;

– sie essen mehr Obst und Gemüse, also mehr Ballaststoffe und Vitamine;

– sie verzehren gute Fette (Olivenöl, Sonnenblumenöl, Gänse- und Entenschmalz und Fisch);

– sie trinken regelmäßig Wein, insbesondere Rotwein.

Seit der Ausstrahlung des Beitrags über das „französische Paradoxon", was einen Anstieg des Wein- und Gänsefettkonsums in den USA zur Folge hatte, sind die Untersuchungen vertieft worden. Dabei hat sich herausgestellt, daß die ideale Ernährungsweise, die als Modell übernommen werden sollte, genau die ist, die seit jeher im Mittelmeerraum üblich ist und den größten Teil Südfrankreichs schon immer beeinflußt hat.

Bedeutet dies, daß die Franzosen aufgrund dieser internationalen Beobachtungen ihre Ernährungsgewohnheiten nicht umstellen müssen?

Die Situation in Frankreich ist im Vergleich zu Amerika, wo sie dramatische Ausmaße angenommen hat, zwar eher zufriedenstellend, doch dies heißt nicht, daß sie sich nicht seit einiger Zeit bedeutend verschlechtert hat.

Tatsächlich zeigt die Statistik, daß sich das durchschnittliche Körpergewicht der Jugendlichen in den letzten Jahren sehr deutlich erhöht hat (+ 15 % ungefähr innerhalb von zwanzig Jahren).

Vor zwei Jahren nahm „Le Quotidien du Médecin" in einem Artikel Bezug auf eine Untersuchung, die an jungen Rekruten vorgenommen worden war. Dabei ergab sich, daß 25% einen zu hohen Cholesterinspiegel aufwiesen, während es vor zwanzig Jahren nur 5 % waren.

Das französische Paradoxon gilt also nicht mehr für die kommende Generation. Und dies aus gutem Grund: sie ist die erste Generation, die ihre Herkunft verleugnet und völlig andere Ernährungsgewohnheiten angenommen hat, indem sie sich vorbehaltslos, unter dem starken Einfluß der Werbung, die nordamerikanische Ernährungsweise zu eigen gemacht hat, die für Coca-Cola und Hamburger berühmt ist.

Die Erwachsenen halten mehr an den herkömmlichen Ernährungsgewohnheiten fest, da sie mit der Tradition verwurzelt sind. Allerdings ist unbestreitbar ein Trend zur modernen Ernährungsweise festzustellen, der auf die Änderung des Lebensstils, die Hyperstandardisierung der Nahrungsmittelindustrie und auf den Einfluß der Werbung zurückzuführen ist.

Bei einer Analyse dieser Ernährungsweise stellt man fest, daß sie genauso beschaffen ist wie die amerikanische. Dies bedeutet, daß sie ebenfalls hyperglykämisch ausgerichtet ist. Zu den Lebensmitteln, die heutzutage bevorzugt verzehrt werden, gehören hauptsächlich:

- **weißes Mehl**, in all seinen Erscheinungsformen (Weißbrot, Hefegebäck, Sandwichs, Hotdogs, Pizza, Kekse, Kuchen, Crackers, Nudeln, raffiniertes Mehl...);

- **Zucker**, in Fruchtsäften und anderen süßen Getränken (Cola...), in Süßigkeiten und insbesondere in Schokoriegeln (Mars, Lion, Kinderschokolade...);

- **Kartoffeln**, hauptsächlich in ihrer schädlichsten Zubereitungsform: Pommes frites, Chips oder Kartoffelauflauf;

– **weißer Reis nach westlicher Art,** der einen viel höheren glykämischen Index aufweist, wenn er in viel Wasser gekocht wird, das
man danach wegschüttet [1]).

Früher hat man Gemüse aus dem Garten verzehrt, sei es auch nur in
der Suppe. Somit betrug die entsprechende Ballaststoffzufuhr durchschnittlich 30 g pro Person und Tag. Heute liegt sie bei 17 g, während mindestens 30 bis 40 g täglich verzehrt werden sollten.
Kommen wir nun zum Kern der Sache. Wie zu sehen sein wird,
ermöglicht die Montignac-Methode die Realisierung eines ausgewogenen Körpergewichtes. Sie ist jedoch nicht nur auf eine Gewichtsreduktion fixiert und hat sich Folgendes zum Ziel gesetzt:

– den Herz-Kreislauf-Erkrankungen wirksam vorbeugen;

– die maximale Vitalität wiederherstellen;

– dafür sorgen, daß wieder gut und gern und in Gesellschaft gegessen wird (was nie hätte geändert werden sollen). Essen sollte zuallererst ein gemeinsam genossenes Erlebnis sein!

Die von mir empfohlene Methode ist einfach. Es geht zunächst
darum, sich bei der Ernährung nach dem allgemeinen Begriff des
glykämischen Indexes zu richten.

Wenn man zu Übergewicht neigt, ist dies bekanntlich darauf zurückzuführen, daß eine Funktionsstörung der Bauchspeicheldrüse
vorliegt, die sich durch eine übermäßige Insulinabsonderung äußert.
Unsere Ernährungsstrategie besteht nun darin, die Lebensmittel mit
einem hohen glykämischen Index zu meiden und die Lebensmittel
zu bevorzugen, die einen niedrigen glykämischen Index aufweisen
sowie eine richtige Auswahl der Fette zu treffen.
Ich erinnere noch einmal daran, daß die beiden vorhergehenden
Kapitel unbedingt zuvor gelesen und verstanden worden sein müs-

---

1) Wenn Reis in Wasser gekocht wird, hat dies eine Auflösung der löslichen Ballaststoffe zur
Folge. Wird dieses Wasser weggeschüttet, wie es in den westlichen Ländern Brauch ist,
entfernt man damit die Ballaststoffe, was zu einem Anstieg des glykämischen Indexes
führt. Aus diesem Grund kochen die klugen Asiaten ihren Reis in sehr wenig Wasser,
damit nichts weggeschüttet werden muß und alle Ballaststoffe erhalten bleiben.

sen, um die Prinzipien der Methode wirksam anwenden zu können. Ein großer Teil der Leserinnen hat wahrscheinlich die Erfahrung gemacht, daß die Figur durch die Anwendung kalorienreduzierter Diäten (die restriktiv und zeitlich begrenzt sind) aus der Form geraten ist.

Eine kalorienreduzierte Diät äußert sich dadurch, daß man die verlorenen Pfunde wieder zunimmt, sobald man anfängt, seine alten Eßgewohnheiten wiederaufzunehmen; man bringt sogar noch mehr auf die Waage als zuvor durch die Frustrationen, die der Organismus erlitten hat (wie bereits dargelegt wurde).

Bei der von mir empfohlenen Methode geht es nicht darum, sich für kurze Zeit nach einer speziellen Ernährungsweise zu richten, um anschließend wieder zu seinen alten Eßgewohnheiten zurückzukehren. Da es in bezug auf die Quantität keinerlei Beschränkungen gibt, werden neue Prinzipien im Vordergrund stehen, von denen zahlreiche Aspekte für immer beibehalten werden.

Die viel beklagten überflüssigen Pfunde sind auf die schlechten Ernährungsgewohnheiten zurückzuführen, vor allem auf den übermäßigen Verzehr schlechter Kohlenhydrate und Fette. Die neue Ernährungsweise ist abwechslungsreicher und vor allem ausgewogener. Wenn man die gewünschten Erfolge erzielt hat, gibt es somit keinen Grund, zur bisherigen unkontrollierten und degenerierten Ernährungsweise zurückzukehren.

Bezüglich der Tabelle der glykämischen Indices dürfte ein Übergang von den Lebensmitteln der linken Spalte zu den Lebensmitteln der rechten Spalte ausreichen, um einen ansehnlichen Gewichtsverlust zu erreichen. Dazu benötigt man Zeit, wahrscheinlich mehrere Monate. Um schneller Erfolge zu erzielen und insbesondere der Bauchspeicheldrüse die Möglichkeit zu geben, sich wieder zu erholen, können zuerst selektive Maßnahmen ergriffen werden. Die Methode wird somit in zwei Phasen eingeteilt:

- Phase I, die Phase der schnellen Gewichtsabnahme und der Wiederherstellung der Vitalität;

- Phase II, die Phase der Stabilisierung, die das ganze Leben lang andauern kann.

DIE PHASE I

Die Dauer dieser Phase hängt von der Person und dem jeweiligen Ziel ab und kann einen Monat, aber auch mehrere Monate betragen. Diese Zeit wird benötigt, um die Ernährungsgewohnheiten umzustellen, d.h. die schlechten Gewohnheiten aufzugeben und die guten anzunehmen (die Wahl der „guten" Kohlenhydrate und Fette). Der Organismus wird gewissermaßen „entgiftet" und bestimmte Stoffwechselfunktionen (Insulinabsonderung) werden nur in geringem Maße in Anspruch genommen, um den Normalzustand wiederherzustellen.

Diese Phase ist leicht zu ertragen, da sie keinerlei Beschränkungen bezüglich der Quantität beinhaltet. Für die „Abonnenten" kalorienreduzierter Diäten wird dies ein Grund zur Freude sein, da sie wieder anfangen können zu essen und dabei endlich abnehmen.

Dafür ist die **Phase I** in der Hinsicht selektiv, daß bestimmte Lebensmittel ausgenommen werden (schlechte Kohlenhydrate) oder auf eine spezielle Art zu einer bestimmten Tageszeit verzehrt werden.

Diese Phase ist leicht durchzuführen, vor allem dann, wenn man seine Mahlzeiten außerhalb des Hauses zu sich nimmt.

Diese Mahlzeiten sind nämlich abwechslungsreich und ausgewogen, da sie reich an Proteinen, Ballaststoffen, Vitaminen, Mineralsalzen und Spurenelementen sind. Normalerweise entsteht in der Phase I keine Frustration, da man sich satt ißt und dadurch einen Anfall von Heißhunger vermeidet. Die Vorzüge der neuen Ernährungsweise werden einem somit täglich vor Augen geführt.

Bevor diese **Phase I** ausführlich behandelt wird, sollten einige allgemeine Punkte angesprochen werden, die von genauso fundamentaler Bedeutung sind.

Drei Mahlzeiten am Tag

Der Grundsatz, drei Mahlzeiten am Tag einzunehmen, ist von allergrößter Wichtigkeit. Er beinhaltet, daß niemals eine Mahlzeit ausgelassen und auch das Knabbern nach amerikanischem Vorbild vermieden werden sollte.

Es sind im allgemeinen diejenigen, die eine Gewichtszunahme befürchten, die eine Mahlzeit auslassen, insbesondere das Mittagessen.

„Gehen wir Mittagessen?", fragt eine Sekretärin ihre Kollegin.

- *„Nein"*, antwortet diese, *„ich bin heute abend zum Essen eingeladen, ich muß doch auf meine Linie achten..."*

Dies veranschaulicht den gewaltigen Fehler, der täglich gemacht wird. Denn im Kapitel über kalorienreduzierte Diäten war zu lesen, daß das beste Mittel, an Gewicht zuzunehmen, darin besteht, nichts zu essen!

Wenn eine Mahlzeit ausgelassen wird, leidet der Organismus an einem Mangel, worauf er sich in eine Abwehrstellung begibt, die sich bei der nächsten Mahlzeit dahingehend äußert, daß Fettreserven angelegt werden. Je üppiger im übrigen diese Mahlzeit ist, umso mehr Fettreserven werden gebildet.

Der Stellenwert der drei Mahlzeiten

Wenn man morgens aufsteht, ist der Magen theoretisch seit mindestens acht oder neun Stunden leer.

Die erste Mahlzeit am Tag, das Frühstück, sollte deshalb am reichhaltigsten sein. Früher war dies auch der Fall. Heute ist es gerade die Mahlzeit, die am meisten vernachlässigt wird. Bei vielen beschränkt sich das Frühstück auf eine einfache Tasse Kaffee oder Tee auf nüchternen Magen, ohne daß etwas dazu gegessen wird.

Diese Praxis hat natürlich katastrophale Auswirkungen auf den Stoffwechsel. Vielfach ist folgende Entschuldigung für dieses Verhalten zu hören: *„Abgesehen davon, daß wir morgens keine Zeit zum Essen haben, liegt es vor allem daran, daß wir keinen Hunger haben."*

Die Erklärung dafür ist einfach! Wer morgens keinen Hunger verspürt, hat abends einfach zuviel gegessen. (Es ist eine Art Teufelskreis.)

Um also den richtigen Eßrhythmus wiederzufinden, sollte man damit beginnen, das Abendessen deutlich einzuschränken (oder notfalls ganz auszulassen; dies erscheint zwar als Widerspruch zu dem, was im vorherigen Teil gesagt wurde, doch hier ist das Problem anders gelagert).

Als sinnvolle Fortsetzung des Frühstücks empfiehlt sich ein Mittagessen, das normal oder zumindest reichhaltig genug ist.

Das Abendessen sollte dagegen so leicht wie möglich ausfallen und auf jeden Fall so früh wie möglich vor dem Zubettgehen eingenommen werden. Denn in der Nacht baut der Organismus seine Reserven wieder auf. Wenn also abends etwas gegessen wird, macht es dicker, als wenn es morgens oder mittags zu sich genommen wird.

Im weiteren Verlauf wird auf diese drei Mahlzeiten am Tag noch einmal eingegangen, wobei genau gesagt werden wird, was zu tun und was zu lassen ist.

Leider machen es die meisten gerade entgegengesetzt; durch die moderne Lebensweise hat sich der Stellenwert der drei Mahlzeiten umgekehrt:

– das Frühstück fällt entweder ganz oder sehr leicht aus;

– das Mittagessen ist normal, oftmals nur leicht;

– das Abendessen ist stets zu reichhaltig.

Die Entschuldigungen, die im allgemeinen dafür angeführt werden, lauten folgendermaßen:

– morgens hat man keinen Hunger und keine Zeit (bereits bekannt);

– mittags geht die Arbeit vor, es sei denn, es handelt sich um ein Geschäftsessen;

– abends ist der einzige Moment der Entspannung, wo die ganze Familie vereint ist und man es sehr schätzt, etwas Gutes zu essen, zumal man hungrig ist.

Als man eine Fernsehjournalistin, die Frühstücksfernsehen macht, danach fragte, wie es ihr gelingt, jeden Morgen um vier Uhr aufzustehen, hat sie Folgendes geantwortet: *„Ich mußte nur meine Gewohnheiten ändern!"* Dies ist das einzige, wozu ich den Leser auffordere.

Tausende haben es bereits getan, es gibt also keinen Grund, warum es Ihnen nicht auch gelingen sollte. Wenn Sie es wirklich wollen, erreichen Sie es auch. Der Erfolg hängt dabei von Ihrer Entschlossenheit ab.

FRÜHSTÜCK

Wie bereits erwähnt wurde, sollte das Frühstück reichhaltig sein. Da es der erste Schritt zur neuen Vitalität darstellt, empfiehlt es sich, genügend Zeit dafür einzuplanen.

Man sollte eine Viertelstunde oder zwanzig Minuten früher aufstehen. Dies dürfte einem nicht schwerfallen, da sich der Schlaf durch die vorgenommene Änderung der Eßgewohnheiten, insbesondere was das Abendessen betrifft, deutlich verbessern müßte.

1. Zuerst die Vitamine

Da die Vitaminzufuhr oftmals sehr mager ausfällt oder sogar ganz vernachlässigt wird, muß wieder für den nötigen Ausgleich gesorgt werden.

Man muß wissen, daß fehlende oder zumindest unzureichend vorhandene Vitamine eine große Rolle bei der Entstehung von Müdigkeit spielen. Dies gilt hauptsächlich für die Vitamin B -Gruppe und für Vitamin C. Einige glauben wahrscheinlich, daß es ausreichen würde, sie in der Apotheke zu kaufen.

Dies sollte nur dann getan werden, wenn es unbedingt notwendig ist, d.h. wenn sie nicht auf natürlichem Weg beschafft werden können. Dies hat mehrere Gründe.

Zunächst aus Prinzip. Wenn wir uns damit zufriedengeben, daß die moderne Ernährung zuwenig wichtige Nährstoffe enthält und deshalb auf die synthetischen Produkte der Pharmaindustrie zurückzugreifen, um den Ausgleich wiederherzustellen, leisten wir keinen Beitrag dazu, daß die Nahrungsmittelindustrie, die den Nährstoffgehalt bei der Produktion überhaupt nicht mehr berücksichtigt, ihr Verhalten ändert.

Wenn morgen die Luft so sehr verschmutzt wäre, daß man kaum noch atmen könnte, wäre es wahrscheinlich am einfachsten, den Rat zu erteilen, eine Atemmaske zu tragen oder die Menschen aufzufordern, regelmäßig Sauerstoff in dosierter Form zu kaufen, wie es bereits in Japan getan wird.

Es wäre zwar einfacher, die Verschmutzung zu beseitigen, aber das könnte dazu führen, daß gewieften Geschäftsleuten potentielle Märkte entgehen, was wirklich schade wäre.

Unabhängig von der Dosierung werden die synthetischen Vitamine auch weniger gut assimiliert als die in den Nahrungsmitteln enthaltenen natürlichen Vitamine. Dies liegt daran, daß in Naturprodukten weitere Stoffe enthalten sind, die man nicht genau kennt und die eine verbesserte Absorption bewirken.

Um den Tagesbedarf an Vitamin B zu decken, genügt es, Trockenbierhefe einzunehmen, die ein absolutes Naturprodukt ist. Man findet sie in Supermärkten, Apotheken und in Spezialgeschäften. Empfehlenswert wäre eine Hefekur, die mindestens so lange dauern sollte wie die **Phase I**; danach wäre jeden zweiten Monat eine Wiederholung der Kur angebracht.

Eine reichliche Vitamin B - Zufuhr wirkt nicht nur der Müdigkeit entgegen (wie bereits gesagt wurde), sondern sorgt auch für feste Fingernägel und schönes Haar. Außerdem enthält Vitamin B Chrom, das bei Hyperinsulinismus eine regulierende Wirkung besitzt.

2. Obst und Vitamin C

Das Frühstück kann man zum Beispiel mit frischem Fruchtsaft (Zitrone, Grapefruit oder auch Orange) beginnen. Die Kiwi ist auch zu empfehlen, da diese Frucht fünfmal mehr Vitamin C enthält als die Orange (und in einer konzentrierteren Form).

Gepresster Fruchtsaft sollte unverzüglich getrunken werden, da jede Verzögerung einen beträchtlichen Vitaminverlust zur Folge hat. Es empfiehlt sich, auf handelsüblichen Fruchtsaft zu verzichten, auch wenn es reiner Fruchtsaft ist, da er kaum noch Vitamine enthält.

Es ist im übrigen festzuhalten, daß sämtliches Obst unbedingt zuerst, d.h. auf nüchternen Magen, verzehrt werden sollte.

Entgegen der herkömmlichen Gewohnheit darf Obst niemals zum Schluß einer Mahlzeit verzehrt werden, da sein Verdauungsprozeß sehr kurz ist (in der Größenordnung von einer Viertelstunde). Wenn man Obst ißt, gelangt es also ziemlich schnell den Dünndarm, wo es verdaut und absorbiert wird. Wenn nun Obst zum Schluß einer Mahlzeit gegessen wird, kommt es in den Magen, wenn der Pylorus geschlossen ist aufgrund der zugeführten Nahrung (Fleisch, Fisch, Fette...), deren Verdauung zwei bis drei Stunden dauert.

Das Obst ist nun in einem warmen und feuchten Milieu eingeschlossen und beginnt dadurch zu gären, was einen Verlust seiner wichtigsten Vitamine zur Folge hat und gleichzeitig dazu führt, daß der Verdauungsprozeß der übrigen Nahrung behindert wird.

Abgesehen davon, daß man es sich abgewöhnen sollte, Obst zum Schluß einer Mahlzeit zu verzehren, empfiehlt es sich also, die Mahlzeit damit zu beginnen, zumindest was das Frühstück anbelangt.

Nach dem Verzehr von Obst sollte man sogar eine Viertelstunde bis zwanzig Minuten warten, bevor man etwas anderes zu sich nimmt, damit das Obst in den Dünndarm gelangen kann und demzufolge nicht mehr Gefahr läuft, im Magen blockiert zu werden durch eine weitere Nahrungszufuhr.

Bei gekochtem Obst sind die Richtlinien nicht so streng, da man keine Gärung befürchten muß. Dies gilt vor allem für ungezuckerte Marmelade, zumal sie weniger Vitamin C enthält.

DIE VERSCHIEDENEN FRÜHSTÜCKSVARIANTEN

Das Hauptziel der **Phase I** beruht natürlich auf einem Verlust der überflüssigen Pfunde. Doch ein weiteres Ziel besteht auch darin, die Funktion der Bauchspeicheldrüse wieder zu normalisieren. Wie in den vorhergehenden Kapiteln zu sehen war, wird sie durch den übermäßigen Verzehr hyperglykämisch wirkender Lebensmittel im Bereich der Insulinproduktion zu sehr in Anspruch genommen.

Es konnte nachgewiesen werden, daß die Leistungstiefs am späten Vormittag durch ein Frühstück aus Weißbrot, Zucker, Honig oder Konfitüre ausgelöst werden. Die Bauchspeicheldrüse, die jahrelang „schlecht behandelt" wurde, muß sich gewissermaßen wieder erholen, um diese Hypersensibilität zu verlieren, die durch Hyperinsulinismus zum Ausdruck kommt. Sie wird nun einige Zeit geschont werden, damit sich ihre normale Funktion wieder einstellt. Bei sämtlichen Frühstücksvorschlägen ist dieser Aspekt mit berücksichtigt worden.

1. Das Kohlenhydrat – Frühstück

Es sollte eine bevorzugte Rolle spielen, vor allem dann, wenn man zu Hause frühstückt. Es bestehen keinerlei Einschränkungen hinsichtlich der Quantität und der Auswahl:

Gute Kohlenhydrate:
• Schrotbrot;
• Vollkornmüsli ohne Zucker;
• Fruchtmarmelade ohne Zucker.

Milchprodukte:
• Quark bzw. Frischkäse mit 0 % Fettgehalt oder Magerjoghurt.

Getränke:
• Magermilch;
• Entkoffeinierter Kaffee;

- Leichter Tee;
- Kaffeersatz (Zichorie);
- Sojasaft.

Bei diesem Frühstück sind sämtliche Fettarten (Butter, Margarine) und Vollmilchprodukte ausgeschlossen.

a. Die guten Kohlenhydrate

Schrotbrot

Auch wenn bei den anderen beiden Mahlzeiten davon abgeraten wird, Brot zu verzehren (von Ausnahmen abgesehen), sollte es jedoch Bestandteil des Frühstücks sein, um eine ausgewogene Nahrungszufuhr zu gewährleisten.

Brot ja, aber nicht irgendein Brot. Am besten ist Schrotbrot, bei dem die vollständigen Weizenkörner verarbeitet wurden. Nicht zu verwechseln mit Vollkornbrot, dessen Bezeichnung zweideutig ist, da es nicht aus vollem Korn hergestellt wurde. Es enthält zwar die meisten Bestandteile des Weizenkorns, doch ein bestimmter Teil wurde entfernt, und in in welchem Maße dies geschieht, ist schwer nachvollziehbar.

Einige Bäcker mischen sogar weißes Mehl unter ihr Vollkornbrot, damit es entweder besser aussieht oder einfacher zu verarbeiten ist. Deshalb ist es schwierig, ein echtes Vollkornbrot zu finden, das ausschließlich aus Vollkornmehl hergestellt wurde.

Was Kleiebrot betrifft, besteht dies lediglich aus Weißmehl, dem Kleie hinzugefügt wurde [2].

Bei der Herstellung stellt sich das Problem, daß der Bäcker im allgemeinen dazu neigt, dem Brot wenig Kleie beizumischen. Dies geschieht nicht aus Kostengründen, sondern aus Gründen einer leich-

---

2) Die Kleie sollte unbedingt aus biologischem Anbau stammen, was beim Kleiebrot vom Bäcker sehr selten der Fall ist. Die normale Kleie ist voller Pestizide, Insektizide und Herbizide.

teren Verarbeitung. Kleiebrot, das mindestens 20 % Kleie enthält, wäre gerade noch tolerierbar, doch auch wenn es über viel Ballaststoffe verfügt, um den Blutzuckerspiegel zu senken, fehlen ihm stets Vitamine und Mineralsalze.

Wenn es beim Bäcker kein echtes Schrotbrot zu kaufen gibt, was nicht überraschen würde, da es noch sehr selten angeboten wird, wäre es am besten, es sich zuschicken zu lassen. Es wird in gerösteter Form angeboten, so daß es über mehrere Monate hinweg aufbewahrt werden kann. Der Preis liegt sehr weit unter dem Durchschnitt und wird erst recht dadurch wettbewerbsfähig, daß die Herstellung des Brotes aus biologischem Mehl erfolgt, dem ein Treibmittel beigemengt wurde.

Was kommt nun auf dieses Schrotbrot?

Je nach Geschmack gibt es mehrere Möglichkeiten. Man kann Quark bzw. Frischkäse mit 0 % Fettgehalt, ungezuckerte Marmelade oder auch beides zusammen als Brotaufstrich verwenden.

Ungezuckerte Marmelade hat nichts mit zuckerreduzierter Konfitüre zu tun, die man grundsätzlich meiden sollte, da sie bestenfalls 10 bis 15 % weniger Zucker enthält. Dies bedeutet, daß ihr Zuckergehalt anstelle von 55 % „nur" noch 45 % beträgt.

Ungezuckerte Marmelade besteht dagegen aus 100 % Früchten (natürlich in Fruchtsaft gekocht), 0 % Zucker und Pektin (löslicher Ballaststoff). Man kann sie sich ebenfalls zuschicken lassen oder in Spezialgeschäften kaufen.

Bei der Wahl des Quarks bzw. Frischkäses (mit oder ohne Marmelade) muß jedoch unbedingt darauf geachtet werden, daß er über 0 % Fett verfügt.

Müsli

Das gängige Müsli besteht hauptsächlich aus Mais, Cornflakes oder Puffreis und wird vor allem den Kindern zum Frühstück serviert.

Diese Produkte amerikanischer Herkunft sind natürlich reichlich gezuckert und karamelisiert, wenn sie nicht sogar noch zusätzlich mit Honig oder Schokolade versehen werden. Das Ganze ist in der Phase der Gewichtsabnahme selbstverständlich verboten.

Das von mir empfohlene Müsli besteht aus Flocken und wird natürlich aus Vollkorngetreide aus biologischem Anbau hergestellt. Es enthält keinerlei Zucker oder Karamel.

Die Müsliarten, die sich aus Walnüssen, Haselnüssen, Mandeln oder Rosinen zusammensetzen, sind dagegen erlaubt, wenn man nur einige Kilo abnehmen will. Wer jedoch viel Übergewicht hat (mehr als zehn Kilo), sollte sofort darauf verzichten und sie erst wieder in der Phase II zu sich nehmen.

Die erlaubten Müsliarten können in Quark bzw. Frischkäse mit 0 % Fettgehalt, Joghurt oder in kalter und warmer Milch (natürlich Magermilch) eingerührt werden.

Damit die Müsliflocken leicht verdaut werden können, empfiehlt es sich, sie ausgiebig zu kauenund mit viel Speichel zu versetzen. Am besten wäre es natürlich, diese Getreideflocken mit einem entsprechenden Gerät selbst herzustellen. Wenn die Körner frisch geschrotet oder gemahlen werden, enthalten sie nämlich die meisten Vitamine.

Ein Frühstück, das sich ausschließlich aus Obst zusammensetzt (wenn man zum Beispiel in einem exotischen Land Urlaub macht), ist ebenfalls erlaubt. Man sollte es jedoch zumindest durch ein Magermilchprodukt ergänzen, um eine ausreichende Zufuhr von Proteinen und Kalzium zu gewährleisten.

b. Getränke

Abgesehen davon, daß man zum Frühstück etwas essen soll, ist es auch sehr wichtig, viel zu trinken. Dem Organismus muß nämlich nach dem Aufstehen wieder so viel Flüssigkeit wie möglich zugeführt werden.

Kaffee

Es empfiehlt sich, auf Koffein zu verzichten (zumindest in der **Phase I**), da es bei bestimmten anfälligen Personen eine verstärkte Insulinabsonderung bewirkt, wenn die Bauchspeicheldrüse in ihrer Funktion gestört ist. Einige Verfasser sind jedoch der Ansicht, daß Koffein den Fettabbau begünstigt.

Über Kaffee wurde schon viel gesagt, auch Widersprüchliches... Aus diesem Grund werden im Anschluß einige Aspekte des Kaffees genauer betrachtet.

Es stimmt, daß früher der entkoffeinierte Kaffee durch sein Herstellungsverfahren schädlicher war als der koffeinhaltige Kaffee. Heute ist dies nicht mehr der Fall. Entkoffeinierter Kaffee kann somit in Maßen getrunken werden, zumal er heutzutage sehr gut schmeckt, zumindest in Frankreich, wo er in Cafés erhältlich ist. Zum Frühstück empfiehlt sich entweder entkoffeinierter Kaffee oder, was noch besser wäre, eine Mischung aus entkoffeiniertem Kaffee und Kaffeersatz (Zichorie). Wer im übrigen Milchkaffee bevorzugt und ihn auch gut verträgt, braucht nicht darauf zu verzichten.

Die Behauptung, daß Milchkaffee eine schädliche Wirkung hat, ist völlig unbegründet. Dennoch kann es sein, daß in bestimmten Fällen davon abgeraten werden muß; ausschlaggebend ist dabei die persönliche körperliche Verfassung. Manchmal besteht aufgrund einer Enzymschwäche eine Milchunverträglichkeit, die erst recht bei einem Kaffee/Milch-Gemisch zum Ausdruck kommt, da der Kaffee die Struktur der Milch verändert.

Tee

Obwohl Tee eine geringe Menge Koffein enthält, kann er bedenkenlos getrunken werden. Allerdings sollte er nicht zu stark sein.

Tee verfügt über eine beachtenswerte harntreibende Wirkung; einige Asiaten behaupten sogar, daß bestimmte chinesische Teesorten die Gewichtsreduktion begünstigen, doch dies wurde noch nicht wissenschaftlich nachgewiesen.

Milch

Man sollte Magermilch bevorzugen, da Vollmilch von Erwachsenen nicht so gut vertragen wird und im übrigen zuviel schädliche gesättigte Fette enthält.

Empfehlenswert wäre Magermilch in Pulverform, da sie eine cremigere Konsistenz erhält, wenn Wasser hinzugefügt wird.

c. Süßstoff

Es ist ganz klar, daß raffinierter weißer Zucker für immer vom Speiseplan gestrichen werden sollte, insbesondere beim Frühstück.

Eigentlich ist es nicht der Zucker selbst, sondern der Geschmack des Zuckers, auf den man künftig verzichten muß.

Erreicht wird dies durch eine allmähliche Einschränkung des Zuckerverbrauchs. Jemand hat einmal gesagt: *„Kaffee schmeckt nicht ohne Zucker."*

Wer den Zucker im Kaffee bereits völlig wegläßt, käme nie mehr auf den Gedanken, wieder welchen zu nehmen.

Um den Zuckerverbrauch zu reduzieren, kann man auf Süßstoff wie zum Beispiel Aspartam zurückgreifen. Diesbezüglich gab es schon viele Diskussionen, die in einer heftigen Auseinandersetzung gipfelten.

Da die wirtschaftliche Bedeutung von Aspartam beträchtlich ist, haben sowohl die Gegner (Zuckerhersteller) als auch die Befürworter (Aspartamhersteller) reihenweise Untersuchungen durchgeführt, um entweder seine schädliche oder seine verträgliche Wirkung nachzuweisen. Letztendlich überwog die Verträglichkeit von Aspartam.

Auch wenn sich herausgestellt hat, daß Aspartam nicht schädlich ist, weiß man nicht, wie es sich nach jahrelangem Konsum auswirkt. Dieses Problem stellt sich im übrigen bei allen chemischen Nahrungsmittelzusätzen. Wer kennt schon ihre langfristigen Folgen für den Organismus?

Empfehlenswert wäre deshalb, nur sehr sparsam von Aspartam Gebrauch zu machen (und nur wenn es notwendig sein sollte). Es sollte lediglich als Übergang verwendet werden und danach allmählich abgesetzt oder zumindest nur noch sehr sporadisch eingesetzt werden.

Untersuchungen, die vor kurzem in Frankreich und den USA durchgeführt wurden, haben gezeigt, daß Aspartam, auch wenn es selbst nicht schädlich ist, doch auf lange Sicht dazu neigt, den Stoffwechsel zu destabilisieren durch eine Störung des Blutzuckerspiegels bei der darauffolgenden Mahlzeit.

Wenn Aspartam bei einer Mahlzeit eingenommen wird, führt es zu keiner Veränderung des Blutzuckerspiegels und wirkt sich somit nicht auf die Insulinabsonderung aus. Wenn dagegen die nächste Mahlzeit Kohlenhydrate enthält, droht der Blutzuckerspiegel, übermäßig stark anzusteigen, auch wenn es sich dabei um ein Kohlenhydrat mit einem niedrigen glykämischen Index handelt.

In der **Phase I** ist dieses Risiko nicht so groß, da die Mahlzeiten entweder aus Lipiden und Proteinen oder aus Kohlenhydraten und Proteinen bestehen.

In der **Phase II** ist das Risiko eventuell größer, aber darauf wird später noch einmal genauer eingegangen. Dies ist also ein weiterer Grund dafür, sich in der **Phase I** den Zucker abzugewöhnen. Was Fruktose betrifft, deren Vorzüge sehr gelobt wurden, weil sie zum einen nicht karzinogen ist und zum andern einen niedrigen glykämischen Index aufweist, wird sie vor allem für die Herstellung von Desserts empfohlen. Man hat sie jedoch dafür verantwortlich gemacht, einen Anstieg der Triglyzeride zu begünstigen. In Wahrheit gilt dies nur für diejenigen, die ein ernstes Problem in diesem Bereich haben oder mehr als 100 g täglich zu sich nehmen, was eine gewaltige Menge darstellt.

Da durch die Anwendung der Prinzipien der Methode eine beträchtliche Senkung der Triglyzeride erreicht wird, kann Fruktose in Maßen bei der Herstellung von Backwaren verwendet werden.

Kohlenhydrat - Frühstück

empfohlen	toleriert	verboten
Frischer Fruchtsaft	Vollkornbrot	Weißbrot
Obst	Kleiebrot	Zwieback
(15 Min vorher verzehren)	Müsli	Croissant
Schrotbrot	Knäckebrot	Brioche
Vollkornmüsli ohne Zucker	Deutsches Schwarzbrot	Milchbrot
Marmelade ohne Zucker	Vollkornmüsli ohne Zucker	Schokoladenbrot
Quark/Frischkäse m. 0% Fett	Kompott ohne Zucker	Madeleines
Magerjoghurt	flüssige Magermilch	Konfitüre
Magermilch in Pulverform	Tee	Honig
Entkoffeinierter Kaffee	Kaffee + Zichorie	Frischkäse mit
Zichorie		natürl. Fettgehalt
		Joghurt m. natürl. Fettgehalt
		Vollmilch oder Halbfettmilch
		Kaffee
		Kakao

2. Das salzige Lipo-Protein - Frühstück

Eine andere Frühstücksvariante besteht in dem Verzehr von Fleisch, Wurst, Eiern, Käse usw. Es ist in gewisser Weise ein englisches Frühstück, jedoch mit einem wichtigen Unterschied: Sämtliche Kohlenhydrate, auch die guten, werden völlig ausgeschlossen (kein Brot).

Lipo-Protein - Frühstück

empfohlen	toleriert	verboten
Rühreier	Fruchtsaft	Weißbrot
Hartgekochte Eier	(1/4 Std. vorher)	Schrotbrot
Spiegeleier		Zwieback
Omelett		Croissant
Bacon		Milchbrot
Würstchen (Chipolatas)		Schokoladenbrot
Roher Schinken		Madeleine
Gekochter Schinken		Konfitüre
Käse		Honig
		Müsli
Magermilch oder Halbfettmilch	Vollmilch	Kaffee
	Kaffee + Zichorie	Kakao
Entkoffeinierter Kaffee	Tee	Obst
Zichorie		

Da dieses Frühstück eine beträchtliche Menge an gesättigten Fettsäuren enthält, ist es für diejenigen, die einen zu hohen Cholesterinspiegel haben, grundsätzlich verboten.

Im Anschluß an dieses Frühstück ist ein Mittagessen empfehlenswert, das keine Lipide enthält und vor allem auf guten Kohlenhydraten basiert. Als kleine Zwischenmahlzeit bietet sich Obst an.

Dieses Frühstück erhält man in der Regel im Hotel, wo normalerweise ein reichhaltiges Frühstücksbüfett angeboten wird. Bei den Getränken gelten die gleichen Empfehlungen wie beim Kohlenhydrat - Frühstück.

Obst – Frühstück

empfohlen	toleriert	verboten
Orange	Weintrauben	Banane
Mandarine	Kirschen	Obstsalat
Grapefruit	Haselnüsse	Konservenobst
Kiwi	Pflaumen	Kandierte Früchte
Apfel	Datteln	
Birne		
Dörrobst		
Mango		
Erdbeeren		
Himbeeren		
Brombeeren		
Feige		
Aprikose		
Nektarine		
Pflaume		

Dieses Frühstück sollte durch ein Magermilchprodukt ergänzt werden (Milch, Quark/Frischkäse, Joghurt).

KLEINE ZWISCHENMAHLZEIT

Wer die Gewohnheit hat, am späten Vormittag etwas zu knabbern, leidet wahrscheinlich an einer leichten Hypoglykämie. Nach der Anwendung der Empfehlungen aus diesem Kapitel, die vor allem ein

Frühstück vorsehen, das weniger hyperglykämisch wirkende Lebensmittel enthält, dürfte dieses Hungergefühl schnell verschwinden.

Wer dennoch in der Arbeitspause etwas essen möchte, sollte Obst zu sich nehmen, beispielsweise einen Apfel. Als Alternative bieten sich Mandeln, Walnüsse und Haselnüsse (die sehr vitaminreich sind) oder auch Schrotbrot an.

Man kann auch mit einem Stück Käse vorliebnehmen (wenn möglich leichter Käse). Heutzutage gibt es abgepackte Käsestückchen, die problemlos mitgeführt werden können, ohne einen unangenehmen Geruch zu verbreiten. Eine weitere Möglichkeit wäre ein hartgekochtes Ei.

Mittagessen

Beim Mittagessen sollte eines der Hauptziele der Phase I, die Schonung der Bauchspeicheldrüse, ebenfalls berücksichtigt werden.

Wie beim Frühstück bestehen hinsichtlich der Quantität keinerlei Einschränkungen. Es sollte jedoch soviel gegessen werden, daß ein Sättigungsgefühl entsteht.

Es beinhaltet normalerweise:

- Vorspeise;

- Hauptgericht mit sehr guten Kohlenhydraten (mit einem sehr niedrigen glykämischen Index, wie beispielsweise frisches Gemüse);

- Käse oder Joghurt.

Es sollte kein Brot dazu gereicht werden.

1. Vorspeise

Als Vorspeise bieten sich Rohkost, Fleisch, Fisch, Eier, Muscheln oder Krustentiere an.

a. Rohkost

Rohkost sollte am meisten bevorzugt werden, da sie normalerweise über viel Ballaststoffe verfügt, die für eine gute Magenfüllung sorgen.

Außerdem enthält Rohkost Mineralsalze und Vitamine, die im rohen Zustand viel besser assimiliert werden. Als Rohkost sind zu empfehlen:

- Tomaten;
- Gurke;
- Sellerie;
- Champignons;
- Grüne Bohnen;
- Lauch;
- Palmherzen;
- Weiß- oder Rotkohl;
- Blumenkohl;
- Avocado;
- Brokkoli;
- Artischocken;
- Gewürzgurke;
- Rettich.

Aber auch sämtliche Salate:

- Kopfsalat;
- Chicorée;
- Feldsalat;
- Löwenzahn;
- Endivie;
- Kresse.

Rohkost kann mit einer normalen Vinaigrette zubereitet werden, d.h. Öl, Essig, Salz und Pfeffer und eventuell etwas Senf.

Es sollte möglichst Olivenöl bevorzugt werden, da es Herz-Kreislauf-Erkrankungen vorbeugt.

Sellerie kann mit Remouladensoße (Mayonnaise) zubereitet werden. Genauso kann an die Gurke etwas leichte Crème fraiche oder, was noch besser wäre, Quark/Frischkäse mit 0 % Fettgehalt gegeben werden.

Fertigmayonnaisen und -vinaigretten sollten natürlich vom Speiseplan gestrichen werden, da sie Zucker und andere unerwünschte Zusätze enthalten, wie etwa Stärke oder diverse „unwillkommene" Mehlarten.

In Restaurants wird oft Rohkost angeboten, die in der **Phase I** verboten ist. Dazu zählen:

- Karotten;
- Kartoffeln;
- Mais;
- Reis;
- Couscous;
- Linsen (sind in der **Phase II** wieder erlaubt);
- Trockenbohnen (sind in der **Phase II** wieder erlaubt).

Gegen Walnüsse, Haselnüsse und Pinienkerne im Salat ist jedoch nichts einzuwenden.

Croutons sind dagegen absolut verboten.

b. Fisch

Fisch sollte bei jeder sich bietenden Gelegenheit gegessen werden. Je fetter im übrigen der Fisch ist (Sardine, Hering, Makrele, wilder Lachs), umso mehr trägt er zur Senkung des Cholesterins und der Triglyzeride und zum Schutz der Gefäßwände bei.

Besonders empfehlenswert ist in Olivenöl eingelegter roher Lachs, der sich im Restaurant als eine ideale Vorspeise anbietet.

Als weitere Vorspeisen kommen in Frage:

- Sardinen (gegrillt oder, wenn möglich, in Olivenöl);
- Makrelen;
- Hering (natürlich ohne die unerwünschten Kartoffeln);

- Sardellen;
- Thunfisch;
- Garnelen;
- Jakobsmuscheln;
- Gambas und Scampis;
- Langusten und Hummer;
- Krabben;
- Kaviar und Kaviarersatz;
- sämtliche Muscheln.

Kaiserhummer und Austern enthalten eine geringe Menge an Kohlenhydraten und sollten deshalb in der **Phase I** nicht verzehrt werden, insbesondere dann nicht, wenn ein großer Gewichtsverlust angestrebt wird. In der **Phase II** sind sie jedoch wieder uneingeschränkt erlaubt.

Sämtliche Pasteten auf Fischbasis sind ebenfalls herzlich willkommen, vorausgesetzt sie sind „hausgemacht" und nicht industriell hergestellt (was leider immer häufiger der Fall ist).

Industriell gefertigte Pasteten und Fertiggerichte enthalten nämlich zahlreiche Zusatzstoffe: Bindemittel auf Mehlbasis, Stärke oder Stärkemehl, Zucker in allen Variationen (Glukosesirup und andere Polydextrosen) und den Geschmacksverstärker Glutamat.

Man sollte seine Lieferanten darauf ansprechen, damit sie die Zusammensetzung ihrer Produkte preisgeben. Je mehr ihnen die Problematik bewußt wird, umso eher achten sie darauf.

c. Wurst

Bei der Wurst sollte man aus mehreren Gründen eine gewisse Vorsicht walten lassen. Erstens enthalten sie eine große Menge gesättigter Fettsäuren (abhängig von der jeweiligen Wurstsorte und Herstellungsart). Zweitens ist die Wurst aus Supermärkten mit zahlreichen Zusatzstoffen versehen (Nitrite). Vor allem aber wird sie aus

Fleisch zweifelhafter Herkunft hergestellt. Es handelt sich dabei im allgemeinen um Schweinefleisch aus der Massentierhaltung.

Der Wurstverbrauch sollte deshalb eingeschränkt und die Qualität stets überprüft werden.

Noch vor einigen Jahren beteiligten sich traditionsbewußte französische Familien, die noch mit ihrer ländlichen Herkunft verwurzelt waren, an der Schweineaufzucht.

Dies wurde in der Regel so gehandhabt, daß zwei Ferkel gekauft wurden, die dem Bauer zur Aufzucht gegeben wurden. Nachdem sie ausgewachsen waren, wurde ein Schwein an die Familie zurückgegeben. Jetzt galt es nur noch, die Schlachtung durchzuführen.

In sämtlichen Dörfern Frankreichs lassen sich heutzutage noch Leute finden, die eine Hausschlachtung vornehmen und Blutwurst, Pasteten, Braten, Koteletts, Schinken usw. fachgerecht herstellen, wovon der größte Teil anschließend eingefroren wird.

Dies wirkt sich natürlich günstiger auf den Preis und vor allem auf die Qualität aus, was insbesondere der Gesundheit zugute kommt. Diese Schlachtmethode bietet jedoch vor allem eine ideale Gelegenheit, um den Kontakt zur Natur und zur Tradition wiederherzustellen.

d. Eier

Eier, die frisch sind und aus der traditionellen Tierhaltung stammen, haben ein leicht rötlichbraunes Eigelb. Ihr Nährwert ist von besonderer Bedeutung, da sie zahlreiche Vitamine enthalten (A, D, K, E, B8, B9 und B12), deren Gehalt natürlich von der jeweiligen Qualität abhängt.

In Eiern befinden sich zwar gesättigte Fette, doch diese werden durch das vorhandene Lecithin kaum assimiliert.

Bei Hypercholesterinämie verringert sich deshalb das Herz-Kreislauf-Risiko. Aus Eiern können abwechslungsreiche Vorspeisen zubereitet werden: hartgekochte Eier, Eier mit Mayonnaise, Omelett, Spiegeleier...

e. Weitere Variationen

Je nach Möglichkeit und Phantasie kann man aus mehreren Vorspeisen, die bisher aufgezählt wurden, eine ausgewogene Mischung zusammenstellen, wie es zum Beispiel beim „Salade Nicoise" der Fall ist.

Wer im Restaurant eine gemischte Platte als Vorspeise bestellt, sollte gegenüber dem Ober seine genauen Wünsche äußern. Wenn man nämlich nicht darauf achtet, befinden sich hinterher vielleicht Karotten, Reis, Mais oder Croutons darunter.

Vor allem bei dem berühmten Salat mit Speckwürfeln sollte man vorsichtig sein, da er immer weniger Speckwürfel und dafür immer mehr Croutons enthält (die unerwünscht sind).

Zu den weiteren möglichen Vorspeisen zählt Käse; meistens ist es warmer Ziegenkäse, der auf Salatblättern angerichtet ist. Bei der Bestellung sollte darauf geachtet werden, daß er ohne Toast serviert wird.

Eine weitere Vorspeise, Foie gras (Gänse- oder Entenstopfleber), wurde absichtlich nicht unter dem Abschnitt „Wurst" aufgeführt, da es sich dabei um ein besonderes Gericht handelt. Der Nährwert von Foie gras wird immer noch verkannt, obwohl diese Vorspeise eine große Menge einfach gesättigter Fette (Ölsäure) enthält. Trotzdem ist sie in der **Phase I** nicht unbedingt zu empfehlen (vor allem nicht für diejenigen, die einen großen Gewichtsverlust anstreben), da sie aus Kohlenhydraten und Lipiden besteht.

Toast ist in der **Phase I** auf jeden Fall verboten.

f. Verbotene Vorspeisen

Man könnte glauben, daß alles, was nicht erlaubt ist, verboten ist. Dem ist nicht so! Die Produktvielfalt ist nämlich so enorm, daß nicht alles aufgelistet werden kann. Wer die Grundregeln der Methode kennt, wird keine Schwierigkeiten damit haben, Vorspeisen, die nicht auf der Liste stehen (exotische Speisen beispielsweise), richtig einzuordnen. Meistens genügt ein Vergleich mit ähnlichen Gerichten.

Das gleiche gilt für die Vorspeisen, die absolut gemieden werden sollten. Mit den bisher erworbenen Kenntnissen ist man normalerweise in der Lage, selbst eine Liste mit den verbotenen Gerichten aufzustellen.

Trotzdem sind nachfolgend die meisten verbotenen Vorspeisen aufgeführt:

- Königinpastete, Blätterteigpastete und anderer Blätterteig;
- Quiches und Pasteten auf englische Art;
- Soufflés auf Weißmehlbasis;
- Teigwaren;
- Weißer Reis (insbesondere der nicht klebende Reis);
- Raffinierter Grieß;
- Alles, was mit Kartoffeln zu tun hat.

2. Hauptgericht

Das Hauptgericht besteht in der Regel aus Fleisch, Geflügel oder Fisch. Als Beilage empfiehlt sich Gemüse, das sehr gute Kohlenhydrate enthält, d.h. dessen glykämischer Index unter 15 liegt. Dabei handelt es sich meistens um frisches Gemüse, das über viel Ballaststoffe verfügt.

a. Fleisch

Abgesehen davon, daß man bei jeder sich bietenden Gelegenheit Fisch essen sollte, empfiehlt es sich, bei Fleisch nur die magersten Sorten auszuwählen, um somit die Zufuhr von gesättigten Fetten so weit wie möglich einzuschränken.

Rind-, Hammel- und Schweinefleisch sind ziemlich fetthaltig, Pferde- und Kalbfleisch dagegen weniger. In dieser Hinsicht ist ihnen

Geflügel weit voraus. Sogar Entenbrust in Scheiben enthält viel weniger gesättigte Fette und eine Menge an ungesättigten Fetten (die guten), die nur noch vom Geflügel übertroffen wird.

Vor Ragout und Schmorbraten sollte man sich natürlich in acht nehmen, da diese Gerichte meistens mit einer Soße auf Weißmehlbasis serviert werden. Glücklicherweise ist dies in den besseren Restaurants nicht mehr der Fall.

Vorsicht auch vor paniertem Schnitzel, da Paniermehl zu den unerwünschten Produkten zählt.

Gegen eine Soße Béarnaise ist dagegen nichts einzuwenden, vorausgesetzt sie ist „hausgemacht".

b. Fisch

Bei Fisch bestehen keinerlei Einschränkungen; er darf nur nicht vor dem Fritieren paniert oder in Mehl gewendet worden sein. Im Restaurant sollte man sich, wie immer, nach der Zubereitungsart erkundigen. Es empfiehlt sich, nur gekochten oder gegrillten Fisch zu bestellen.

Vor der Soße sollte man sich - wie beim Fleisch - ebenfalls in acht nehmen. Am besten ist immer noch eine Mischung aus Zitronensaft und naturreinem Olivenöl, was bekanntlich sehr viel Vitamine enthält.

Bei der Zubereitung zu Hause bietet gefrorener Fisch die beste Frischegarantie. Eine Möglichkeit wäre Seelachs- oder Kabeljaufilet, das man entweder in einem einfachen Fischsud mit Kräutern der Provence (eine Suppenlöffelmenge auf einen Liter Wasser) oder bei schwacher Hitze in einer zugedeckten Pfanne, in die man einen Schuß Olivenöl gibt, zubereitet.

c. Beilagen

Wenn man im Restaurant ein Gericht bestellt, sollte man automatisch nach den Beilagen fragen.

In neun von zehn Fällen wird der Ober Pommes frites oder Bratkartoffeln nennen. Bei der Frage nach weiteren Beilagen wird er stets zur Antwort geben: *„Reis oder Nudeln."*

In solchen Fällen war ich schon oft versucht, in die Küche einzudringen und dem Koch das Essen an den Kopf zu werfen, um ihn für seine Einfallslosigkeit zu bestrafen.

Daß ich es noch nie getan habe, liegt weniger daran, daß ich „gut erzogen" bin, sondern weil ich genau weiß, daß der Arme nichts dafür kann. *„Wozu auch etwas anderes zubereiten"*, sagen sie niedergeschlagen zu mir, *„wenn 80 % der Gäste stets auf Kartoffeln, Nudeln oder Reis bestehen."*

Einige der berühmtesten Küchenchefs bemühten sich sogar darum, uns nach wochenlangem Warten in ihr Allerheiligstes einzuladen, um dann lediglich ein Kartoffelpüree nach Art des Hauses zuzubereiten. Dennoch werden sie weiterhin in den besten Feinschmeckerführern erwähnt.

Wie kann ein Meisterkoch so wenig Urteilsvermögen besitzen, wenn seine Stellung doch gerade als Auszeichnung für Einfallsreichtum gilt?

Daß das Fastfood-Restaurant um die Ecke die Kartoffel noch nicht von der Speisekarte gestrichen hat, kann man noch verstehen. Daß sie aber in den besten Feinschmeckerrestaurants die Speisekarte beherrscht, nachdem sie jahrhundertelang als Schweinemastfutter diente, ist eine offensichtliche Verspottung der Gäste, zumal soviel dafür verlangt wird wie für Trüffel.

Die Beispiele für schlechte Ernährungsgewohnheiten in diesem Bereich lassen sich endlos fortsetzen. Wer zum ersten Mal nach Guadeloupe fährt, erwartet in der Regel, daß ihm eine besondere Vielfalt an exotischem Gemüse serviert wird, wie es in den Büchern immer beschrieben wird. In Wahrheit ist nichts davon zu sehen, da diese Trauminsel, die eine echte Oase sein und ihr besonderes tropisches Gemüse in alle Welt exportieren könnte, nichts produziert. Die Grundlage der Ernährung wird aus weißem Reis und Kartoffeln gebildet, die natürlich importiert werden.

In Pointe-à-Pitre (Guadeloupe) hatte ich mehr Schwierigkeiten als in Paris, ein Restaurant zu finden, das ein gutes „purée de christophines" - eine einheimische Spezialität - auf der Speisekarte hatte.

Genauso verwunderlich ist es, daß der gekochte Reis mit Butter als ein einheimisches Gericht angesehen wird, obwohl es von den Indianern stammt, die an die Stelle der schwarzen Sklaven getreten waren (nach deren Gleichstellung).

Im Restaurant sollte man deshalb darauf bestehen, etwas anderes serviert zu bekommen als die übrigen Gäste. Wenn man darauf beharrt, ist es in der Regel möglich, grüne Bohnen, Spinat, Blumenkohl oder auch Brokkoli zu erhalten.

Falls es wirklich einmal nichts anderes geben sollte, empfiehlt es sich, auf Salat auszuweichen und im übrigen dem Wirt ins Gewissen zu reden.

Folgendes Gemüse ist in der **Phase I** zu empfehlen:

- Zucchini;
- Auberginen;
- Tomaten;
- Brokkoli;
- Spinat;
- Weiße Rüben;
- Paprikaschoten;
- Fenchel;
- Sellerie;
- Sauerampfer;
- Grüne Bohnen;
- Mangold;
- Champignons;
- Schwarzwurzel;
- Kohl;
- Blumenkohl;
- Sauerkraut;
- Rosenkohl.

Diese Liste ist natürlich nicht vollständig...

3. Käse oder süße Nachspeise?

In der **Phase I** sollte man sich in der Regel mit Käse zufriedengeben. Käse ohne Brot zu essen, stellt man sich wahrscheinlich schwierig vor.

Dabei ist es genauso leicht, wie den Kaffee ohne Zucker zu trinken. Wenn man es einmal geschafft hat, fragt man sich, wieso man überhaupt so lange damit gewartet hat.

Ein Trick, dieses Ziel übergangslos zu erreichen, besteht darin, den Käse mit Salat zu essen.

Brot läßt sich auch dadurch ersetzen, daß man ein Stück Hartkäse (Edamer beispielsweise) mit Weichkäse (Frischkäse) bestreicht.

Wer wirklich abnehmen will, sollte wissen, daß nicht soviel Frischkäse verzehrt werden sollte, auch wenn er über 0 % Fett verfügt.

In der Molke des Frischkäses ist nämlich eine nicht zu verachtende Menge an Kohlenhydraten (Galaktose) enthalten, was bei einem übermäßigen Verzehr dazu führen kann, daß nach der Mahlzeit vermehrt Insulin abgesondert wird, wodurch die Gefahr besteht, daß die eben zugeführten Fette als Fettreserven gespeichert werden.

Es sollten deshalb nicht mehr als 80 bis 100 g verzehrt werden. Der abgetropfte Frischkäse ist dabei dem gerührten Frischkäse vorzuziehen (wenn möglich).

Auf süße Nachspeisen muß jedoch in der **Phase I** ausnahmslos verzichtet werden, da es kaum welche gibt, die keinen Zucker und auch keine Fruktose enthalten. Zu Hause kann man sich ohne weiteres Eischneeklößchen oder Eiermilchcreme zubereiten, die bei Bedarf mit Aspartam gesüßt werden können. Bei der Verwendung von Aspartam sollte man jedoch das beachten, was im Abschnitt über Süßstoffe gesagt wurde.

„KLEINES MITTAGESSEN"

Es kann sein, daß man aus unterschiedlichen Gründen keine Zeit dazu hat, ein normales Mittagessen einzunehmen.

Früher hat man in solchen Fällen auf ein Sandwich zurückgegriffen, das nunmehr - zumindest in der **Phase I** - verboten ist. In der **Phase II** ist es eventuell ab und zu wieder erlaubt, vorausgesetzt, es besteht aus Schrotbrot.

Da es wichtig ist, keine Mahlzeit auszulassen, muß nun eine Möglichkeit gefunden werden, sich ein wenig zu stärken. Dazu bieten sich mehrere Alternativen an.

1. Obst

Sämtliches Obst ist erlaubt, außer der Banane, da sie viel zuviel Kohlenhydrate enthält (glykämischer Index von 60).

Man kann zum Beispiel drei, vier Äpfel oder Orangen zu sich nehmen.

Eine weitere Möglichkeit besteht in dem Verzehr von zwei Äpfeln, 200 g geschälten Walnüssen, Haselnüssen oder Mandeln und zwei Joghurts.

2. Käse

Jeder Käse ist geeignet; er sollte jedoch so wenig Fett wie möglich enthalten und keinen zu aufdringlichen Geruch verbreiten (falls man ihn zum Beispiel im Büro verzehrt).

Als eine weitere Möglichkeit bietet sich der Verzehr von 250 g Quark/Frischkäse mit 0 % Fettgehalt an, unter den man einige Erdbeeren, Himbeeren oder auch Kiwis mischt.

Ein paar Obstsorten, zu denen auch die Brombeeren zählen, müssen nämlich nicht unbedingt auf nüchternen Magen verzehrt werden.

Bei diesem Obst besteht nur ein sehr geringes Gärungsrisiko. Man kann es somit ohne weiteres zusammen mit Quark/Frischkäse mit 0 % Fettgehalt zu sich nehmen. In der **Phase II** ist es sogar zum Schluß einer normalen Mahlzeit erlaubt (wie später zu sehen sein wird).

Eine weitere Alternative wäre der Verzehr von zwei oder drei hartgekochten Eiern, die durch die Zugabe einer kleinen Tomate leichter verdaulich werden.

3. Brot

Bei zwei Hauptmahlzeiten (wenn sie Fette enthalten) auf Brot zu verzichten, ist ein Grundprinzip, das unbedingt eingehalten werden muß. Vielleicht sind einige der Meinung, daß man den Verzehr von Schrotbrot hätte erlauben können.

Meinetwegen! Wie will man es jedoch anstellen, jederzeit Schrotbrot zur Verfügung zu haben, wenn es im Restaurant kaum erhältlich ist?

Selbst wenn es Schrotbrot sein sollte, ist Brot bei einer Hauptmahlzeit einfach überflüssig. Es hat die unangenehme Eigenschaft, Blähungen hervorzurufen, die ein Schweregefühl entstehen lassen, was den allgemein bekannten Müdigkeitszustand noch verstärken kann.

Außerdem besteht das Ziel der **Phase I** darin, die Bauchspeicheldrüse so weit wie möglich zu schonen. Bei einer Lipo-Protein - Mahlzeit würde die geringste Insulinabsonderung - auch wenn sie nicht ausreichen würde, um Fettreserven entstehen zu lassen - die Gewichtsabnahme bremsen. Man nimmt zwar nicht zu, aber auch nicht ab...

4. Wein

Wie vom Brot ist in der **Phase I** auch vom Wein abzuraten, vor allem dann, wenn eine große Gewichtsabnahme angestrebt wird.

Wer nur ein paar überflüssige Pfunde loswerden möchte, kann maximal ein halbes Glas Wein zum Schluß der Mahlzeit trinken, am besten zum Käse.

In der **Phase II** wird genauer darauf eingegangen, wie Wein getrunken werden sollte und wie nicht.

In der **Phase I** wäre es besser, Wasser oder Tee zu trinken. Wer schon einmal versucht hat, zu einer normalen Mahlzeit Tee zu trinken, wie es früher die Engländer getan haben, hat wahrscheinlich festgestellt, daß er nicht nur gut schmeckt, sondern auch eine wohltuende Wirkung entfaltet. Tee wirkt nämlich verdauungsfördernd, was im übrigen auf sämtliche warmen Getränke zutrifft. Wenn man gerne Kräutertee (ohne Zucker) zum Essen trinkt, sollte man es auf jeden Fall tun. Alle Teesorten sind nämlich herzlich willkommen!

ABENDESSEN

Von allen Mahlzeiten sollte das Abendessen am leichtesten ausfallen (wie bereits dargelegt wurde). Leider wird häufig ein richtiges Festmahl daraus (bei sich zu Hause oder zu bestimmten Anlässen auch außerhalb des Hauses).

Zu Hause kann man leicht seine Gewohnheiten ändern. Da das Frühstück nunmehr viel reichhaltiger ist und das Mittagessen nicht mehr ausgelassen wird, braucht das Abendessen nicht mehr so üppig auszufallen wie früher.

Das Abendessen kann auf jeden Fall nach dem gleichen Prinzip wie das Mittagessen zusammengestellt werden. Allerdings bestehen Einschränkungen hinsichtlich der Quantität und insbesondere der Fettzufuhr. Außerdem sollte kein Fleisch verzehrt werden, wenn es bereits Bestandteil des Mittagessens war.

Zu Hause kann man damit beginnen, eine gute Gemüsesuppe zuzubereiten, wie sie früher üblich war: Lauch, Sellerie, weiße Rüben, Kohl (keine Kartoffeln!), und danach ein kleines Omelett mit Salat.

Doch das Abendessen bietet vor allem die Gelegenheit, wieder an verlorengegangene Traditionen anzuknüpfen, dadurch daß man bestimmte unüblich gewordene Gerichte wie etwa Hülsenfrüchte (Linsen, Bohnen oder Erbsen) wieder auf den Tisch bringt.

Es ist zweckmäßig, drei- bis viermal in der Woche ein Kohlenhydrat-Protein-Abendessen zu sich zu nehmen (ein Abendessen, das hauptsächlich aus Kohlenhydraten mit einem niedrigen und sehr niedrigen glykämischen Index besteht). In der Phase I ist dabei nur zu beachten, daß die Speisen in gekochtem Zustand und ohne Fett verzehrt werden.

Man kann beispielsweise mit einer guten Gemüsesuppe (ohne Kartoffeln und ohne Karotten), Champignon- oder Tomatensuppe beginnen, die natürlich ohne Fett zubereitet wird.

Linsen, Bohnen oder Erbsen können mit Zwiebeln oder mit einer Tomaten- oder Champignonsauce angerichtet werden (siehe Anhang).

Eine weitere Möglichkeit wäre ein Gericht aus Vollkornnudeln, -reis oder -grieß, das mit Gemüse und einer fettlosen Sauce vervollständigt wird. Diese Speisen haben zudem den Vorteil, daß sie pflanzliche Proteine, Ballaststoffe, Vitamin B und zahlreiche Mineralsalze enthalten.

Die Nachspeise eines Kohlenhydrat-Abendessens sollte entweder aus Frischkäse/Joghurt mit 0 % Fettgehalt (beides eventuell mit ungezuckerter Marmelade) oder aus gekochtem Obst bestehen. Zu diesem Abendessen kann man notfalls Schrotbrot essen, wodurch es jedoch etwas schwer verdaulich werden kann.

Hinsichtlich der Getränke gelten die gleichen Regeln wie beim Frühstück; empfohlen wird Wasser, leichter Tee oder auch Kräutertee. Ab und zu ist ein kleines Gläschen Rotwein erlaubt.

Wenn man ein reichhaltiges Mittagessen eingenommen hat (bei einem Geschäftsessen beispielsweise) und deshalb ein leichtes Abendessen vorzieht, besteht die Möglichkeit, nur Obst und ein Joghurt oder Müsli und ein Magermilchprodukt zu verzehren.

Lipo-Protein - Speisen der Phase I
die Kohlenhydrate mit einem sehr niedrigen glykämischen Index aufweisen

Vorspeisen			
Rohkost	Fisch	Wurst	Diverses
Spargel	Räucherlachs	Dauerwurst	Mozzarella
Tomaten	Marinierter	Roher Schinken	Warmer
Gurke	Lachs	Gekochter	Ziegenkäse
Artischocken	Sardinen	Schinken	Kalbsbries
Paprikaschoten	Makrelen	Chipolata	Froschschenkel
Sellerie	Hering	Schweinswurst	Schnecken
Champignons	Sardellen	Sülze	Omelett
Grüne Bohnen	Thunfisch	Preßkopf	Hartgekochte Eier
Lauch	Kabeljauleber	Bündnerfleisch	Rühreier
Palmherzen	Garnelen	Endivie mit	Eier mit
Kohl	Jakobsmuscheln	Speckwürfeln	Mayonnaise
Blumenkohl	Gambas	Pasteten	Eier in Aspik
Gewürzgurke	Scampi		Fischsuppe
Avocado	Langusten		
Sojabohnen-	Hummer		
sprossen	Kaviar		
Kopfsalat	Herzmuscheln		
Chicorée	Venusmuscheln		
Feldsalat	Meerschnecke		
Löwenzahn	Krabben		
Endivie	Tintenfisch		
Kresse	Kammuschel		
Brokkoli			
Rettich			

verboten	zu meiden	zu meiden	verboten
Karotten	Kaiserhummer	Foie gras	Blätterteig
Rüben	Austern	Weißwurst	Königinpastete
Mais		Klößchen	Quiches
Reis		Pasteten auf	Pfannkuchen
Linsen		Mehlbasis	Soufflé
Trockenbohnen			Blinis
Kartoffeln			Toasts
			Croutons
			Pizza
			Krapfen
			Käsefondue

Lipo-Protein – Speisen der Phase I

die Kohlenhydrate mit einem sehr niedrigen glykämischen Index aufweisen

Hauptgericht			
Fisch	Fleisch	Geflügel	Wurst, Wild, Innereien
Lachs	Rind	Hähnchen	Hase
Makrele	Kalb	Huhn	Wildkaninchen
Thunfisch	Schwein	Kapaun	Reh
Sardine	Hammel	Perlhuhn	Wildschwein
Hering	Lamm	Pute	Bratwurst
Barsch	Pferd	Gans	Blutwurst
Kabeljau		Ente	Schinken
Seelachs		Wachtel	Rinderherz
Seezunge		Fasan	Ochsenzunge
Rotzunge		Taube	Kalbsbries
Aalquappe		Kaninchen	Nieren
Weißfisch			Schweinsfüße
Zander			
Rotbarbe			
Forelle...			
Alle Meeres- und Flußtiere			
verboten	zu meiden	zu meiden	zu meiden
Panierter Fisch	zu fette Stücke	die Haut	Leber

Lipo-Protein - Speisen der Phase I
die Kohlenhydrate mit einem sehr niedrigen glykämischen Index aufweisen

Beilagen	
Empfohlen	**Verboten**
Grüne Bohnen	Couscous
Brokkoli	Linsen
Auberginen	Trockenbohnen
Zucchini	Erbsen
Spinat	Kastanien
Champignons	Kartoffeln
Schwarzwurzel	Karotten
Sellerie	Reis
Mangold	Teigwaren
Sauerampfer	
Chicorée	
Weiße Rüben	
Lauch	
Tomaten	
Zwiebeln	
Paprikaschoten	
Ratatouille	
Blumenkohl	
Kohl	
Sauerkraut	
Kopfsalat	
Gemüsepastete (ohne Kartoffeln)	
Artischocken	

Kohlenhydrat-Protein - Speisen der Phase I
ballaststoffreich

	Vorspeise	Hauptgericht	Nachspeise
Gute Kohlenhydrate nach Wahl	Gemüsesuppe Champignon-suppe Kürbissuppe Tomatensuppe	Linsen Trockenbohnen Erbsen Saubohnen Vollkornreis Vollkornnudeln Vollkorngrieß	Quark/Frischkäse mit 0 % Fett Magerjoghurt Kompott Gekochtes Obst Fruchtmarmelade ohne Zucker
Empfohlen	ohne Fette, ohne Kartoffeln, ohne Karotten	ohne Fette, serviert mit Tomaten- oder Champignon-sauce oder mit Gemüsebeilage	ohne Fette, ohne Zucker

Diverse Gewürze und Zutaten

Zum Verzehr...				
... ohne Einschränkungen			... in Maßen	.. verboten
Gewürzgurke Mixed Pickles Junge Zwiebeln Vinaigrette (selbst-gemacht) Grüne Oliven Schwarze Oliven Tapenade Selleriesalz	Öle: Olivenöl Sonnen-blumenöl Erdnußöl Walnußöl Haselnußöl Trauben-kernöl Zitrone Parmesan Gruyère	Petersilie Estragon Knoblauch Zwiebeln Schalotten Thymian Lorbeer Zimt Basilikum Schnittlauch Bohnenkraut Dill	Senf Salz Pfeffer Mayonnaise Sauce Béarnaise Sauce Hollandaise Sauce Crème fraiche	Kartoffelstärke Maizena Tomaten ketchup Fertig-mayonnaise Sauce Béchamel Mehlsauce Zucker Karamel Palmöl Paraffinöl

1. Vorsicht bei Saucen

Die herkömmlichen Saucen und Mehlschwitzen werden auf der Grundlage von Weißmehl hergestellt. Man sollte sie deshalb meiden wie die Pest.

Die Saucen der Nouvelle Cuisine bestehen in der Regel aus Bratenflüssigkeit, die mit etwas Crème fraiche (mehr oder weniger leicht) verfeinert wurde. Man erzielt im übrigen fast das gleiche Ergebnis, wenn man stattdessen Frischkäse mit 0 % Fettgehalt unterrührt.

Für helles Fleisch genügt eine Sauce aus leichter Crème fraiche oder Frischkäse mit 0 % Fett und aromatischem Senf, die leicht erhitzt und anschließend über das Fleisch gegossen wird. Gegen die Zugabe von in Scheiben geschnittenen Champignons ist nichts einzuwenden.

Für eine sämige Sauce ohne Mehl bieten sich Champignons an. Man benötigt lediglich einen Mixer dazu. Die Champignons werden püriert und mit Bratenflüssigkeit verrührt. Auf diese Weise bereitet man am besten eine köstliche Sauce für Kaninchen- oder Hasenragout oder für Coq au vin (Burgunderhähnchen) zu.

2. Bevorzugte Verwendung von Pilzen

Champignons nehmen im übrigen einen besonderen Stellenwert ein, da sie sehr viel Ballaststoffe und Vitamine enthalten.
Man kann nur bedauern, daß sie nicht häufiger auf dem Speiseplan stehen.

Außer als Salat, der mit frischen Champignons zubereitet werden kann, können sie als Hauptgericht oder auch als schmackhafte Beilage verwendet werden.

Nachdem die frischen Champignons überbrüht wurden, sollten sie eine Viertelstunde abtropfen. Danach werden sie in Scheiben geschnitten und ganz leicht in etwas Olivenöl angedünstet. Vor dem Servieren wird noch Knoblauch und Petersilie hinzugefügt.

3. Wissenswertes über die Aufbewahrung...

Wer auf dem Land aufgewachsen ist, kann sich bestimmt noch daran erinnern, daß die Mutter oder Großmutter den Salat erst einige Minuten vor dem Verzehr aus dem Garten geholt hat. Das gleiche gilt für Saubohnen, Tomaten und sämtliche Rohkost. Man dachte damals, daß Obst und Gemüse besser schmeckt, wenn es so spät wie möglich geerntet wird.

Dadurch wurde instinktiv ein Vitaminverlust vermieden, der entsteht, wenn Lebensmittel aufbewahrt werden.

Heutzutage enthalten die Nahrungsmittel viel weniger Vitamine als früher, was auf den Intensivanbau und die wesentlich größere Zeitspanne zwischen der Ernte und dem Verzehr zurückzuführen ist.

In 100 g Spinat aus dem Intensivanbau (wo ein hoher Ertrag pro Hektar erzielt wird) sind zwischen 40 und 50 mg Vitamin C enthalten. Nach einem eintägigen Transportweg hat sich der Vitamin C - Gehalt bereits halbiert und beträgt somit nur noch 25 mg. Wenn der Spinat dann noch zwei Tage im Kühlschrank aufbewahrt wird, geht noch einmal ein Drittel des Vitamin C verloren, womit es nur noch 16 mg sind. Beim Kochen verringert sich schließlich der Vitamin C - Gehalt um weitere 50 %. Der Spinat im Teller enthält somit bestenfalls noch 8 mg Vitamin C.

Dagegen befinden sich in 100 g Spinat aus dem eigenen Gemüsegarten bei der Ernte mindestens 70 mg Vitamin C. Wenn er am gleichen Tag verzehrt wird, bleiben 35 mg Vitamin C übrig, d.h. ungefähr viermal soviel wie im vorherigen Fall.

Bei Salat ist der Vitaminverlust noch gravierender. In weniger als einer Viertelstunde hat er bereits 30 % und innerhalb einer Stunde sogar 48 % seiner Vitamine eingebüßt. Dies ist entsetzlich, wenn man bedenkt, daß der Salat im Teller bereits einen langen Weg hinter sich hat (zwischen zwei und fünf Tagen), ganz zu schweigen von dem in Plastik verpackten, gebrauchsfertigen Salat, der überhaupt keine Vitamine mehr enthält, dafür aber in den meisten Fällen chemische Substanzen bis hin zu Salmonellen.

Zahlreiche Restaurants werben damit, daß sie die Fische oder Krustentiere erst bei Bestellung frisch zubereiten. Warum kann man dies nicht auch bei Salat einführen?

Fachleuten zufolge verliert Blumenkohl stündlich 2 % seiner Vitamine. In zerkleinerter Form büßt er viertelstündlich 8 % und stündlich sogar 18 % seines Vitamingehaltes ein. Das Küchenmesser ist somit eine gefährliche Waffe, doch nicht zu vergleichen mit der Raspel, die wirklich erbarmungslos ist. Bei Rotkohl zum Beispiel verringert sich dadurch der Vitamin C-Gehalt innerhalb von zwei Stunden um 62 %.

Die Raspel ist ein richtiges „Folterinstrument", da sie die Schnittfläche des Gemüses um das Zweihundertfache vergrößert. Rotkohl, Sellerie oder auch Rettich sind damit einem beschleunigten Vitaminverlust ausgesetzt.

Man kann sich somit den Vitamingehalt von Fertiggerichten lebhaft vorstellen, ganz zu schweigen von den Instantprodukten, die heutzutage in den Regalen der Selbstbedienungsläden zu finden sind.

Das Gemüse, das in Kantinen, Krankenhäusern... auf den Tisch kommt, wird ebenfalls im voraus (ein oder zwei Tage zuvor) zubereitet, d.h. geschnitten und geraspelt. „Und die Polizei unternimmt nichts...", witzelte einmal ein Journalist, als er diese traurige Feststellung machte.

4. Auf die Zubereitungsart achten

Kochen schadet ebenfalls den Vitaminen. Doch entgegen der Annahme hängt der Vitaminverlust nicht so sehr von der Höhe der Temperatur ab. Wenn man zum Beispiel Spinat blanchiert (bei etwa 65 °C), werden 90 % seines Vitamin C - Gehaltes zerstört, wohingegen bei einer Temperatur von 95 °C nur 18 % davon verloren gehen.

Die Erklärung ist einfach: die stets „gefräßigen" Enzyme, deren Funktion darin besteht, nicht lebende Materie zu zersetzen, sind in dem Temperaturbereich zwischen 50 bis 65°C besonders aktiv, während sie bei 95°C nahezu neutralisiert sind. Deshalb halten sich gekochte Lebensmittel länger als rohe.

Untersuchungen zufolge, die hauptsächlich in Deutschland durchgeführt wurden, verliert Gemüse mehr Vitamine (C, B, B2), wenn es gekocht wird, als wenn es gedämpft wird. Je kürzer die Kochzeit ist, umso weniger Vitamine werden zerstört. Deshalb ist es besser, das Essen im Schnellkochtopf zuzubereiten, als es bei schwacher Hitze kochen zu lassen, wie es früher üblich war. Fortschritt hat auch manchmal seine guten Seiten.

Nach dem Kochen befinden sich die meisten Vitamine und Mineralsalze im Kochwasser. Man sollte es deshalb weiterverwenden, indem man zum Beispiel eine Suppe damit kocht, vorausgesetzt, das Gemüse stammt aus biologischem Anbau. Wenn dies nicht der Fall sein sollte, muß man vorsichtig sein, da neben den wichtigen Nährstoffen noch zusätzlich Schadstoffe im Kochwasser enthalten sind (Nitrite, Insektizide, Pestizide, Schwermetalle...).

Wenn im übrigen pflanzliche Fette über 170°C erhitzt werden (beim Steakbraten beispielsweise), wandeln sie sich in gesättigte Fette um – vergleichbar mit denen des Fleisches –, was sich negativ auf den Cholesterinspiegel auswirken kann. Die Grillgerichte, die auf einem Holzkohlengrill zubereitet werden, sind zudem seit einigen Jahren einer heftigen Kritik von seiten der Krebsforscher ausgesetzt.

Sie haben tatsächlich festgestellt, daß sich die verbrannten Fette in Benzpyren – eine hochgradig krebserregende Substanz – umwandeln. Deshalb sollte man unbedingt auf eine vertikale Grillvorrichtung ausweichen, bei der das Fett abtropfen kann und somit nicht mit dem Feuer in Berührung kommt.

Seit die Mikrowelle den Markt erobert hat, ist sie Gegenstand einer heftigen Auseinandersetzung. Niemand bestreitet ihre äußerst praktischen Vorzüge vor allem im Bereich der Zeitersparnis. Welche genauen Auswirkungen hat sie jedoch auf das „Innenleben" der behandelten Lebensmittel? Gegenwärtig weiß man noch nicht sehr viel darüber, da die Untersuchungsergebnisse in diesem Bereich ungenau und widersprüchlich sind.

Wenn man aber das Grundprinzip einer Mikrowelle kennt - was bei den meisten Benutzern nicht der Fall ist - muß man sich wirklich fragen, was aus den Vitaminen wird, vor allem wenn man weiß, daß sie äußerst empfindlich sind.

Das Prinzip einer Mikrowelle besteht darin, daß die in den Lebensmitteln enthaltenen Wassermoleküle aneinandergerieben werden und die dabei entstandene Wärme durch Wärmeaustausch weitergegeben wird. Wie wirkt sich dieser massive Vorgang auf die Vitamine aus? Die ersten alarmierenden Beobachtungen in diesem Bereich können jedoch nicht als Beweis herangezogen werden, da sie noch nicht ausreichend wissenschaftlich untermauert sind.

Es vergehen wahrscheinlich noch mehrere Jahre, bis man genau weiß, ob die Mikrowelle so gefährlich ist, wie manche behaupten. Es hat schließlich auch mehrere Generationen gedauert, bis man nachweisen konnte, daß der seit ewigen Zeiten benutzte horizontale Holzkohlengrill krebserregende Stoffe produziert.

Im Zweifelsfall sollte man deshalb vorsichtig sein und die Mikrowelle mehr zum gelegentlichen Aufwärmen der Mahlzeiten als zum regelmäßigen Kochen verwenden. Aus diesem Grund ist die allzu häufige Benutzung der Mikrowelle als Babyflaschenwärmer von seiten junger Mütter zu verurteilen.

Dies gilt umso mehr, als daß das Baby Gefahr läuft, sich ernsthaft zu verbrennen. Es ist nämlich schwierig, die Innentemperatur der Flüssigkeit festzustellen; sie kann zum Beispiel kochend heiß sein, während das Äußere der Flasche immer noch kalt oder lauwarm ist.

Außerdem sollte man wissen, daß die Milch bei der Erhitzung in der Mikrowelle nicht sterilisiert wird, im Gegensatz zur herkömmlichen Zubereitung.

5. Vorsicht vor schlechten Fetten

Bestimmte, sogenannte gesättigte Fette können sich bekanntlich negativ auf das Herz-Kreislauf-System auswirken. Dies gilt für Butter, Sahne und die Fette, die in Wurst und Fleisch enthalten sind (Rind, Kalb, Schwein, Hammel). Ein übermäßiger Verzehr dieser Nahrungsmittel kann deshalb zu einem Anstieg des Cholesterinspiegels führen.

Dagegen gibt es bekanntlich auch andere Fette, die für den Schutz der Gefäßwände sorgen: Fischfette, Olivenöl, Sonnenblumenöl oder auch Gänse- und Entenschmalz. Bei der Auswahl der Nahrungsmittel entsprechend den Regeln der Phase I sollte man deshalb ständig darauf bedacht sein, ein ausgewogenes Verhältnis zwischen den verschiedenen Fetten zu schaffen.

Es ist im übrigen empfehlenswert, die Zufuhr von Fleisch und Wurst auf dreimal pro Woche zu beschränken; einmal in der Woche kann es zum Beispiel Blutwurst sein, da sie viel Eisen enthält. Die Ernährung sollte mit Geflügel (zweimal in der Woche) und Eiern (zweimal in der Woche) abgewechselt werden.

6. Beispiele für ein gutes und ein schlechtes Fettgleichgewicht

- Gutes Gleichgewicht:

Vorspeise	Wurst	oder Sardine
Hauptgericht	Fisch	oder Schweinekotelett
Nachspeise	Käse	oder Joghurt mit natürlichem Fettgehalt

- Schlechtes Gleichgewicht:

Vorspeise	Schinken	oder Endivie mit gebratenen Speckwürfeln
Hauptgericht	Entrecote	oder Kalbsschnitzel
Nachspeise	Käse	oder Rahmkäse

Mahlzeiten der Phase I an zwei Tagen in der Woche		
7.10 Uhr Aufstehen	• gepreßter Saft aus 2 Zitronen • 2 Kiwis	• gepreßter Grapefruitsaft • 1 Birne, 1 Kiwi
7.30 Uhr Frühstück	• Müsli (ohne Zucker) • 2 Magerjoghurts • Entkoffeinierter Kaffee • 1 Schale Magermilch	• Schrotbrot • Fruchtmarmelade ohne Zucker
12.30 Uhr Mittagessen	• Marinierte Champignons • Lachs • Junges Gemüse • Käse	• Rohkost: Gurke, Rettich • Entrecote • Brokkoli • Käse
16.30 Uhr Zwischenmahlzeit	• 1 Apfel	• 1 Apfel

20.00 Uhr
Abendessen
	• Perlhuhn
	• Ratatouille
	• Salat
	• Joghurt mit natürlichem
	  Fettgehalt
		• Gemüsesuppe
		• Vollkornnudeln
		  mit Champignons
		• Magerjoghurt

An den übrigen fünf Tagen sollte man Fisch bevorzugen. Am besten wäre es, wenn das Abendessen dreimal aus einer Kohlenhydrat-Mahlzeit bestehen würde. Somit wären es zehn Mahlzeiten (siebenmal Frühstück und dreimal Abendessen) von insgesamt einundzwanzig, die viele gute Kohlenhydrate und keine Fette enthalten.

7. Verbotene Getränke

Limonaden und andere künstliche Getränke werden in der Regel aus Frucht- oder Pflanzenextrakten hergestellt, die fast immer synthetisch sind. Ein großer Nachteil dieser Getränke besteht darin, daß sie viel Zucker enthalten.

Aus diesem Grund sollten sie absolut gemieden werden, zumal die darin enthaltene künstliche Kohlensäure bei anfälligen Personen zu Magenproblemen führen kann.

Selbst wenn die Limonaden aus natürlichen Extrakten hergestellt wurden, sollte man vorsichtig sein, da sie eine schädliche Wirkung haben können.

In natürlichen Zitrusfruchtextrakten hat man tatsächlich deutliche Spuren schädlicher Substanzen - wie etwa Terpen - festgestellt.

Am schlimmsten sind jedoch die Limonaden auf Colabasis, die eine Unmenge an Zucker enthalten (eine 1,5 Literflasche Cola enthält 35 Stück Zucker!). Sie sollten verboten oder zumindest mit einer speziellen Kennzeichnung versehen werden (wie auf den Zigarettenpäckchen), die darauf hinweist, daß sie gesundheitsschädlich sein können.

a. Bier

Bier gehört zu den Getränken, die man nur in Maßen genießen sollte. Deshalb ist es weder in der **Phase I** noch in der **Phase II** zu empfehlen.

Seine Nebenwirkungen - Aufgedunsenheit, schlechter Atem, Übergewicht - sind nur allzu bekannt.

Im Gegensatz zu Wein enthält Bier das schlechteste Kohlenhydrat, die Maltose (glykämischer Index von 110), in einer Konzentration von 4 g pro Liter.

Es ist festzuhalten, daß die Verbindung von Alkohol und Zucker die Entstehung von Hypoglykämie begünstigt, die als Ursache für Müdigkeit gilt (siehe Teil 1, Kapitel 6).

b. Alkohol

Es ist ganz klar, daß in der **Phase I** sämtliche Branntweine verboten sind. Dies gilt sowohl für die Aperitife (Anis, Whisky, Gin, Wodka...) als auch für die angeblichen Digestiva (Cognac, Armagnac, Calvados, Obstwasser...).

Beim Aperitif sollte man sich mit einem Mineralwasser oder einem Tomatensaft zufriedengeben. In der **Phase II** sind die Regeln nicht mehr so streng; Wein und insbesondere der herrliche Champagner gehören dann wieder zu den erlaubten Getränken.

Es muß noch einmal betont werden, daß die **Phase I** hinsichtlich der Quantität nicht restriktiv (man soll sich stets satt essen), dafür jedoch selektiv ist. Bestimmte Lebensmittel werden ausgeschlossen und andere bevorzugt, die über einen höheren Nährwert verfügen.

Es wird daran erinnert, daß Brot (in allen Variationen) bei zwei Hauptmahlzeiten verboten ist (wenn diese Lipide enthalten), daß es aber einen notwendigen Bestandteil des Frühstück bildet.

Wer vor der Anwendung dieser Ernährungsprinzipien Zucker in normalen Mengen zu sich genommen hat oder ein großer Süßigkeiten- bzw. Kuchenliebhaber war, wird bereits in der ersten Woche mindestens zwei Kilo abnehmen. Wer an diesem Punkt jedoch aufhört, wird innerhalb von zwei Tagen die verlorenen Pfunde wieder zugenommen haben.

Nach diesem ersten Teilerfolg nimmt man immer mehr an Gewicht ab und solange man sich genau an die Empfehlungen hält, wird der Gewichtsverlust gleichbleibend sein (auch wenn er von individuellen Faktoren abhängt).

DIE PHASE II

Die **Phase II** ist die Phase der endgültigen Gewichtsstabilisierung. Ein Gewichtsverlust ist eine tolle Sache, doch sollte dieser Erfolg nicht nur vorübergehender Natur sein. Jede nicht langfristig ausgerichtete Abmagerungsmethode ist völlig sinnlos und kann sogar schwerwiegende Folgen haben.

Um eine Gewichtsstabilisierung zu erreichen, sind einige wichtige Prinzipien zu beachten.

1. Man sollte sich ein realistisches Ziel setzen; es ist besser, einen Gewichtsverlust anzustreben, den man auch erreichen kann, als von einer Gewichtsabnahme zu träumen, die nicht zu verwirklichen ist. Das Körpergewicht sollte dabei den BMI - Wert von 20 [1] nicht unterschreiten. Einige Frauen scheinen diese Grundforderung zu ignorieren!

2. Man sollte die Ernährung nicht länger einschränken, da dies Frustrationen verursacht. Sobald man sich wieder normal ernährt, rächt sich der Organismus in der Regel dadurch, daß er unverzüglich Fettreserven anlegt. Da die Montignac-Methode jedoch selektiv, und nicht restriktiv ist, wird dies bei der Anwendung kein Hindernis darstellen.

3. Man sollte mit psychischen Belastung umgehen lernen. Die Änderung der Ernährungsgewohnheiten führt zwar zu einem befriedigendem Gewichtsverlust, doch kann dies nur ein Aspekt einer grundlegenden Umstellung der Lebensweise sein.

---

[1]   siehe Teil 2, Kapitel 1

4. Man sollte sich über sein Ernährungsverhalten klarwerden. Essen darf keine Streßreaktion sein (aus Langeweile, Angst oder aus Mangel an Liebe). Bei Bedarf kann eine entsprechende Psychotherapie miteinbezogen werden.

   Als alternative Streßbewältigung bieten sich Entspannungsübungen oder Yoga an.

5. Falls man damit begonnen hat, Sport zu treiben, um die Normalisierung der Insulinfunktion zu beschleunigen, sollte man diese körperliche Betätigung beibehalten. Dies wirkt sich positiv auf die Figur, Cellulitis und die Psyche aus.

Die Montignac-Methode erleichtert aus mehreren Gründen die Gewichtsstabilisierung:

- es bestehen keinerlei Einschränkungen hinsichtlich der Quantität. Nach Beendigung der **Phase I** ensteht deshalb kein „Reboundeffekt" (der Organismus reagiert nicht mit einer Gewichtszunahme, da er keine Frustrationen erlitten hat);

- die in der **Phase I** vorgenommene Umstellung der Ernährungsgewohnheiten wird ohne Streß fortgeführt, zumal durch die Erweiterung der Auswahl fast alles gegessen werden darf;

- es kommt zu keinen Störungen im Eßverhalten, da die **Phase I** sehr gut vertragen wird und ein körperliches Wohlbefinden entstehen läßt. Vom erzieherischen Gesichtspunkt aus stellt die Methode eine echte Verhaltenstherapie dar.

Wer sich genau an die Empfehlungen aus dem vorhergehenden Kapitel gehalten hat, müßte die positive Wirkung bereits deutlich spüren.

Es muß jedoch darauf hingewiesen werden, daß sich der Organismus eventuell gegen die Umstellung der Ernährungsgewohnheiten zur Wehr setzt.

Da der Organismus im Laufe der Jahre eine regelrechte Abhängigkeit von den schlechten Kohlenhydraten entwickelt hat, wird er nicht so ohne weiteres nachgeben.

Diese Abhängigkeit ist vergleichbar mit der Alkohol- oder Nikotinabhängigkeit; in diesen Fällen kann bei einer Entwöhnung eine Mangelsituation eintreten.

Da der Organismus seit langem von außen mit Glukose versorgt wird, ist eine eigene Glukoseproduktion nicht mehr notwendig. Sobald eine Hypoglykämie besteht, wird dem Organismus die benötigte Glukosemenge zugeführt. Er hat somit keine Veranlassung, selbst Glukose herzustellen, um den Blutzuckerspiegel auf dem normalen Niveau zu halten.

Eine Reduzierung der Kohlenhydratzufuhr bewirkt eine geringere Glukoseversorgung, so daß der Organismus gezwungen ist, selbst Glukose über die Fettreserven herzustellen. Es kann sein, daß sich der Organismus zunächst weigert, seine eigene Glukose zu produzieren.

Die Folge davon ist eine zeitweilige Hypoglykämie, die sich hauptsächlich durch Müdigkeit äußert.

Man sollte auf keinen Fall nachgeben und irgend etwas Süßes zu sich nehmen (auch nicht vorübergehend)!

Diese Resistenz gegen die Ernährungsumstellung, die beim Organismus in den ersten Wochen der **Phase I** auftreten kann, ist vor allem bei kräftigen, Sport treibenden Personen zu beobachten. Auch hier wird dies durch eine plötzlich auftretende Müdigkeit sichtbar. In leichteren Fällen ist es am besten, Mandeln oder Haselnüsse zu verzehren, da sie viele Nährstoffe enthalten.

Im Falle eines stärkeren Energieabfalls ist Dörrobst (Feigen oder Aprikosen) zu bevorzugen, da es auf jeden Fall über „gute Kohlenhydrate" verfügt.

Der Organismus wird sehr schnell begreifen, daß ihm nichts mehr anderes übrig bleibt, als seine natürliche Funktionen zu reaktivieren und selbst Glukose über die eigenen Fettreserven herzustellen.

Die „Abonnenten" kalorienreduzierter Diäten, die über einen langen Zeitraum zu wenig Nahrung zu sich genommen haben und schon beim Anblick von Süßem dicker zu werden scheinen, müssen eventuell mit einer leichten Gewichtszunahme rechnen (höchstens zwei oder drei Kilo), die jedoch nur vorübergehender Natur sein wird.

Es ist ganz normal, daß sich der Organismus durch die jahrelang erlittenen Frustrationen in einer Abwehrstellung befindet. Nachdem er plötzlich die benötigte Energie zur Verfügung hat, die ihm die ganze Zeit vorenthalten wurde, neigt er natürlich dazu, Fettreserven anzulegen. Dieser Zustand hält jedoch nur ein paar Tage an. Man sollte auf keinen Fall den Fehler begehen, wieder weniger zu essen, denn dadurch würde sich alles noch verschlimmern. Es ist unter allen Umständen weiterzumachen!

Der Organismus wird sehr schnell wieder Vertrauen fassen und begreifen, daß man nur Gutes im Sinn hat. Innerhalb von wenigen Tagen wird man nicht nur dieses zusätzliche Übergewicht verloren haben, sondern auch die ersten Erfolge erzielen. Wer eine äußerst kalorienreduzierte Diät hinter sich hat, sollte die Kalorienzufuhr allmählich steigern unter Berücksichtigung der empfohlenen Speisen. Damit wird vermieden, daß eine zu große Diskrepanz entsteht, die häufig zu einer vorübergehenden Gewichtszunahme führt, was durch einen „ausgehungerten" Organismus verursacht wird, der immer noch an seinen bisherigen Reaktionen auf eine reduzierte Kalorienzufuhr festhält.

Es kann auch sein, daß man anfangs dünner zu werden scheint, obwohl man nicht an Gewicht verliert. Dies liegt daran, daß die Muskelmasse durch die kalorienreduzierten Diäten unterentwickelt ist (Proteinmangel) und während der ersten Tage (oder manchmal auch Wochen) eine Fettverlagerung dahingehend stattfindet, daß Fette abgebaut werden, um die Muskelmasse wieder aufzubauen.

Im zweiten Teil des Buches wird noch einmal genauer darauf eingegangen.

Den Leser interessiert es im Moment wahrscheinlich am meisten, wie lange die **Phase I** dauert.

Dies hängt völlig von dem angestrebten Gewichtsverlust, der individuellen Sensibilität und der konsequenten Anwendung der Prinzipien der **Phase** I ab.

Um das Hauptziel der **Phase** I - die Normalisierung der Bauchspeicheldrüsenfunktion - zu erreichen, sollte genügend Zeit aufgewendet werden (von einigen Wochen bis hin zu mehreren Monaten), damit eine dauerhafte Verbesserung der Insulinfunktion eintreten kann.

Eine Dauer von mindestens zwei bis drei Monaten ist als wünschenswert anzusehen.

Die **Phase** II ist nichts anderes als die natürliche Verlängerung der **Phase** I. Allerdings sind in dieser Phase von Zeit zu Zeit Ausnahmen zugelassen, die entsprechend gehandhabt werden müssen.

Im vorhergehenden Kapitel ging es darum, schlechte Ernährungsgewohnheiten abzulegen und gute anzunehmen.

In der Phase II ist diese Umstellung der Ernährungsgewohnheiten weiterhin gültig; es besteht lediglich eine Änderung dahingehend, daß bestimmte Prinzipien flexibler ausgelegt werden können.

FRÜHSTÜCK

In bezug auf das Frühstück gelten fast die gleichen Empfehlungen wie in der **Phase** I. Es sollte ebenfalls reichhaltig sein und aus Schrotbrot oder Vollkornmüsli bestehen. Wer richtiges Schrotbrot zu sich nimmt, kann es auf Wunsch mit Butter oder Margarine bestreichen. Es kann jedoch sein, daß man nur Croissants oder Brioches zur Verfügung hat (auf Reisen oder beim Frühstück mit Geschäftskollegen). Wenn es ein Ausnahmefall ist und man die angebotenen Speisen gerne ißt, sollte man ruhig zugreifen.

Wenn man sich in der **Phase** I richtig verhalten hat, müßte die Bauchspeicheldrüse nun in der Lage sein, eine Hyperglykämie auszuhalten, ohne Hyperinsulinismus und die darauffolgende Hypoglykämie auszulösen. Das Leistungstief am späten Vormittag dürfte damit der Vergangenheit angehören.

Wer gelegentlich das salzige Lipo-Protein - Frühstück bevorzugt, sollte weiterhin kein Brot dazu essen; diese Gewohnheit darf auf keinen Fall aufgegeben werden. Im Abschnitt über Mittagessen wird noch einmal darauf eingegangen.

So sehr man in der **Phase II** Ausnahmefälle tolerieren kann - wie etwa der Verzehr von Croissants oder Brioches -, so sehr sollte man niemals von der Regel abweichen, Obst oder Fruchtsaft grundsätzlich vor dem Frühstück zu sich zu nehmen. Fehler sind etwas anderes als Ausnahmen.

MITTAGESSEN

In Ausnahmefällen (Geschäftsessen, Familienfeier...) kann man sich vor dem Mittagessen einen Aperitif genehmigen. Der Aperitif wurde bisher noch nicht erwähnt, da er in der **Phase I** verboten war.

1. Aperitif

Beim Aperitif sind mehrere wichtige Prinzipien zu beachten.

Zunächst sollte der Aperitif so wenig Alkohol wie möglich enthalten. Deshalb ist der durch Gärung gewonnene Alkohol zu bevorzugen und der gebrannte Alkohol abzulehnen, da dieser vom Organismus nicht so gut assimiliert werden kann. Auf hochprozentigen Alkohol wie Whisky, Gin, Wodka usw. sollte man deshalb auf jeden Fall verzichten.

Wenn ein Bedürfnis nach diesem starken Alkohol besteht, ist dies ein Zeichen dafür, daß man sich ständig in einem alkoholisierten Zustand befindet. Dies erklärt auch, warum die Anhänger hochprozentigen Alkohols ihn pur und auf nüchternen Magen trinken.

Da sie sich mehr oder weniger im Zustand der Hypoglykämie befinden, läßt der Alkohol den Blutzuckerspiegel vorübergehend ansteigen, was eine kurzfristige aufputschende Wirkung hat.

Eine derartige Gewohnheit begünstigt auch die häufig nach dem Essen auftretenden Müdigkeitserscheinungen.

Deshalb empfiehlt es sich, Wein, Champagner oder etwas Entsprechendes (Saumur mousseux, Crémant...) zu sich zu nehmen.

Die Angewohnheit, fruchtigen Weißwein als Aperitif anzubieten, wie etwa deutsche oder elsässer Weine, Sauternes, Montbazillac, Barsac, Loupiac und Sainte-Croix-du-Mont, ist weiterhin zu befürworten. Doch die bedauernswerte Angewohnheit, unter den Weißwein oder, noch schlimmer, unter den Champagner Likör zu mischen, um dessen mittelmäßige Qualität zu verbergen, sollte für immer der Vergangenheit angehören. Kir müßte verboten werden (in allen Variationen), auch wenn es dem verstorbenen Erfinder - einem Domherrn, der dem Aperitif den Namen gegeben hat - nicht gefallen würde.

Bekanntlich enthält Likör Zucker, der in Verbindung mit Alkohol auf jeden Fall Hypoglykämie auslöst.

Punsch, Portwein und Sangria zählen im übrigen auch dazu. Likör ist somit das beste Mittel, um sich selbst für den Rest des Tages oder Abends „zu betäuben".

Ein weiteres wichtiges Prinzip, das unbedingt beachten werden muß, besteht darin, niemals irgend etwas auf nüchternen Magen zu trinken, abgesehen von Wasser. Wer die Prinzipien dieses Buches voll und ganz befürwortet, sollte mit dazu beitragen, daß sich diese Regel durchsetzt, vor allem in den Restaurants.

Es ist tatsächlich üblich, zuerst das Getränk zu servieren und erst lange Zeit danach das Essen zu reichen (wenn man überhaupt etwas zu essen bestellt). Die angebotenen Getränke bestehen natürlich ausschließlich aus schlechten Kohlenhydraten.

Das allerwichtigste Prinzip beruht jedoch darauf, niemals Alkohol auf nüchternen Magen zu trinken. Wenn man sich nicht daran hält, hat dies unweigerlich katastrophale Auswirkungen auf den Stoffwechsel.

Bevor man Alkohol trinkt, sollte man also etwas essen, aber nicht irgend etwas.

Um zu vermeiden, daß der Alkohol direkt ins Blut gelangt, ist es wichtig, zuvor für die Magenschließung zu sorgen. Dies geschieht mit Hilfe eines Schließmuskels (Pylorus), der sich zwischen dem Magen und dem Anfang des Dünndarms befindet. Dazu bietet sich der Verzehr von Proteinen und Lipiden an, deren langsame Verdauung für einen geschlossenen Magen sorgt.

Bevor man Alkohol zu sich nimmt, kann man zum Beispiel einige Käsewürfel (am besten Gruyère) oder auch einige Scheiben Dauerwurst verzehren [2]. Diese kleine Mahlzeit, die sich längere Zeit im Magen befindet, trägt gewissermaßen zur Neutralisierung des Alkohols bei, da sie ihn teilweise absorbiert.

Da die Lipide den Magen auskleiden, sorgen sie zudem dafür, daß die Absorption des Alkohols durch die Magenwand vermieden oder zumindest eingeschränkt wird. Aus diesem Grund wird auch behauptet, daß die Alkoholwirkung abgeschwächt wird, wenn man vorher einen Löffel Olivenöl zu sich nimmt.

2. Wein

Den Worten Dr. Maury zufolge „hat sich der Wein in das Ghetto der alkoholischen Getränke einschließen lassen". [3]

Es ist deshalb bedauerlich, daß in vielen Fällen dem Wein synthetische, gezuckerte Fruchtsäfte vorgezogen werden, die oftmals schlimmere Auswirkungen auf den Stoffwechsel haben.

Wenn Wein in Maßen getrunken wird (etwa zwei bis drei Gläser täglich zu den Mahlzeiten), ist er ein köstliches Getränk, da er verdauungsfördernde, stärkende, antiallergische und bakterizide Eigenschaften besitzt. Er enthält im übrigen eine große Menge an Spurenelementen.

Wie beim Aperitif ist es nicht der Wein selbst, der für die Müdigkeit nach dem Essen verantwortlich ist, sondern die Art, wie er ge-

---

2) Andere Wurst sollte nicht verzehrt werden, da sie viele Zusatzstoffe enthält.
3) Dr. Maury, Wein als Medizin, Artulen-Verlag. Erscheint Herbst 1995.

trunken wird. Wenn man im Restaurant keinen Aperitif zu sich nimmt, wird in der Regel sofort der Wein serviert und eingeschenkt.

Wer dann der Versuchung erliegt und Wein trinkt, muß mit den gleichen Folgen rechnen wie beim Aperitif.

Man hat nun zwei Möglichkeiten: entweder wartet man, bis das Essen serviert wird, oder man bestellt eine Kleinigkeit zu essen (Käse, Wurst, Oliven), damit sich der Magen schließt.

Man sollte also immer die Vorspeise zu sich genommen haben, bevor man anfängt, Wein zu trinken.

Je mehr der Magen nämlich gefüllt ist, umso weniger kann der Alkohol seine negative Wirkung entfalten.

Am besten wäre es deshalb, sich das Glas Wein erst in der Mitte der Mahlzeit zu Gemüte zu führen.

Wer sich danach richtet, wird nach dem Essen keine Müdigkeit mehr verspüren und auch keine Probleme mit der Verdauung haben.

Die Menge des Weines sollte dabei immer im Verhältnis zur zugeführten Nahrung stehen.

Wer zusätzlich Wasser trinkt, riskiert eine Verdünnung des Weines, wodurch dieser schneller verarbeitet wird, während er andernfalls zusammen mit dem Speisebrei absorbiert werden würde.

Dies bedeutet, daß man sich beim Essen entweder für Wein oder für Wasser entscheiden muß.

3. Brot

Auch in der **Phase II** ist es wünschenswert, bei zwei Hauptmahlzeiten auf Brot zu verzichten.

Brot sollte Bestandteil des Frühstücks sein, dort gehört es hin. Man kann im übrigen soviel davon verzehren, wie man möchte. Brot sollte zudem als eine besondere Speise betrachtet werden; man kann ruhig einmal kilometerweit dafür fahren oder es auch selbst backen. Bei den anderen beiden Mahlzeiten ist Brot jedoch tabu.

Der Verzicht auf Brot bei zwei Hauptmahlzeiten ist auch eine Frage des Prinzips. Wer dieses Ziel in der Phase I erreicht hat, sollte auf jeden Fall dabei bleiben und nicht rückfällig werden (von Ausnahmen abgesehen).

Mit dem Brot ist es wie mit der Zigarette. Wenn man sich einmal etwas abgewöhnt hat, sollte man nicht wieder damit anfangen, sonst ist das Ende schon abzusehen.

Wer kennt nicht ehemalige Raucher, die lange Zeit keine Zigarette angerührt haben, um dann allmählich wieder mit dem Rauchen zu beginnen. Nach einer langen Abstinenz, die allgemeine Bewunderung hervorgerufen hat, sieht man sie eines Tages mit einer großen Zigarre (die Zigarre habe nichts mit Zigaretten zu tun, reden sie sich heraus).

Da sie nicht immer große Zigarren zur Verfügung haben, greifen sie zuerst auf kleine Zigarren, dann auf Zigarillos zurück. Bis zu dem Tag, an dem sie keine Zigarillos zur Hand haben und wieder anfangen, Zigaretten zu rauchen. Dies ist der Anfang vom Ende.

Wenn nun zu einem fettreichen Essen Brot gegessen wird - auch wenn es Schrotbrot sein sollte - entsteht ein Völlegefühl.

Dies läßt sich leicht nachvollziehen: Man nimmt zum Beispiel eine reichhaltige Mahlzeit ein, bestehend aus zwei Vorspeisen, einem Hauptgericht, Käse und einer süßen Nachspeise. Wenn die Prinzipien der Methode sowohl bei der Zusammenstellung der Gerichte als auch bei der Art des Weintrinkens beachtet werden, wird man sich nach dem Essen leicht wie eine Feder fühlen, und trotz der großen Menge an zugeführter Nahrung gibt es keine Probleme bei der Verdauung und es stellt sich keine Müdigkeit ein.

Wenn man nun zu einer derartig reichhaltigen Mahlzeit ein Stück Brot ißt, entstehen Blähungen und die Verdauung wird gestört.

Um nichts in der Welt sollte man deshalb in seine alte Gewohnheit zurückfallen.

Wenn etwas absolut zu verurteilen ist, dann ist es die Angewohnheit der Leute, sich an den Tisch zu setzen und über das Brot herzufallen (durch Hypoglykämie ausgelöst), das sie eventuell noch mit Butter bestreichen. Wurde zuvor noch ein Glas Wein oder Aperitif auf nüchternen Magen getrunken, haben sie bereits 50 % ihrer Vitalität für den Rest des Tages eingebüßt.

AUSNAHMEN

Der richtige Umgang mit der Ernährung bedeutet, daß man mit dem Körpergewicht, der Leistung, aber auch mit den Ausnahmen umgehen kann. Wenn man also die Prinzipien der Methode mit einer bestimmtem Ausdauer anwendet, kann man sich von Zeit zu Zeit eine Ausnahme erlauben, ohne daß dies negative Auswirkungen auf den Gesamterfolg hat.

Dies kann zum Beispiel ein Soufflé sein, das etwas Weißmehl enthält, oder frische Nudeln, die als Beilage serviert werden, oder auch eine kleine Schale weißer Reis.

Meistens wird die Ausnahme bei der süßen Nachspeise gemacht. Denn man kann zwar Teile der Vorspeise oder des Hauptgerichts diskret auf dem Teller liegen lassen, aber die Nachspeise - in der sowohl Zucker als auch Weißmehl enthalten sein kann - kategorisch abzulehnen, ist nicht ganz unproblematisch. Einmal ist keinmal.

Die Ausnahmen dürfen jedoch nicht in dem Maße überhandnehmen, daß man allmählich in seine alte Gewohnheit zurückfällt.

Wer mit Vorliebe Kartoffeln ißt und nur ungerne darauf verzichtet, darf sich von Zeit zu Zeit welche gönnen. Dabei ist jedoch wichtig - wie bei allen hyperglykämisch wirkenden Lebensmitteln -, daß zusätzlich Ballaststoffe verzehrt werden, um den Anstieg des Blutzuckerspiegels zu begrenzen. Wer ab und zu Pommes frites bevorzugt, sollte vor allem kein Fleisch dazu essen, sondern sie zusammen mit Salat verzehren. Man kann sogar eine ganze Mahlzeit daraus machen. Damit wird der Schaden gewissermaßen in Grenzen gehalten.

Mit den Karotten ist es das gleiche Problem. Wer nur ungerne darauf verzichtet, kann sie ab und zu verzehren, vorausgesetzt, sie werden durch eine ballaststoffreiche Speise ergänzt.

In der **Phase I** waren als Beilage lediglich die Speisen erlaubt, die einen sehr niedrigen glykämischen Index aufweisen (die wenig Glukose und viele Ballaststoffe enthalten).

In der **Phase II** sind als Beilage zu Fisch oder Fleisch wieder Speisen zugelassen, die über einen niedrigen glykämischen Index verfügen (Vollkornreis, Vollkornnudeln, Linsen, Trockenbohnen...). Als kleine Ausnahmen sind zum Beispiel Linsen mit Speck oder Hammelkeule mit Bohnen anzusehen. Von Zeit zu Zeit kann man sich sogar eine große Ausnahme gönnen, wie etwa Beilagen mit einem *hohen* glykämischen Index (weißer Reis, Kartoffeln).

In der **Phase I** wurde im übrigen vom Verzehr bestimmter Speisen abgeraten, insbesondere dann, wenn eine große Gewichtsabnahme angestrebt wurde. Dies war zum Beispiel bei Austern, Kaiserhummer oder Foie gras der Fall, die nunmehr uneingeschränkt erlaubt sind.

Der Verzehr von Obst sollte auch in der **Phase II** auf nüchternen Magen erfolgen. Bei rotem Obst (Erdbeeren, Himbeeren, Brombeeren) kann jedoch eine Ausnahme gemacht werden. Dieses Obst kann ohne weiteres zum Schluß einer Mahlzeit (eventuell mit ungezuckerter Schlagsahne) verzehrt werden, da es keine Gärung und damit keine Verdauungsstörungen hervorruft.

ABENDESSEN

Die Grundprinzipien, die in der **Phase I** bezüglich des Abendessens festgelegt wurden, behalten auch in der **Phase II** ihre Gültigkeit. Allerdings besteht ein Unterschied dahingehend, daß von Zeit zu Zeit bestimmte Ausnahmen erlaubt sind (anstatt beim Mittagessen). Dies bedeutet jedoch nicht, daß bei jeder Hauptmahlzeit eine große Ausnahme gemacht werden darf.

Die Grundregel besagt, daß Ausnahmen zeitlich aufeinander abgestimmt werden müssen. Wenn an einem Tag zuviele Ausnahmen gemacht wurden, besteht die Gefahr, daß es in den darauffolgenden vierundzwanzig Stunden wieder zu Müdigkeit, Erschöpfung, usw.

kommt (woran man überhaupt nicht mehr gewöhnt ist), ganz zu schweigen von der unausweichlichen Gewichtszunahme.

Man sollte im übrigen nur dann eine Ausnahme in Betracht ziehen, wenn ein wirklicher Genuß bevorsteht. Sämtliche schlechten Süßigkeiten (Bonbons, Schokoriegel) sind deshalb von vornherein auszuschließen.

Die Ausnahme muß immer ein Zugeständnis an die Qualität oder Eßkultur sein.

Dazu zählt zum Beispiel ein köstliches Buttercroissant, das von einem wahren Meister seines Fachs hergestellt wurde. Die minderwertigen Industrieprodukte, die in Bahnhofshallen verkauft werden, sind dagegen absolut zu meiden.

VOM BIOSANDWICH ZUM BIOSNACK

Wer Schrotbrot zur Verfügung hat, kann sich von Zeit zu Zeit ein Sandwich mit magerem Fleisch, Räucherlachs oder Rohkost genehmigen.

Das gleiche gilt für sogenannte „Biosnacks" (Pizza, Kuchen, Brötchen...), die aus nicht raffiniertem Mehl und Produkten aus biologischem Anbau hergestellt wurden.

Die derzeitigen Snacks wären im Grunde akzeptabel, wenn die fehlenden Ballaststoffe, Mineralsalze und Vitamine wieder zugeführt und der Zucker und die meisten gesättigten Fette und Pestizidrückstände entfernt werden würden.

Dieser moderne Biosnack wäre somit eine ideale Kombination aus der alten und neuen Ernährungsweise.

Doch so bahnbrechend, natürlich und realitätsnah diese neue Ernährungsmethode auch sein mag, besteht dennoch keine Veranlassung, ein maßloses Verhalten an den Tag zu legen.

Je nach Lust und Laune etwas zu essen, ohne sich irgendwelche Gedanken darüber zu machen, stellt wirklich ein unverantwortliches Verhalten dar.

Ausschließlich auf die Qualität und die Herkunft der Nahrung zu achten, ist genauso abzulehnen, da dies bedeutet, von einem Extrem ins andere zu fallen.

Dieses neue Ernährungsbewußtsein setzt nicht voraus, daß man ausschließlich in Reformhäusern einkaufen muß, die im übrigen auch keine hundertprozentige Garantie bieten können. Es heißt aber auch nicht, die zahlreichen Vorzüge der modernen Konsumgesellschaft völlig außer acht zu lassen.

Dieses neue Bewußtsein soll vor allem dazu führen, daß man bei der Nahrungsauswahl ein besseres Urteilsvermögen an den Tag legt, wobei nunmehr der gesunde Aspekt im Vordergrund stehen sollte. Unsere körperliche Verfassung wird durch die Qualität der Lebensmittel und der Luft bestimmt.

Genauso wie wir nach Luftveränderung trachten, sollten wir die Ernährung möglichst abwechslungsreich gestalten, das Essen genießen, die geschmackliche Vielfalt wiederentdecken, die Eßkultur pflegen und dem echten, natürlichen Produkt unserer alten Nährmutter Erde die gebührende Achtung entgegenbringen.

DIE DURCHFÜHRUNG DER PHASE II

Die **Phase II** ist leichter durchzuführen als die **Phase I**, da die Prinzipien nicht mehr so streng ausgelegt werden. Die in der Phase I vorgenommene Aufteilung in verbotene und erlaubte Speisen hat keine Gültigkeit mehr; in der **Phase II** ist alles erlaubt, allerdings sollte man nichts übertreiben.

Es muß jedoch klar sein, daß es nicht darum geht, seine alten Ernährungsgewohnheiten wieder anzunehmen, nachdem man erste Erfolge beim Gewichtsverlust und der Wiedererlangung der Vitalität erzielt hat. Wenn man rückfällig wird, kehren mit aller Wahrscheinlichkeit die verlorenen Pfunde und die Müdigkeit wieder zurück (gleiche Ursache - gleiche Wirkung).

Dies bedeutet, daß die Grundprinzipien der **Phase I** für immer ihre Gültigkeit behalten, jedoch lockerer gehandhabt werden.

158

In der **Phase I** waren Ausnahmen nicht zugelassen; in der **Phase II** werden gerade Ausnahmen gemacht.

Es ist jedoch zu beachten, daß auch bei den Ausnahmen die Prinzipien der **Phase I** zugrundegelegt werden müssen.

Die **Phase II** ist genaugenommen eine Phase der eingeschränkten Freiheit; sie sollte so schnell wie möglich zur festen Gewohnheit werden.

Mit Ausnahmen richtig umzugehen, ist eine Kunst für sich; man kann sich jedoch an bestimmte Regeln halten. Sie werden zum Beispiel in kleine und große Ausnahmen eingeteilt.

Zu den kleinen Ausnahmen zählen:

– ein Glas Wein oder Champagner als Aperitif nach dem Verzehr von Käse, Wurst oder Oliven...

– zwei Gläser Wein zu einer Mahlzeit;

– eine fruktosehaltige Nachspeise (Schaumcreme oder Obst) oder eine Nachspeise aus Schokolade mit einem hohen Kakaoanteil [4]);

– ein Gericht aus guten Kohlenhydraten mit Pflanzenfett (Filet in Olivenöl und Linsen, mageres Fleisch und Trockenbohnen);

– Toast (aus Schrotbrot) mit Foie gras oder Lachs;

– eine Scheibe Schrotbrot mit Käse.

Zu den großen Ausnahmen zählen:

– ein Glas Aperitif + drei Gläser Wein zur gleichen Mahlzeit;

– eine Vorspeise mit einem schlechten Kohlenhydrat (Soufflé, Quiche, Blätterteig);

---

4) Siehe das Buch „Montignac Rezepte und Menüs", in dem sechs „leichte" und vierzehn „sehr leichte" Ausnahmen empfohlen werden. Erscheint im Artulen-Verlag Anfang Mai 1995
(* kleine Ausnahme; ** große Ausnahme).

- ein Hauptgericht mit einem schlechten Kohlenhydrat (weißer Reis, Nudeln, Kartoffeln);

- eine Nachspeise mit einem schlechten Kohlenhydrat (Zucker, Weißmehl).

Generell ist alles erlaubt, doch sollte man wissen, daß kleine Ausnahmen nur dann relativ problemlos vom Organismus verarbeitet werden, wenn man die **Phase I** erfolgreich hinter sich gebracht hat. Große Ausnahmen richten normalerweise auch keinen Schaden an, vorausgesetzt, sie kommen nicht so häufig vor. Die Waage zeigt im übrigen an, ob Korrekturen vorzunehmen sind oder nicht. Wenn eine neuerliche Gewichtszunahme zu verzeichnen ist, kann dies zwei Ursachen haben. Entweder funktioniert die Bauchspeicheldrüse noch nicht einwandfrei oder es werden zu viele Ausnahmen gemacht. Mit etwas gesundem Menschenverstand kann man die entsprechenden Maßnahmen ergreifen.

In der Praxis ist der richtige Umgang mit Ausnahmen viel einfacher als in der Theorie.

Denn wenn zu viele Ausnahmen gemacht werden, zeigt sich dies nicht nur durch eine eventuelle Gewichtszunahme.

An der Vitalität läßt sich normalerweise am besten feststellen, ob die Anzahl der Ausnahmen zu groß war oder nicht. Sobald man etwas zu weit gegangen ist, wirkt sich dies unverzüglich auf den Organismus aus, so daß man automatisch Gegenmaßnahmen ergreift; man handelt gewissermaßen instinktiv.

GRUNDREGELN DER PHASE II:

1 Niemals mehr als zwei kleine Ausnahmen während der gleichen Mahlzeit machen.

Beispiel:

akzeptabel	nicht akzeptabel
2 Gläser Wein	1 Aperitif
Schokoladenschaumcreme	2 Gläser Wein
> 70 % Kakaoanteil	Linsen mit Speck

2 Niemals mehr als eine Mahlzeit täglich mit einer kleinen Ausnahme zubereiten.

Dies bedeutet, daß eine der beiden Mahlzeiten in der Phase I erweitert wird.

3 Niemals mehr als eine von drei Mahlzeiten mit einer großen Ausnahme und eine von vier Mahlzeiten mit einer großen Ausnahme und zwei kleinen Ausnahmen zubereiten.

Beispiel:

Mahlzeit mit einer großen Ausnahme **	Mahlzeit mit einer großen Ausnahme ** + einer kleinen Ausnahme *
Avocado	Austern
Seelachs, Brokkoli	Hammelkeule mit Bohnen *
Apfelkuchen **	Windbeutel **
1 Glas Wein	3 Gläser Wein

161

BEISPIELE FÜR MAHLZEITEN DER PHASE II

1. TAG

FRÜHSTÜCK

Obst
Schrotbrot + ungezuckerte Marmelade
leichte Margarine
entkoffeinierter Kaffee
Magermilch

MITTAGESSEN

Avocado mit Sauce Vinaigrette
Steak mit grünen Bohnen
Karamelcreme
Getränk: 2 Gläser Wein *

ABENDESSEN

Gemüsesuppe
Omelett mit Champignons
Kopfsalat
abgetropfter Quark/Frischkäse
Getränk: Wasser

2. TAG

FRÜHSTÜCK

Orangensaft
Croissants + Brioches **
Butter
Kaffee + Milch *

MITTAGESSEN

Rohkost (Tomaten + Gurke)
gegrilltes Seelachsfilet
Spinat
Käse
Getränk: nur ein Glas Wein

ABENDESSEN

Artischocken mit Sauce Vinaigrette
Rührei mit Tomaten
Kopfsalat
Getränk: Wasser

3. TAG

FRÜHSTÜCK

Obst
Schrotbrot
leichte Butter
entkoffeinierter Kaffee
Magermilch

MITTAGESSEN

Aperitif: Käsewürfel + 1 Glas Weißwein *
Räucherlachs
Hammelkeule mit Bohnen
Kopfsalat
Käse
Mousse au chocolat
Getränk: 3 Gläser Wein **

ABENDESSEN

Gemüsesuppe
gefüllte Tomaten (siehe „Montignac Rezepte und Menüs")
Kopfsalat
Quark/Frischkäse mit 0 % Fettgehalt
Getränk: Wasser

4. TAG

FRÜHSTÜCK

Rühreier
Bacon
Wurst
Kaffee oder entkoffeinierter Kaffee + Milch

MITTAGESSEN

1 Dutzend Austern
gegrillter Thunfisch mit Tomaten
Erdbeerkuchen **
Getränk: 2 Gläser Wein *

ABENDESSEN

Gemüsesuppe
überbackener Blumenkohl
Kopfsalat
Joghurt
Getränk: Wasser

5. TAG
(große Ausnahme)

FRÜHSTÜCK

Orangensaft
Müsli oder Quark/Frischkäse mit 0 % Fettgehalt
Kaffee oder entkoffeinierter Kaffee + Magermilch

MITTAGESSEN

Foie gras
gegrillter Lachs + Spinat
Fondant mit Zartbitterschokolade **
Getränk: 3 Gläser Wein **

ABENDESSEN

Käsesoufflé *
Linsen mit Speck *
Käse
Eischneeklößchen *
Getränk: 3 Gläser Wein **

Anm.: Der 5. Tag dient nur als Beispiel. Er ist auf keinen Fall als eine Empfehlung anzusehen, insbesondere was die enorme Menge an Wein betrifft, da sechs Gläser bei weitem die
Menge von einem halben Liter übersteigen, was bereits als tägliche Höchstmenge betrachtet wird. Diese Art von Ausnahme sollte somit nur sehr selten in Betracht gezogen
werden.

6. TAG

(völlige Rückkehr in die Phase I)

FRÜHSTÜCK

Schrotbrot
Quark/Frischkäse mit 0 % Fettgehalt
Kaffee oder entkoffeinierter Kaffee + Magermilch

MITTAGESSEN

Rohkost (Gurke, Champignons, Rettich)
pochierter Seelachs in Tomatensauce
Käse
Getränk: Wasser, Tee oder Kräutertee

ABENDESSEN

Gemüsesuppe
gekochter Schinken
Kopfsalat
1 Joghurt

7. TAG

FRÜHSTÜCK

Schrotbrot
Quark/Frischkäse mit 0 % Fett + ungezuckerte Marmelade
Kaffee oder entkoffeinierter Kaffee
Magermilch

MITTAGESSEN

Chicoréesalat
Entrecote mit grünen Bohnen
Erdbeeren + ungezuckerte Schlagsahne
Getränk: 1 Glas Wein

ABENDESSEN

Obst:
1 Orange, 1 Apfel
1 Birne
150 g Himbeeren
Getränk: Wasser

8. Tag

FRÜHSTÜCK

Schrotbrot
leichte Butter
Kaffee oder entkoffeinierter Kaffee
Magermilch

MITTAGESSEN

Krabbencocktail
Thunfisch + Auberginen
Kopfsalat
Käse
Getränk: 2 Gläser Wein *

ABENDESSEN

Gemüsesuppe
Linsengemüse
Erdbeeren
Getränk: 1 Glas Wein

KAPITEL 6

MÜDIGKEIT:
UND WENN DIE ERNÄHRUNG DIE URSACHE DAFÜR IST?

Wenn man einen Arzt aufsucht, damit er die Ursache für die Müdigkeit herausfindet, mit der man ständig zu kämpfen hat, ist es unwahrscheinlich, daß er sich nach der Ernährungsweise erkundigt. Noch unwahrscheinlicher ist es, daß er sich darum bemüht, einen möglichen Mangel an Vitaminen und Mineralsalzen aufzudecken.

Es bestehen auch wenig Chancen, daß er versucht, die Nahrungsmittel ausfindig zu machen, die direkt oder indirekt für die deutliche Erschöpfung (allgemein oder vorübergehend) verantwortlich sein können.

HYPOGLYKÄMIE:
ZU EINFACH, UM DARAN ZU DENKEN!

Ein Autofahrer muß unterwegs plötzlich anhalten. Das Auto hat offensichtlich eine Panne, obwohl es fast neu und gut gewartet ist.

Es wird zur nächsten Reparaturwerkstatt geschleppt und dort einer gründlichen Untersuchung unterzogen. Doch man findet keine Erklärung für die Panne. Es wird zum Autofachhändler gebracht und die abenteuerlichsten Vermutungen werden angestellt. Man baut Teile aus, erneuert sie, baut sie wieder ein: ohne Erfolg! Und dann folgt des Rätsels Lösung: es war kein Benzin mehr im Tank.

Bei der Hypoglykämie - Diagnose läuft es ähnlich ab: es ist zu einfach, um daran zu denken.

Im Mittelalter war ein Teil der Bevölkerung in engen Gassen zusammengepfercht, die mit Bergen von Abfall und Exkrementen überhäuft waren, in denen Schweine wühlten und wo es von Ratten und Fliegen nur so wimmelte.

Jahrhundertelang wurden die Menschen von Lepra, Pest, Typhus, Cholera und Ruhr dahingerafft, bis man eines Tages auf den Gedanken kam, daß ein Kausalzusammenhang vorliegen und mit einigen Hygienemaßnahmen Abhilfe geschaffen werden könnte. Diese furchtbaren Geißel der Menschheit wurden in der Folge als Zivilisationskrankheiten bezeichnet, wie auch etwas später Pocken, Tuberkulose und Syphilis.

Zu den heutigen Zivilisationskrankheiten zählen vor allem Diabetes, Krebs, Herz-Kreislauf-Erkrankungen und Aids.

Eine charakteristische Krankheit der heutigen Zeit wird jedoch gerne vergessen: die Hypoglykämie.

Doch wenn man als Argument auch anführen kann, daß diese Krankheit nicht tödlich verläuft, so muß man dennoch zugeben, daß sie das Leben der Betroffenen sehr beeinträchtigt.

1. Glykämie: Hyper und Hypo

Bekanntlich ist die Glukose der Treibstoff des Organismus, der vor allem für die Aufrechterhaltung der Muskel- und Gehirnfunktion benötigt wird.

Ohne Glukose wäre man nicht lebensfähig; ein Glukosemangel kann sich auf verschiedene Arten bemerkbar machen, insbesondere durch Müdigkeit.

Wie bereits dargelegt wurde, erfolgt der Transport der Glukose über das Blut; nüchtern beträgt der Glukosegehalt normalerweise 1 g pro Liter Blut.

Um diesen Idealwert aufrechtzuerhalten, greift der Organismus abwechselnd auf zwei Versorgungsquellen zurück:

- Glykogen, ein Pufferspeicher in Leber und Muskeln;

- Glukoneogenese, eine Umwandlung der Fette in Glukose.

Bei einem Anstieg der Glukosekonzentration - was nach der Absorption von Kohlenhydraten der Fall ist - spricht man von Hyperglykämie. Sinkt der Blutzuckergehalt dagegen unter 0,60 g/l, bezeichnet man dies als Hypoglykämie.

2. Ein Symptom kann ein anderes verbergen...

Wenn man ein Frühstück einnimmt, das aus guten Kohlenhydraten besteht (mit einem niedrigen glykämischen Index), steigt die Blutzuckerkonzentration nur mäßig an, zum Beispiel auf 1,25 g/l. Infolge einer geringen Insulinabsonderung sinkt der Blutzuckerspiegel zunächst leicht unter den Normalwert und stabilisiert sich dann gleich wieder bei 1 g/l.

Wenn sich das Frühstück dagegen aus schlechten Kohlenhydraten zusammensetzt (Weißbrot, Honig, Konfitüre, Zucker...), kann die Blutzuckerspitze beispielsweise einen Wert bis zu 1,80 g/l erreichen. Dies hat eine hohe Insulinfreisetzung zur Folge, die bei einer funktionsgestörten Bauchspeicheldrüse extreme Ausmaße annehmen kann.

Dieser Hyperinsulinismus bewirkt eine übermäßige Absenkung des Blutzuckerspiegels, der bis auf 0,45 g/l zurückgehen kann, wodurch eine Hypoglykämie ausgelöst wird (etwa drei Stunden nach dem Essen).

Sinkt der Blutzucker plötzlich ab, klagt der Betroffene über Beschwerden wie Blässe, Herzklopfen, Schweißausbrüche, Angst, Zittern oder Heißhunger. Im Extremfall kann es zur Bewußtlosigkeit kommen; es handelt sich dabei um die klassischen Zeichen von Hypoglykämie.

Der Arzt kann die Diagnose leicht stellen und erteilt Ratschläge, wie Rückfälle zu vermeiden sind, nachdem er eine schwere Krankheit als Ursache für die Hypoglykämie ausgeschlossen hat.

Die Mehrheit der Personen, bei denen eine Hypoglykämie festgestellt wurde, glaubt, daß dieser Zustand auf einen Zuckermangel zurückzuführen ist. Dabei ist gerade das Gegenteil der Fall! Wenn sich die Hypoglykämie am späten Vormittag bemerkbar macht, liegt dies sehr wahrscheinlich an einer übermäßigen Absorption „schlechter" Kohlenhydrate beim Frühstück, das hauptsächlich aus hyperglykämisch wirkenden Speisen bestanden hat.

Man befindet sich also um 11 Uhr im Zustand der Hypoglykämie, weil man um 8 Uhr unter Hyperglykämie gelitten hat. Deshalb bezeichnet man dieses Leiden auch als reaktionelle Hypoglykämie. Paradoxerweise ist es gerade ein übermäßiger Zuckerkonsum, der über eine extrem hohe Insulinfreisetzung das Defizit verursacht. Ein Symptom kann also ein anderes verbergen.

3. Funktionelle Hypoglykämie

Meist sinkt der Blutzuckerspiegel allmählich und es zeigen sich banale Symptome, die eine Diagnose erschweren: Kopfschmerzen, Gähnen, Erschöpfung, Konzentrationsschwäche, Gedächtnislücken, Sehstörungen, Kälteempfindlichkeit, aber auch - von individuellen Faktoren abhängig - Reizbarkeit und Aggressivität.

Frauen scheinen im übrigen sensibler zu reagieren und bestimmte Symptome - wie etwa Kälteempfindlichkeit - treten bei ihnen deutlicher zutage. Es ist häufig zu beobachten (im Büro beispielsweise), daß Frauen am späten Vormittag das Bedürfnis verspüren, sich wärmer anzuziehen, obwohl die Temperatur gleich geblieben ist.

Im Familienkreis und auch im Beruf läßt sich oftmals feststellen, daß einige Personen zunehmend nervös, labil oder sogar aggressiv werden, je näher ihre übliche Essenszeit rückt.

Symptome wie Gähnen, Schläfrigkeit, etc., die während der Arbeitspause an der Tagesordnung sind, deuten ebenfalls auf Hypoglykämie hin.

Eine Untersuchung von Unfällen auf Autobahnen, die in Frankreich durchgeführt wurde, hat ergeben, daß in mehr als 30 % der Fälle eine Unaufmerksamkeit des Fahrers vorlag, die durch einen zu niedrigen Blutzuckerspiegel hervorgerufen wurde.

Die Personalchefs wissen im übrigen sehr genau, daß sich die Arbeitsunfälle zu bestimmten Zeiten häufen.

Sie sind meistens auf mangelnde Aufmerksamkeit zurückzuführen, die durch eine extreme Absenkung des Blutzuckerspiegels verursacht wurde.

Über diese Symptome der funktionellen Hypoglykämie klagen die Patienten häufig; sie sind in dem Glauben, daß sie an allgemeiner Erschöpfung oder einer Hirndurchblutungsinsuffizienz (mangelnde Durchblutung des Gehirns) leiden. In Wahrheit sind sie nur das Opfer ihrer schlechten Ernährungsgewohnheiten: zuviel Zucker, Weißbrot, Kartoffeln, Nudeln und weißer Reis und zuwenig Ballaststoffe.

Lange Zeit war man der Meinung, daß nur die zu Übergewicht neigenden Personen unter Hypoglykämie leiden können. Untersuchungen haben jedoch gezeigt, daß jeder davon betroffen sein kann (auch Schlanke). Der Unterschied liegt im Stoffwechsel; die einen nehmen zu, die anderen nicht.

Man kann also nachvollziehen, wie dumm es ist, schlechte Kohlenhydrate zu sich zu nehmen, sobald man sich im Zustand der Hypoglykämie befindet, was durch Hunger oder Müdigkeit sichtbar wird.

Die Nahrungsmittelindustrie hat im übrigen ein einträgliches Geschäft daraus gemacht, indem sie die berühmten Pseudo-Schokoriegel auf den Markt brachte, die meist zu mehr als 80 % aus Zucker und anderen Glukosekomponenten bestehen.

Einige werben fälschlicherweise damit, daß ihre Produkte wahre Energiespender sind, andere versprechen, daß ihre Erzeugnisse neuen Schwung verleihen; in Wahrheit verursachen sie nur einen neuen Zyklus (Hyper/Hypo), wodurch die Konsumenten in einen regelrechten Teufelskreis geraten.

Wenn man Süßigkeiten zu sich nimmt - vor allem zwischen den Mahlzeiten -, führt dies im allgemeinen nur zu einer Verschlimmerung der Situation.

Der Blutzuckerspiegel steigt im übrigen genauso schnell und stark an, wie er wieder absinkt.

Am extremsten ist es natürlich bei den Amerikanern, die ständig hyperglykämisch wirkende Lebensmittel zu sich nehmen (Cola, Ham-

172

burger, Pommes frites, Popcorn...), mit den bekannten hypoglykämischen Folgen. Eine plötzliche Unterbrechung dieser Ernährungsweise könnte dramatische Auswirkungen haben, da sie von diesen Produkten völlig abhängig sind.

Für die amerikanischen Ärzte sind die „carbohydrates cravers", die sogenannten „Kohlenhydratabhängigen" nichts Besonderes mehr. Es gibt in Amerika bereits Literatur, die einen engen Zusammenhang zwischen dieser „extremen Zuckerabhängigkeit" und dem Auftreten von Gewalt aufzeigt.

Zahlreiche Untersuchungen, die vor allem in Strafanstalten durchgeführt wurden, haben gezeigt, daß die meisten Straftäter an chronischer Hypoglykämie leiden. Einige Verfasser sind sogar der Ansicht, daß dies die Erklärung dafür ist, daß Schwarze häufiger straffällig werden als Weiße, da sie durch ihr Elend noch mehr hyperglykämisch wirkende Nahrungsmittel zu sich nehmen. Die Tatsache, daß die Fettleibigkeit bei ihnen stärker ausgeprägt ist, beruht auf der gleichen Logik.

Man sollte im übrigen wissen, daß die Hypoglykämie primär als Erklärung für Alkoholismus angesehen wird.

Wenn auf nüchternen Magen Alkohol getrunken wird, gelangt er direkt ins Blut und bewirkt damit einen Anstieg des Blutzuckerspiegels. Dadurch wird automatisch eine hohe Insulinmenge freigesetzt, die eine reaktionelle Hypoglykämie verursacht.

Alkohol verhindert jedoch die Freisetzung der in der Leber gespeicherten Glukose (Glykogen), wodurch die Möglichkeiten der Neubildung von Glykogen reduziert werden. Dies ist vor allem bei Alkoholikern der Fall. Es bieten sich nun zwei Möglichkeiten an: entweder bleibt der Betroffene im Zustand der Hypoglykämie, was er körperlich nicht aushalten würde, oder er nimmt wieder Alkohol zu sich, um diesen Zustand zu überwinden (was vom Volksmund sehr treffend als „Stärkungstrunk" bezeichnet wird).

Diese weitere Alkoholzufuhr bewirkt einen erneuten Anstieg des Blutzuckerspiegels und verschafft dem Betroffenen die ersehnte Erleichterung. Somit ist leicht nachzuvollziehen, wie dumm es ist, einem Alkoholiker zur Entwöhnung Fruchtsaft oder andere gezuckerte Getränke zu geben, denn solange die chronische Hypoglykämie nicht unter Kontrolle gebracht wurde, wird er laufend rückfällig werden.

Jugendliche, die ständig Cola oder andere gezuckerte Getränke konsumieren, befinden sich in der gleichen Situation (Hyper/Hypo - Zyklus), was wahrscheinlich die Erklärung dafür ist, daß sie eine Trägheit an den Tag legen, die bisher noch nie bei Jugendlichen beobachtet wurde.

Amerikanischen und französischen Wissenschaftlern zufolge besteht das schlimmste Problem jedoch darin, daß die Jugendlichen, die jahrelang hyperglykämisch wirkende Getränke zu sich genommen haben, sehr häufig zu Alkoholikern werden.

Ein Arzt der Universität Washington hat vor kurzem die Ansicht geäußert, daß dies die Erklärung für den dramatischen Wiederanstieg des Alkoholismus an den amerikanischen Universitäten sei.

In Frankreich ist die Zahl der Jugendlichen, die bereits im Alter von fünfzehn Jahren regelmäßig betrunken sind, sehr hoch, was den Lehrern auch bekannt ist. Es wird erzählt, daß in einer kleinen Provinzstadt, in der sich ein privates Internat befindet, die örtliche „grüne Minna" jeden Mittwoch abend die jungen Internatsschüler in betrunkenem Zustand aufgabelt und ins Internat zurückbringt.

Jedes Mal beschränkt man sich lediglich darauf, die Angelegenheit zu vertuschen. Wenn man es nun wagen würde, den wahren Verantwortlichen - die degenerierte Ernährungsweise unserer Gesellschaft - beim Namen zu nennen, würde man nur Gelächter und Achselzucken ernten.

Dennoch verursachen die modernen „Durstlöscher" eine regelrechte Abhängigkeit und das Geld, das damit verdient wird, kann ungestraft in prestigeträchtige Werbung oder geniale Marketingstrategien investiert werden.

Die Müdigkeit nach dem Essen ist Berufstätigen ein Greuel. Man sollte deshalb wissen, daß diese postprandiale Somnolenz - wie die medizinische Bezeichnung dafür lautet - ein Zeichen für Hypoglykämie ist! Diese Hypoglykämie ist die direkte Folge einer falsch zusammengestellten Mahlzeit, allen voran „Sandwich und Bier".

Entgegen der weit verbreiteten Annahme ist es nicht unbedingt der Wein selbst, der für die Müdigkeit verantwortlich ist, sondern eher die Art, wie er getrunken wird (zum größten Teil auf nüchternen Magen). Man sollte im übrigen wissen, daß Alkohol die Wirkung von Zucker verstärkt; wenn er zusammen mit hyperglykämisch wirkenden Speisen (Weißbrot, Kartoffeln, Nudeln, Pizza...) absorbiert wird, kommt es viel schneller zu Hypoglykämie. Deshalb bringt einen nichts so sehr aus dem Gleichgewicht wie der Konsum von Kir, Bier oder Whisky-Cola (vor allem auf nüchternen Magen).

Es ist festzuhalten, daß die Müdigkeit (chronisch oder zeitweilig) in den meisten Fällen durch Hypoglykämie ausgelöst wird, die auf eine schlechte Ernährung zurückzuführen ist.

Man weiß im übrigen, daß auch emotionale Faktoren den Blutzuckerspiegel beeinflussen können, was durch ein Nachlassen der Aufmerksamkeit zum Ausdruck kommt. Die Ursache dafür ist eine übermäßige Freisetzung von Insulin oder Adrenalin, wodurch Hypoglykämie ausgelöst wird.

Es muß betont werden, daß die Hypoglykämie (und ihre Symptome) stets von individuellen Faktoren abhängt.

Man hat sicher schon die Feststellung gemacht, daß sich manche Leute warm anziehen, andere dagegen leichte Kleidung tragen, obwohl eine konstante Raumtemperatur herrscht. Bei gleicher Temperatur ist es also den einen zu kalt und den anderen zu warm.

Die Ernährungsfachleute sind ebenfalls zur Erkenntnis gelangt, daß jeder Mensch über ein eigenes Wärmeregulierungssystem verfügt und daß die Menge an Nahrung, die jeder braucht, um satt zu werden, individuell verschieden ist.

Genauso verhält es sich auch bei der Hypoglykämie: das Auftreten der Symptome hängt von der jeweiligen körperlichen Verfassung des Betroffenen ab.

Einige sind mit einem Blutzuckergehalt von 0,70 g/l bereits der Ohnmacht nahe, während andere sich mit einer Konzentration von 0,50 g/l

pudelwohl fühlen. Deshalb war es immer schwierig, den Blutzuckerwert festzulegen, bei dem die Hypoglykämie in Erscheinung tritt. Im
übrigen können die Symptome zu Beginn auch durch eine Adrenalin-
freisetzung (als Reaktion auf Streß) hervorgerufen worden sein. Wenn
zu diesem Zeitpunkt eine Messung des Blutzuckers durchgeführt wird,
ergibt sich ein normaler Wert.

Einige Stunden danach kann der Blutzuckerspiegel jedoch niedrig
und somit verantwortlich für die ständige Müdigkeit sein.

Die moderne Wissenschaft, die naturgemäß rigoristisch ist (wozu
man sie nur beglückwünschen kann), erkennt jedoch nur das an,
was bei einer bestimmten Anzahl von Versuchspersonen nachgewiesen werden konnte, da sie von der Annahme ausgeht, daß alle
Menschen gleich sind. Was sich bei dem einen bestätigt, muß sich
zwangsläufig auch bei dem anderen bestätigen.

Aufgrund dieses Prinzips ist im übrigen die Homöopathie niemals
offiziell anerkannt worden (obwohl sie bei zahlreichen Erkrankungen als wirksame Therapie geschätzt ist). Sie wird sogar von der
Ärztekammer abgelehnt (stets aus Prinzip), obwohl sie von den Ärzten angewendet wird.

Die Homöopathie ist tatsächlich nicht in der Lage, einen Nachweis
zu erbringen, der von der Wissenschaft akzeptiert wird, da sie naturgemäß die Individualität zugrundelegt.

Es wird heutzutage allgemein anerkannt, daß die meisten der aufgeführten Symptome auf Schwankungen des Blutzuckerspiegels zurückzuführen sind. Einige weigern sich jedoch immer noch (aus Prinzip), diese Wechselbeziehung offiziell zu bestätigen, da die Auslöse-
faktoren individuell verschieden sind.

Der gesunde Menschenverstand, die Beobachtung und die Erfahrung werden sich am Ende doch noch durchsetzen.

1. Mangel an Makronährstoffen

Müdigkeit kann durch eine unzureichende Proteinzufuhr ausgelöst werden.

Ein Proteinmangel entsteht zum Beispiel bei einer zu strengen oder unausgewogenen Diät. Die Folgen einer derartigen Mangelsituation sind zahlreich:

- Gewichtszunahme aufgrund von Stoffwechselstörungen;

- Muskelschwund (Gefühl der Ermüdung bei der geringsten körperlichen Anstrengung);

- verlangsamtes Wachstum bei Kindern.

Wenn bei einer Mahlzeit zu viele Lipide zugeführt werden, kann dies ebenfalls Müdigkeit hervorrufen.

Durch die übermäßige Fettzufuhr geht die Verdauung bedeutend langsamer vor sich und kann vier bis fünf Stunden dauern. Dadurch entsteht im Magen ein Schweregefühl und es kommt zu Müdigkeitserscheinungen.

2. Mangel an Mikronährstoffen

Ein Mangel an Vitamin B kann ebenfalls Müdigkeit auslösen. Alkoholiker, Schwangere (mit Brechreiz) und Sportler sind häufiger davon betroffen.

Man sollte wissen, daß Vitamin B wasserlöslich ist und sich somit nach dem Kochen von Gemüse oder Stärkeprodukten im Kochwasser befindet. Es empfiehlt sich deshalb, das Wasser für die Zubereitung einer Suppe weiterzuverwenden.

Weitere Ursachen für Müdigkeit aufgrund eines Mangels an Mikronährstoffen:

– wenn der Vitamin B6-Gehalt im Blut durch die Einnahme der Antibabypille herabgesetzt ist;

– wenn ein Mangel an Vitamin B9 (Folsäure) besteht, was bei Schwangeren und älteren Menschen der Fall ist;

– wenn ein Mangel an Vitamin B12 vorhanden ist, was häufig bei Vegetarierinnen vorkommt;

– wenn ein Vitamin C - Defizit vorliegt, das bei Rauchern oder Personen, die zuwenig Obst oder Rohkost verzehren, besorgniserregend hoch ist. Durch diesen Mangel besteht eine erhöhte Infektionsanfälligkeit und die Absorption von Eisen wird gestört;

– wenn eine unzureichende Magnesiumzufuhr vorliegt, was stressanfälliger macht und die Entstehung von Spasmophilie (Tetanie) begünstigt;

– wenn ein Eisenmangel besteht (sehr häufig bei Frauen der Fall), was Anämie, Infektionen und Müdigkeit auslöst;

– wenn zuwenig Antioxydationsmittel zugeführt werden (Beta-Carotin, Vitamin C und E, Zink und Selen), wodurch der Kampf gegen die freien Radikalen erschwert wird, die für vorzeitiges Altern, Herz-Kreislauf-Erkrankungen und Krebs verantwortlich sind.

VITAMINTABELLE

Vitamine	Biologische Bedeutung	Vorkommen in der Natur	erhöhtes Risiko	Mangel-erscheinungen
A Retinol	Wachstum Sehvermögen Hautschutz	Leber, Eigelb, Milch, Butter, Karotten, Spinat, Tomaten, Aprikosen	Rauchen Alkoholismus Antibabypille Virushepatitis Einnahme von Barbituraten	Nachtblindheit Lichtscheu Austrocknen der Haut Sonnenunverträglich-keit der Haut Infektionsanfälligkeit
Provitamin A Beta-Carotin	Schutz vor Herz-Kreislauf-Erkrankungen, Alterung und Krebs	Karotten, Kresse, Spinat, Mango, Melone, Aprikosen, Brokkoli, Pfirsiche, Butter		
D Calciferol	Mineralisierung von Knochen und Zähnen Kalzium- und Phosphat-stoffwechsel	Leber, Thunfisch, Sardine, Eigelb, Champignons, Butter, Käse, Sonne	fehlende Sonnen-bestrahlung übermäßiger Gebrauch von Sonnencreme mit einem hohen Lichtschutzfaktor ältere Leute, die nicht aus dem Haus gehen	Kinder: Rachitis ältere Leute: Osteomalazie (+ Osteoporose) = Knochenerweichung
E Tokopherol	oxydations-hemmende Wirkung bei freien Radikalen und Schutz der mehrfach un-gesättigten Fettsäuren Schutz vor Herz-Kreislauf-Erkrankungen und einigen Krebsarten	Öle, Haselnüsse, Mandeln, Vollkorn-müsli, Milch, Butter, Eier, schwarze Schokokolade, Vollkornbrot		Muskelschwäche Herz-Kreislauf-Störungen Hautalterung

VITAMINTABELLE

Vitamine	Biologische Bedeutung	Vorkommen in der Natur	erhöhtes Risiko	Mangel- erscheinungen
K Menadion	Blutgerinnung	von Darmbakte- rien produziert Leber, Kohl, Spinat, Eier, Brokkoli, Fleisch, Blumenkohl	Langzeit- behandlung mit Antibiotika übermäßige Einnahme von Laxativa Frühgeburt	Störungen der Blutgerinnung
B1 Thiamin	Funktion des Nerven- und Muskel- systems Kohlenhydrat- stoffwechsel	Trockenhefe, Weizenkeime, Schwein, Innereien, Fisch, Vollkornmüsli, Vollkornbrot	hyperglykämische Ernährung Diabetes Alkoholismus Fettleibigkeit Einnahme von Diuretika	Müdigkeit, Reizbarkeit Gedächtnisstörungen Appetitlosigkeit, Depressionen, Muskelschwäche
B2 Riboflavin	Kohlenhydrat-, Lipid- und Protein- stoffwechsel Zellatmung Sehvermögen	Trockenhefe, Leber, Nieren, Käse, Mandeln, Eier, Fisch, Milch, Kakao	Alkoholismus kein Verzehr von Milchprodukten und Käse	Seborrhoe Akne Lichtscheu dünnes und glanzloses Haar, Entzündungen: Lippen, Zunge, Mundwinkel
PP Vitamin B3 Niacin Nicotin- säureamid	Energielieferant durch Redox- prozeß	Trockenhefe, Weizenkleie, Leber, Fleisch, Nieren, Fisch, Vollkornbrot, Datteln, Hülsen- früchte, Darmflora	Alkoholismus Behandlung der Parkinsonschen Krankheit vegetarische Diät übermäßiger Verzehr von Mais	Müdigkeit Schlaflosigkeit Appetitlosigkeit Depressionen Schädigung der Haut und Schleimhaut
B5 Pantothen- säure	greift in zahl- reiche Energie- stoffwechsel- vorgänge ein Schutz der Haut, Schleim- häute u. Haare	Trockenhefe, Leber, Nieren, Eier, Fleisch, Champig- nons, Müsli, Hülsenfrüchte	Alkoholismus übermäßiger Verzehr von Konserven und Tiefkühlkost	Müdigkeit, Kopfschmerz, Übelkeit, Erbrechen, Charakterstörungen Hypotonie Orthostase Haarausfall

VITAMINTABELLE

Vitamine	Biologische Bedeutung	Vorkommen in der Natur	erhöhtes Risiko	Mangelerscheinungen
B6 Pyridoxin	Protein-stoffwechsel Lecithinsynthese greift in 60 Enzymvorgänge ein	Trockenhefe, Weizenkeime, Soja, Leber, Nieren, Fleisch, Fisch, Voll-kornreis, Avocado, Hülsenfrüchte, Vollkornbrot	Antibabypille Alkoholismus	Müdigkeit, Depres-sionen, Reizbarkeit, Schwindel, Übelkeit, Hautschädigungen, Verlangen nach Süßem, Kopfschmerz durch Glutamat
B8 Biotin Vitamin H	nimmt an zahlreichen Zellreak-tionen teil	Darmflora, Trockenhefe, Leber, Nieren, Schokolade, Eier, Champignons, Huhn, Blumen-kohl, Hülsen-früchte, Fleisch, Vollkornbrot	Langzeit-behandlung mit Antibiotika übermäßiger Verzehr von rohen Eiern	Müdigkeit, Appetitlosigkeit Übelkeit, Muskel-schwäche, fettige Haut, Haarausfall, Schlaflosigkeit, Depressionen, Störungen des Nerven-Systems
B9 Folsäure	Protein-stoffwechsel Zellproduktion	Trockenhefe, Leber, Austern, Soja, Spinat, Kresse, frisches Gemüse, Hülsenfrüchte, Vollkornbrot, Käse, Milch, Weizenkeime Anämie	Alkoholismus Fettleibigkeit ältere Menschen zuviele Medikamente gekochte Lebensmittel	Müdigkeit, Gedächtstörungen, Schlaflosigkeit, Depressionen, gei-stige Verwirrung (bei älteren Menschen), verzögerte Narbenbildung, Störungen des Nervensystems
B12 Zyano-kobalamin	Bildung der roten Blut-körperchen Enzymre-aktionen Schutz der Nervenzel-len u. Haut	Leber, Nieren, Austern, Hering, Fisch, Fleisch, Eier	vegetarische Diät Mangel an Kobalt	Müdigkeit, Reizbarkeit Blässe, Anämie, Appetitlosigkeit, Schlafstörungen, Nerven- und Muskelschmerzen, Gedächtnisstörungen, Depressionen

VITAMINTABELLE

Vitamine	Biologische Bedeutung	Vorkommen in der Natur	erhöhtes Risiko	Mangel- erscheinungen
C Ascorbin- säure	zahlreiche Gewebe- und Zellstoffwechsel- funktionen (Eisenabsorption), macht die freien Radikale unschädlich, Bildung von Kollagen und Bindegewebe, Bildung von Antikörpern, L-Carnitin- synthese, stressabbauend	schwarze Johannisbeeren, Petersilie, Kiwi, Brokkoli, frisches Gemüse, Obst, (Zitrusfrüchte), Leber, Nieren	Rauchen kein Verzehr von Obst und rohem Gemüse makrobiotische Diät Streß verschleppte Infektion	Müdigkeit, Schlaflosigkeit, Appetitlosigkeit, Muskelschmerzen, Infektionsanfälligkeit, Leistungsminderung

3. Falscher Umgang mit Alkohol

Die Art, wie man Alkohol trinkt, kann die Vitalität beeinflussen. Deshalb sollte man niemals Alkohol auf nüchternen Magen trinken, da dies das Auftreten von Kopfschmerzen, Schwindel und das Entstehen von Unfällen durch nachlassende Aufmerksamkeit (bei der Arbeit oder im Verkehr) begünstigen kann. Ein übermäßiger Alkoholkonsum bei einer Mahlzeit verursacht die gleichen Störungen.

Frauen reagieren empfindlicher auf Alkohol, da die entsprechenden Enzyme in der Leber nicht so leistungsfähig sind.

Außerdem hat Alkohol eine entwässernde Wirkung, da er die Harnausscheidung und die Perspiration (Hautatmung) begünstigt.

Allerdings bewirkt eine Dehydrierung von 1 % eine Verringerung der Muskelkraft um 10 %. Tritt eine Dehydrierung von 2 % ein, nimmt die Muskelkraft um 20 % ab... Dies ist der Grund dafür, daß man schnell ermüdet, ohne sich besonders körperlich angestrengt zu haben.

4. Überempfindlichkeit gegenüber belasteten Nahrungsmitteln

Man weiß kaum etwas darüber, wie der Organismus auf die jahrzehntelange Absorption von Pestiziden, Herbiziden, Fungiziden, Nitraten, Antibiotikarückständen, Blei und Quecksilber reagiert.

Dennoch kennt man bereits Fälle von Vergiftung durch den Verzehr von Innereien, Allergien gegen bestimmte Farbstoffe, ganz zu schweigen von Salmonellenvergiftung und Erkrankungen wie Listeriose oder Trichinose. In allen Fällen kam es unter anderem zu Müdigkeitserscheinungen.

Deshalb sollte man möglichst Nahrungsmittel aus biologischem Anbau bevorzugen, da sie mehr Mikronährstoffe enthalten und frei von unerwünschten chemischen Zusätzen sind.

KAPITEL 7

VERHÜTUNG DER HERZ-KREISLAUF-ERKRANKUNGEN

Statistisch gesehen besteht heutzutage bei Herz-Kreislauf-Erkrankungen ein erhöhtes Risiko.

In Frankreich zählt man jedes Jahr etwa 110 000 Infarkte und 50 000 Todesfälle, die auf ein Koronaratherom zurückzuführen sind.

Obwohl diese Zahl in bezug auf die Bevölkerung sehr hoch ist, belegt Frankreich damit weltweit den vorletzten Platz und wird nur noch von Japan unterboten. Im Vergleich zu den USA ist diese Zahl um das Dreifache geringer, im Vergleich zu Finnland sogar um das Vierfache (das an erster Stelle steht); mit dieser Zahl liegt Frankreich auch weit hinter Großbritannien, Kanada, Norwegen und Deutschland.

Auch wenn Hypercholesterinämie bewiesenermaßen ein Risikofaktor darstellt, gibt es noch viel wichtigere Ursachen wie Rauchen, Bluthochdruck, erbliche Veranlagung, Diabetes *„und alles, was wir bisher noch nicht kennen"*, wie die Fachleute sagen.

Jeder weiß, daß Herz-Kreislauf-Erkrankungen weltweit die häufigste Todesursache sind. Doch wie Professor Apfelbaum zu sagen pflegt, wird häufig vergessen, daß das Durchschnittsalter bei Todesfällen aufgrund Herz-Kreislauf-Erkrankungen zwischen siebzig und fünfundsiebzig Jahren beträgt, was fast der durchschnittlichen Lebenserwartung entspricht.

Das vaskuläre Risiko ist geschlechtsspezifisch

Beim Mann tritt es vor allem zwischen dem 35. und 55. Lebensjahr auf. Bei der Frau besteht jedoch ein Hormonschutz bis zur Menopause. Danach sind nur die Frauen einem vaskulären Risiko ausgesetzt, die sich keiner Hormonbehandlung unterziehen.

Das Risiko zeigt sich erst im Alter von etwa siebzig Jahren mit Zunahme der Arterienablagerungen.

Internationale Untersuchungen haben im übrigen gezeigt, daß in den Ländern, in denen Cholesterin als Risikofaktor reduziert werden konnte, die Todesfälle durch Herzinfarkt zwar zurückgegangen sind, daß aber die Mortalitätsrate insgesamt überhaupt nicht niedriger geworden ist.

Dies gilt zum Beispiel für die USA, wo 1985 eine große Anticholesterinkampagne gestartet wurde, die zu einem hysterischen und sogar krankhaften Verhalten der Bevölkerung geführt hat, wozu im übrigen nur die Amerikaner fähig sind.

Sämtliche Hebel wurden in diesem Land in Bewegung gesetzt, um die extrem hohe Zahl der Herz-Kreislauf-Erkrankungen zu reduzieren. *„Alle neunzig Sekunden stirbt ein Amerikaner an einem Herzinfarkt"* betonte Dr. Lenfant. Dazu ist zu sagen, daß bei vierzig Millionen erwachsenen Amerikanern der Cholesterinspiegel stark erhöht ist.

Aus mehreren Ärzteverbänden, Versicherungsgesellschaften, Pharma- und Nahrungsmittelindustrie wurde eine Expertengruppe gebildet, deren Aufgabe darin bestand, „Empfehlungen" auszuarbeiten.

Diese Ratschläge wurden mit Unterstützung der Medien an die Bevölkerung weitergegeben. Einhundertfünfzigtausend Ärzte verteilten Informationsbroschüren an ihre Patienten; Ernährungsspezialisten, Ärzte und Krankenschwestern wurden in speziellen Kursen unterrichtet.

Diese große Kampagne mit dem Titel *„know your cholesterol numbers"* (seinen Cholesterinspiegel kennen) hat die Lebensgewohnheiten der Amerikaner entscheidend beeinflußt. Die Nahrungsmittelindustrie hat sich diesen neuen Markt *„no cholesterol"* (kein Cholesterin) natürlich sofort zunutze gemacht. Es wurden Produkte hergestellt, die überhaupt kein Fett mehr enthielten. Zu Butter hieß es nur noch *„I can't believe it's not butter"* (ich kann nicht glauben, daß es keine Butter ist); „es sieht aus wie Butter, schmeckt wie Butter, ist aber keine". Es war ganz einfach ein weiteres synthetisches Produkt (eine Art Pseudobutter).

Mit Wurst und Käse wurde unter anderem genauso verfahren: damit die Produkte auch ohne Fett appetitlich aussahen, wurden entsprechende synthetische Stoffe hinzugefügt. Dies hatte für den Verbraucher den Vorteil, daß der Fettgeschmack erhalten blieb.

Professor Slama, der diese Manipulationen verurteilt, geht davon aus, daß sich der Organismus auf die eine oder andere Art dafür rächen wird. Wenn man weiß, wie kompliziert die Mechanismen sind, die nach einer Nahrungsaufnahme in Gang gesetzt werden (Neurotransmitter, Hormone, Enzyme), muß man das Schlimmste befürchten.

Diese Praktik stößt im übrigen bei den Franzosen auf Unverständnis, da ihre Mortalitätsrate bei Herz-Kreislauf-Erkrankungen zu den niedrigsten der Welt zählt, obwohl sie sich auf die herkömmliche Art und Weise ernähren (unverfälschte und vor allem erlesene Produkte).

Deshalb besteht jedoch keine Veranlassung, das Problem der Hypercholesterinämie zu vernachlässigen. Ohne so fanatisch zu reagieren wie die Amerikaner, sollte man dennoch die Folgen der Hypercholesterinämie für die Gesundheit objektiv abschätzen und die entsprechenden Vorsichtsmaßnahmen bei der Ernährung ergreifen, um sich davor zu schützen.

CHOLESTERIN „IST GUT FÜR DIE GESUNDHEIT"!

Für den Organismus ist Cholesterin kein Fremdstoff, sondern eine notwendige Substanz.

Es ist zweifachen Ursprungs: 70 % werden in der Leber synthetisiert, d.h. vom Organismus selbst hergestellt, und lediglich 30 % werden über die Nahrung aufgenommen.

Man kann sich also ohne weiteres cholesterinlos ernähren (mit Karotten beispielsweise) und trotzdem einen erhöhten und kritischen Cholesterinspiegel haben. Dies veranlaßt Professor Apfelbaum zu den Worten, daß *„zwischen dem Cholesterin aus der Nahrung und dem Cholesterin im Blut nur ein geringer Zusammenhang besteht; bei manchen Personen ist sogar gar kein Zusammenhang festzustellen".*

186

Cholesterin ist ein unerläßliches Molekül für die Bildung der Zellmembranen, bestimmter Hormone und der Galle. Es wird mit Hilfe von Proteinen durch das Blut transportiert. Man unterscheidet:

- **Lipoproteine geringer Dichte** (Low Density Lipoproteins oder LDL), die das Cholesterin an die

Zellen, insbesondere die Zellen der Arterienwände abgeben, an denen sich Fettablagerungen bilden.

Deshalb wurde das LDL-Cholesterin als „schlechtes Cholesterin" bezeichnet, denn auf lange Sicht verstopfen die Gefäße durch diese Ablagerungen.
  Diese Arterienverstopfung kann zu Herz-Kreislauf-Störungen führen:

- aufgrund einer Verschlußkrankheit der unteren Extremitäten;
- aufgrund von Angina pectoris oder einem Herzinfarkt;
- aufgrund eines Schlaganfalls, der eine Lähmung zur Folge ha ben kann;

- **Lipoproteine hoher Dichte** (High Density Lipoproteins oder HDL), die das Cholesterin in die Leber transportieren, wo es ausgeschieden wird.
  Deshalb wurde das HDL-Cholesterin „gutes Cholesterin" genannt, da es zu keiner Ablagerung in den Gefäßen kommt. Es reinigt dagegen die Arterien von ihren Cholesterinablagerungen. Je höher seine Konzentration ist, umso mehr verringern sich die Herz-Kreislauf-Risiken.

Bestimmung der Konzentration im Blut

Heute sind die Sollwerte sehr viel strenger als noch vor wenigen Jahren. Drei Werte sind festzuhalten:

1. das Gesamt-Cholesterin sollte höchstens 2 g pro Liter Blut erreichen;

2. das LDL-Cholesterin sollte unter 1,30 g/l liegen;

3. das HDL-Cholesterin sollte beim Mann über 0,45 g/l und bei der Frau über 0,55 g/l betragen.

Herz-Kreislauf-Risiken

Sie multiplizieren sich mit zwei, wenn der Cholesterinspiegel 2,2 g/l erreicht, und mit vier, wenn er über 2,6 g/l beträgt. Man hat jedoch festgestellt, daß 15 % der Infarkte bei Personen auftraten, deren Gesamt-Cholesterinspiegel unter 2 g/l lag. Deshalb hat dieser Wert nur eine relative Bedeutung.

Am wichtigsten ist die LDL- und HDL-Konzentration und das Verhältnis zwischen Gesamtcholesterin und HDL-Cholesterin, das unter 4,5 liegen muß.

45 % der Franzosen haben erhöhte Cholesterinwerte und bei etwa acht Millionen beträgt der Gesamtcholesterinspiegel über 2,5 g/l. Wenn man nun weiß, daß eine Senkung des Cholesterins um 12,5 % das Herzinfarktrisiko um 19 % verringert, sollte man sich ernsthaft damit auseinandersetzen.

DIE ERFORDERLICHE ERNÄHRUNGSUMSTELLUNG

Im Falle einer Hypercholesterinämie kann der Arzt bestimmte Medikamente verschreiben, doch sollte dies erst als allerletzte Möglichkeit in Betracht gezogen werden.

Der richtige Umgang mit der Ernährung dürfte in den meisten Fällen als Behandlung ausreichen.

Die nachfolgenden Empfehlungen dienen einer Senkung des Cholesterinspiegels; sie können im übrigen auch als Präventivmaßnahmen angewendet werden.

1. Gewichtsabnahme

Man hat festgestellt, daß ein Gewichtsverlust (im Falle eines Übergewichtes) in den meisten Fällen zu einer Verbesserung der biologischen Parameter geführt hat. Am schnellsten wird wahrscheinlich eine
Senkung des Cholesterinspiegels erreicht werden, vorausgesetzt, man
begeht nicht den Fehler, zuviele schlechte Lipide zu sich zu nehmen.

2. Einschränkung der Cholesterinzufuhr über die Nahrung

Einige Nahrungsmittel - wie etwa Eigelb oder Innereien - enthalten
viel Cholesterin. Die Weltgesundheitsorganisation hat lange Zeit
empfohlen, pro Tag nicht mehr als 300 mg Cholesterin zu sich zu nehmen. Neuere Arbeiten haben jedoch den Beweis erbracht, daß dies
paradoxerweise ein sekundärer Aspekt der Diätetik ist: eine Cholesterinzufuhr von 1 000 mg pro Tag läßt den Cholesterinspiegel nur um etwa
5 % ansteigen.

Neuere Veröffentlichungen haben gezeigt, daß Eier einen viel geringeren Einfluß auf den Cholesterinspiegel haben, als bisher angenommen wurde: es scheint, daß das in großer Menge enthaltene
Lecithin den Cholesteringehalt neutralisiert.

Das in Lebensmitteln enthaltene Cholesterin kann daher vernachlässigt werden; den Sättigungsgrad der verzehrten Fettsäuren muß
man dagegen berücksichtigen.

3. Auswahl der Fette

Bekanntlich werden die Fette in drei Gruppen eingeteilt:

a. Gesättigte Fette

Gesättigte Fette finden sich in Fleisch, Wurst, Eiern, Milch, Milchprodukten, Käse und Palmöl, neuerdings auch in Keksen, Kuchen
und Hefegebäck.

Theoretisch erhöhen sie den Gehalt an Gesamt-Cholesterin und insbesondere an LDL-Cholesterin, das sich an den Gefäßwänden ablagert und vaskuläre Störungen begünstigt.

Geflügel enthält wenig gesättigte Fette, vorausgesetzt, die Haut wurde entfernt. Wenn man also Geflügel verzehrt, hat dies nur einen geringen Einfluß auf die Erhöhung des Cholesterinspiegels.

b. Mehrfach ungesättigte Fette tierischen und pflanzlichen Ursprungs

- Mehrfach ungesättigte Fettsäuren tierischen Ursprungs sind im wesentlichen in Fischfetten enthalten.

Lange Zeit nahm man an, daß Eskimos, die sich hauptsächlich von Fisch ernähren, aus genetischen Gründen vor Herz-Kreislauf-Erkrankungen geschützt waren. Im weiteren Verlauf hat man festgestellt, daß es gerade die fischreiche Ernährung ist, die den idealen Schutz bildet.

Der Verzehr von Fischfetten führt zu einer Senkung des LDL-Cholesterins und der Triglyzeride und sorgt für eine bessere Fließfähigkeit des Blutes, wodurch das Thromboserisiko verringert wird.

Entgegen der bisherigen Annahme hat Fisch also eine umso günstigere Wirkung auf den Cholesterinspiegel, je fetter er ist. Man kann somit zum Verzehr von Lachs, Thunfisch, Makrelen, Anchovis und Heringen nur ermuntern.

- Mehrfach ungesättigte Fettsäuren pflanzlichen Ursprungs wurden lange Zeit bevorzugt, da sie den Gesamt-Cholesterinspiegel senken. Man hat jedoch festgestellt, daß sie zwar das LDL-Cholesterin verringern (was wünschenswert ist), daß sie aber auch das HDL-Cholesterin herabsetzen, was nicht so günstig ist.

Man findet diese Fettsäuren in Sonnenblumenöl, Rapsöl, Walnußöl und Traubenkernöl. Sie sind im übrigen sehr oxydationsanfällig; als oxydierte Öle stellen sie bekanntlich eine Gefahr für die Arterien dar.

Wie eine neuere Untersuchung an 17 000 amerikanischen Krankenschwestern gezeigt hat, sind diese Fettsäuren nach ihrer Umwandlung zu Margarine noch schädlicher, da sie in dieser Form die Fettablagerungen in den Gefäßen begünstigen.

c. Einfach ungesättigte Fette

Diese Fette sollten bevorzugt verzehrt werden. Ihr Hauptvertreter ist die Ölsäure, die vor allem in Olivenöl und Rapsöl vorkommt.

Das Olivenöl steht bei den Fetten, die eine günstige Wirkung auf den Cholesterinspiegel haben, an erster Stelle. Es ist das einzige, das das schlechte Cholesterin (LDL-Cholesterin) senkt und den Gehalt an gutem Cholesterin (HDL-Cholesterin) erhöht.

Ein Thunfischgericht mit Olivenöl ist somit eine wahre Anticholesterin-Wunderwaffe.

Gänse- und Entenfett zählen im übrigen auch zu den einfach ungesättigten Fettsäuren.

Foie gras, Gänse- und Entenbrust und anderes Gänse- und Entenfleisch können somit bedenkenlos verzehrt werden, da sie sich günstig auf das Herz-Kreislauf-System auswirken.

4. Erhöhung der Ballaststoffzufuhr

Im Verdauungstrakt befindliche Ballaststoffe verbessern den Lipidstoffwechsel.

Man hat zudem festgestellt, daß Pektin - das zum Beispiel in Äpfeln enthalten ist - eine deutliche Senkung des Cholesterinspiegels hervorruft. Dies gilt auch für sämtliche löslichen Ballaststoffe, wie etwa die Pflanzenmehl- und Quellstoffe von weißen Bohnen oder die Ballaststoffe von Algen (Alginate).

5. Mäßiger Weinkonsum

Professor Masquelier hat nachgewiesen, daß Alkohol den Gehalt an „gutem Cholesterin" (HDL-Cholesterin) erhöht und daß die darin enthaltenen Polyphenole die Gefäßwände schützen.

Die Statistik zeigt deutlich, daß in den Ländern, in denen regelmäßig Wein getrunken wird (Frankreich, Italien, Spanien, Griechenland...), die niedrigste Mortalitätsrate bei Herz-Kreislauf-Erkrankungen zu verzeichnen ist.

6. Verbesserung des Lebensstils

Streß, Rauchen und eine sitzende Lebensweise haben ebenfalls eine negative Auswirkung auf den Cholesterinspiegel und die Arterien. Ein gesünderer Lebensstil ist somit nicht nur als Heilmaßnahme, sondern auch als Präventivmaßnahme zu empfehlen.

Die mittelmeerländische Ernährungsweise

Diese Ernährungsweise stellt den bestmöglichen Schutz vor Herz-Kreislauf-Erkrankungen dar, da sie Folgendes in sich vereint:

- viel Fisch (aber wenig Fleisch);
- Gemüse und vor allem Zwiebeln;
- Hülsenfrüchte (weiße Bohnen, Linsen, Saubohnen, Kichererbsen);
- Obst: Zitrusfrüchte und Ölfrüchte (Nüsse);
- ballaststoffreiches Brot;
- vergorene Milchprodukte (Joghurt);
- Knoblauch;
- Olivenöl (aber wenig Butter);
- Wein.

Kreta, wo regelmäßig Wein getrunken und viel Olivenöl verzehrt wird, ist die Region in Europa mit den wenigsten Herz-Kreislauf-Erkrankungen.

7. Regulierung der Insulinsekretion

Zahlreiche amerikanische Ärzte haben festgestellt, daß eine cholesterin- und fettlose Ernährung bei Patienten, die an Hypercholesterinämie leiden, nicht automatisch zu einer deutlichen Senkung des Cholesterinspiegels führt.

Dagegen konnte nachgewiesen werden, daß eine Ernährung aus Kohlenhydraten mit einem niedrigen glykämischen Index zu einer Regulierung der Insulinproduktion und Optimierung der Blutparameter (Cholesterin, Triglyzeride) führt, obwohl die Fett- und Cholesterinzufuhr nicht verringert wurde. In einigen Fällen war sie sogar noch höher als vorher.

Dies hat Dr. Morrison C. Bethea - Herzchirurg am Baptist Hospital, New Orleans - bei seinen Patienten festgestellt, nachdem er die Montignac-Methode in seiner Abteilung angewendet hatte.

8. Regulierung der Triglyzeride im Blut

Ein erhöhter Gehalt an Triglyzeriden im Blut wird heute voll und ganz als Herz-Kreislauf-Risiko anerkannt. Die Ursache ist meist ein übermäßiger Alkohol- oder Zuckerkonsum.

Man sollte deshalb:

- häufig fetten Fisch verzehren;
- Kohlenhydrate mit einem niedrigen glykämischen Index zu sich nehmen;
- Alkohol und Süßigkeiten meiden.

9. Wissenswertes

Nach Ansicht von Professor Serge Renaud, Spezialist für Fette und Leiter der medizinischen Forschungsabteilung des „INSERM" (Nationales Institut für Gesundheit und medizinische Forschung), haben bestimmte Untersuchungen gezeigt, daß die in Käse enthaltenen gesättigten Fettsäuren (die für Cholesterin verantwortlich sind), zusammen mit dem Kalzium unlösliche Salze bilden, die im Darmtrakt schlecht absorbiert werden. Das Cholesterinrisiko bei Käse ist somit viel geringer, als bisher angenommen wurde.

Andere Arbeiten haben ebenfalls aufgezeigt, daß die natürliche Gärung von Käse aus Rohmilch zu einer regelrechten Umwandlung der Fette führt: die Molekülstruktur der gesättigten Fette wird so verändert, daß ihre Absorption im Darmtrakt völlig neutralisiert wird.

Herkömmlicher Käse aus Rohmilch hat somit überhaupt keinen negativen Einfluß auf das Herz-Kreislauf-System (siehe nachfolgendes Schema).

Fette (Lipide) bestehen zu 98 % aus Triglyzeriden, die sich aus einem Alkoholmolekül (Glyzerin) und drei Fettsäuremolekülen zusammensetzen.

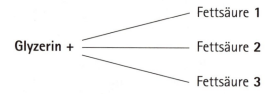

Lediglich die Fettsäuren der Position 2 werden gut durch die Darmwand absorbiert. Allerdings wird ein Großteil dieser Fettsäuren durch die natürliche Gärung der Rohmilch, die die Molekülstruktur der Fette verändert, unschädlich gemacht.

Auch wenn Käse aus Rohmilch eine große Menge gesättigter Fette enthält, wird also nur ein geringer Teil im Darmtrakt absorbiert. Falls der Cholesterinspiegel trotz einer geringen Zufuhr von gesättigten Fetten erhöht ist, kann dies auf einen Mangel an Vitamin PP zurückzuführen sein.

Überblick über die Maßnahmen, die bei Hypercholesterinämie ergriffen werden sollten

- Abnehmen, falls man übergewichtig ist.

- den Fleischkonsum einschränken (maximal 150 g/Tag).

- mageres Fleisch wählen (Pferdefleisch und mageres Rindfleisch).

- statt Fleisch so oft wie möglich Geflügel essen (ohne Haut).

- fette Wurst und Innereien meiden.

- Fisch bevorzugen (mindestens 300 g/Woche).

- wenig Butter (maximal 10 g/Tag) und Margarine essen.

- Magermilch und Milchprodukte mit 0 % Fettgehalt wählen. Joghurt essen.

- mehr Ballaststoffe zu sich nehmen (Obst, Getreide, Gemüse und Hülsenfrüchte).

- den Verzehr von einfach und mehrfach ungesättigten pflanzlichen Fettsäuren erhöhen (Olive, Sonnenblume, Raps, Mais).

- für eine ausreichende Zufuhr von Vitamin A, PP, C und E, Selen und Chrom sorgen (Bierhefe).

- (eventuell) Wein mit einem hohen Gehalt an Gerbsäure (Tannin) trinken (maximal 1/2 Flasche/Tag), da er Polyphenole enthält.

- den Streß bewältigen.

- eventuell Ausdauersport betreiben.

- mit dem Rauchen aufhören.

KAPITEL 8

ERNÄHRUNG UND SPORT

In den Straßen von New York sieht man schon um fünf Uhr morgens zahllose Jogger im knappen Sportdreß, die sich mächtig ins Zeug legen.

Obwohl die Luft, die sie in vollen Zügen einatmen, stark verschmutzt ist, folgen diese „Frühsportler" jenem Ritual, das für jeden echten amerikanischen Staatsbürger ein Muß darstellt.

Von einigen nicht ganz ernstzunehmenden „Marathonläufern" abgesehen, besteht das Gros dieser morgendlichen Jogger aus Leuten, die der Meinung sind, daß sie einmal täglich eine große körperliche Anstrengung auf sich nehmen müssen, um in Topform zu bleiben und vor allem nicht Gefahr zu laufen, so dick zu werden, wie es viele ihrer Landsleute bereits sind.

Ganz Amerika hat sich im übrigen darauf eingestellt und trotz einer permanenten Zunahme des durchschnittlichen Körpergewichtes ist man weiterhin davon überzeugt, daß die beste Art, abzunehmen, darin besteht, wenig Kalorien zu sich zu nehmen und viel Kalorien zu verbrauchen.

Die Pariser sind dagegen viel vernünftiger: sie begnügen sich damit, am Samstag morgen einige Runden um den See im „Bois du Boulogne" zu drehen, wodurch sich ihnen nicht nur die Gelegenheit bietet, frische Luft zu schnappen, sondern auch mit Freunden zusammenzutreffen. Viele nehmen nach dieser körperlichen Betätigung eine kräftige Mahlzeit „nach Art des Hauses" zu sich, um die Energie wieder zuzuführen, die sie eventuell gar nicht verbraucht haben.

Eine Umfrage, die 1989 von einer großen französischen Wochenzeitschrift durchgeführt wurde, hat ergeben, daß 66 % der Franzosen der Meinung sind, daß Sport das beste Mittel sei, um abzunehmen.

Dies ist also eine weit verbreitete Ansicht, was umso erstaunlicher ist, als daß kaum einer, der Sport treibt, auch tatsächlich abgenommen hat. Denn es ist völlig illusorisch, durch körperliche Betätigung eine Gewichtsabnahme zu erreichen, ohne daß man eine Umstellung der Ernährungsgewohnheiten vorgenommen hat.

Es ist nicht von der Hand zu weisen, daß durch Sport mehr Energie verbraucht wird; allerdings ist der Verbrauch in Wahrheit viel geringer, als man glaubt.

kontinuierliche sportliche Betätigung	Zeit, in der man durch sportliche Betätigung 1 kg abnimmt	
	Männer (Stunden)	Frauen (Stunden)
Gehen	138	242
Laufen	63	96
Golf	36	47
Fahrradfahren	30	38
Schwimmen	17	21
Jogging	14	18
Tennis	13	16
Squash	8	11

Arbeiten von Dr. de Mondenard haben tatsächlich gezeigt, daß man viele Stunden Sport treiben muß, um eine Gewichtsabnahme von einem Kilo zu erreichen.

Wer innerhalb von vier Monaten fünf Kilo allein durch körperliche Anstrengung abnehmen möchte, müßte demnach an fünf Tagen in der Woche eineinhalb Stunden lang Jogging betreiben.

AUSDAUER ZAHLT SICH AUS!

Wer Sport treiben möchte, sollte wissen, daß nur dann eine Gewichtsabnahme erzielt wird, wenn die körperliche Betätigung kontinuierlich erfolgt. Es ist somit viel sinnvoller, eine Stunde lang Sport zu treiben, als dreimal dreißig Minuten am Tag aktiv zu werden.

In der Ruhepause verwendet der Organismus die im Blut zirkulieren-
den Fettsäuren sowie das ATP (Adenosintriphosphat) der Muskeln
als Treibstoff.

Sobald man sich intensiv körperlich bewegt, greift der Organismus auf das Glykogen der Muskeln zurück, das innerhalb von zwanzig
Minuten aufgebraucht wäre, wenn es die einzige Versorgungsquelle
darstellen würde.

Nach einer fünfundzwanzigminütigen Anstrengung stammt die
eine Hälfte der verbrauchten Energie vom Glykogen und die andere
Hälfte von der Umwandlung der Fettreserven (Lipolyse).

Nach vierzig Minuten dienen vor allem die Fette als Energielieferant,
um den Restbestand an Glykogen zu erhalten. Es kommt also erst
nach vierzig Minuten intensiver körperlicher Betätigung zu einer
Verringerung der Fettreserven.

Wenn man nun dreimal am Tag für die Dauer von zwanzig Minuten
Sport treibt, wird ausschließlich Glykogen als Treibstoff verwendet,
da es über die zugeführte Nahrung immer wieder neu gebildet werden kann.

Um Erfolge zu erzielen, muß man sich also für eine Ausdauersportart
(Fahrradfahren, Jogging, Schwimmen...) entscheiden, die mindestens
dreimal pro Woche für die Dauer von mindestens vierzig Minuten
ausgeübt werden sollte. Sämtliche Erfolge werden im übrigen durch
eine dreitägige Pause wieder zunichte gemacht.

Es ist wichtig, daß man parallel zur körperlichen Betätigung seine
Ernährungsgewohnheiten nach den Prinzipien dieses Buches ausrich-
tet, um insbesondere das Risiko der Hypoglykämie auszuschalten [1].

Außerdem sollte man die sportliche Leistung allmählich steigern
und nicht einfach die Dauer der körperlichen Anstrengung plötzlich
verlängern, ohne daß man entsprechend trainiert ist. Der Organismus muß sich Schritt für Schritt daran gewöhnen, seine physiologischen Funktionen zu ändern.

---

1) Da die Ernährung der Leistungssportler viel komplexer ist und für jede Sportart andere
Ernährungsrichtlinien gelten, wird in diesem Buch nicht näher darauf eingegangen.

Sport kann vorteilhaft sein

Sport kann dann vorteilhaft sein, wenn er hauptsächlich auf einen gesünderen Lebensstil und eine bessere Sauerstoffversorgung ausgerichtet ist.

Man könnte fast sagen, daß der menschliche Körper (und seine sämtlichen Funktionen) „sich nur dann wirklich abnutzt, wenn man ihn nicht benutzt".

Die körperliche Ertüchtigung sorgt also für eine ständige Regenerierung des Körpers und führt zu einer Verbesserung der Herz- und Lungenfunktion, was den Alterungsprozeß verzögert.

Auch wenn keine Gewichtsabnahme zu verzeichnen ist, wirkt man schlanker, da durch den Aufbau der Muskeln das Fett allmählich verschwindet.

Die körperliche Betätigung kann zudem ein wirksames Mittel sein, um den Organismus zu stärken, worauf auch unsere Empfehlungen im Ernährungsbereich abzielen.

Außerdem kommt es durch die körperliche Anstrengung zu einer Verbesserung der Glukoseverträglichkeit und einer erheblichen Verringerung von Hyperinsulinismus (Ursache von Hypoglykämie und Übergewicht).

Bei Bluthochdruck und Hypercholesterinämie sind ebenfalls deutliche Verbesserungen festzustellen [2].

Sport kann sich auch günstig auf die Psyche auswirken, da man dabei seinen Körper kennenlernt und zu einer gewissen Lebhaftigkeit zurückfindet. Nachdem diese sportliche Betätigung zu Beginn vielleicht als Strafe empfunden wurde, wird sich bald darauf ein körperliches Wohlbefinden einstellen, vor allem dann, wenn eine Leistungssteigerung zu verzeichnen ist.

Da Sport zu einer allgemeinen Verbesserung der Stoffwechselfunktionen führt, trägt er nach der Gewichtsabnahme zur Stabilisierung des Körpergewichtes und Erhaltung der Leistungsfähigkeit bei.

---

[2] Ab vierzig Jahren sollte man vor einer sportlichen Betätigung die Herztätigkeit überprüfen lassen (mit Belastungs-EKG).

Sich kein falsches Ziel setzen

Manche Sporttreibende legen leider ein etwas zu extremes Verhalten an den Tag. Zwischen den rauchenden und Alkohol trinkenden Pseudosportlern, die die meiste Zeit an der Theke oder vor dem Fernseher verbringen, und denjenigen, die den Berufssportlern nacheifern, um ewig jung zu bleiben, gibt es ein vernünftiges Mittelmaß, das jeder für sich herausfinden sollte.

Die Arbeitsausfälle am Montag morgen sind nicht nur auf übermäßigen Alkoholkonsum oder irgendwelche Eßgelage am Wochenende zurückzuführen, sondern auch auf übertriebene sportliche Aktivitäten.

Der richtige Umgang mit der Ernährung sowie regelmäßige und vernünftige körperliche Bewegung bilden die Grundlage, um in Würde alt zu werden. Es ist aber auch Ausdruck einer bestimmten Geisteshaltung.

Man kann nur Mitleid empfinden, wenn man sieht, wie manche Leute fünf Minuten auf den Fahrstuhl warten, um in den nächsten Stock zu gelangen, oder mit dem Auto Zigaretten holen. Dies gilt auch für diejenigen, die sich nur von Hamburger und Cola ernähren.

TEIL 2

Frauen sind zerbrechliche Wesen... Diese Vorstellung hatte man zumindest bisher von Frauen, die gemeinhin als das „schwache Geschlecht" bezeichnet wurden.

Heute ist sich die Wissenschaft jedoch darin einig, daß Frauen viel widerstandsfähiger sind als Männer, und nicht nur allein deswegen, weil sie ein höheres Alter erreichen.

Es heißt, daß Männer körperlich nicht in der Lage wären, eine Schwangerschaft durchzustehen, weshalb Frauen widerstandsfähiger seien, obwohl sie zerbrechlicher sind...

De facto sind Frauen vor allem sensiblere und komplexere Wesen. Ihr Leben wird von einem komplizierten Hormonzyklus bestimmt, der den Körper von der Pubertät über die Schwangerschaft bis hin zur Menopause zahlreichen Veränderungen aussetzt.

Genau wie ein hochentwickelter Motor reagiert der weibliche Organismus auf jede noch so geringe Änderung. Er verfügt somit über ein ausgeprägteres Regulationssystem, was ihn jedoch auch anfälliger macht.

Demzufolge reagieren Frauen auch empfindlicher auf Medikamente. Dies zeigt sich dadurch, daß eventuelle Nebenwirkungen deutlicher zutage treten.

Wenn zu dieser extremen Sensibilität noch schlechte Ernährungsgewohnheiten hinzukommen, wirkt sich dies natürlich umso mehr auf das Körpergewicht aus, zumal diese Sensibilität durch Hormonschwankungen noch verstärkt wird.

Nachdem in Teil 1 die Ernährungsrichtlinien dargelegt wurden, die auf eine endgültige Gewichtsabnahme und eine bessere Gesundheit ausgerichtet sind, wird nun in Teil 2 aufgezeigt, wie Frauen diese Richtlinien anwenden können, um einen möglichst großen Erfolg zu erzielen.

KAPITEL 1

DER WEIBLICHE KÖRPER
IM WANDEL DER ZEIT

Wir befinden uns zum Beispiel im Jahre 2500 und die Historiker dieser Zeit beschließen, die Formen des weiblichen Körpers im zwanzigsten Jahrhundert zu erforschen. Nach Betrachtung zahlreicher Frauenjournale aus jener Zeit stellen sie fest, daß sämtliche abgebildeten Frauen über einen schlanken, wenn nicht sogar mageren Körper verfügen. Sie ziehen daraus natürlich die Schlußfolgerung, daß damals alle Frauen dieses Aussehen aufwiesen.

Wir begehen heutzutage genau den gleichen Fehler, wenn wir Gemälde aus früheren Jahrhunderten betrachten - wie etwa *„die drei Grazien"* von Raphael oder *„die Sirenen"* von Rubens -, oder auch Werke aus etwas neuerer Zeit, wie zum Beispiel die Aktdarstellungen von Renoir, die Skulpturen von Maillol oder die Badenden von Courbet. Alle Kunstwerke zeigen wohlgenährte Frauenkörper, woraus man natürlich folgt, daß früher alle Frauen so rundlich waren.

Man müßte vielmehr die Überlegung anstellen, ob die Maler vergangener Jahrhunderte in ihren Werken die Realität wiedergaben oder ob sie nicht eher ein Wunschbild zum Ausdruck brachten.

Die heutigen Illustrierten beschränken sich ebenfalls auf eine atypische Darstellung des weiblichen Körpers, worin sich eigentlich nur die Wunschvorstellung der Leserinnen widerspiegelt.

SCHÖNHEITSIDEALE

Wir sehen eigentlich nur das als erstrebenswert an, was selten und außergewöhnlich ist. Früher war Dicksein ein Zeichen für sozialen Wohlstand: es bedeutete, daß man jeden Tag reichlich zu essen hatte. Die meisten Menschen waren jedoch schlank oder sehr dünn.

Da rundliche Menschen somit eine Ausnahmeerscheinung darstellten, wurde Dicksein als Schönheitsideal empfunden.

Man muß wissen, daß früher die Lebensmittelversorgung für einen Großteil der Bevölkerung von äußeren Umständen abhing. Kriege, Bauernaufstände, schlechte Ernten... konnten jederzeit eine Hungersnot auslösen. Sich jeden Tag satt zu essen, war Luxus, weshalb die eventuell vorhandenen Fettreserven ein kostbares Polster für den Notfall darstellten.

Übergewicht war somit eine begehrte Absicherung gegen schlechte Zeiten und besaß nicht diese negative Bedeutung wie heute.

Dicksein war früher auch ein Zeichen für gute Gesundheit und Robustheit. Bei einer wohlgenährten Frau ging man zum Beispiel automatisch davon aus, daß sie problemlos Kinder zur Welt bringen würde. Dieses Frauenbild wird in einigen Ländern der Dritten Welt immer noch idealisiert, insbesondere im Maghreb.

Nach Meinung von Soziologen hängt das weibliche Schönheitsideal von der jeweiligen Mode ab.

Andere sind eher der Ansicht, daß Mode nur dazu dient, das aktuelle weibliche Schönheitsideal zum Ausdruck zu bringen.

Der Vorschlag des Modeschöpfers Paul Poiret zu Beginn des Jahrhunderts, künftig auf das Korsett zu verzichten, hat auf jeden Fall dazu beigetragen, daß die Dinge eine völlig andere Entwicklung nahmen.

Frauen konnten ihren Körper nicht mehr unter weiten Kleidern verstecken: die neue Mode war figurbetont und brachte die weiblichen Formen zur Geltung. Einige Jahre später wurden unter dem Einfluß der Frauenbewegung die femininen Aspekte sogar völlig außer acht gelassen, was sich in einer fast androgynen Mode widerspiegelte.

Die Sorge der Männer über die Entdeckung der weiblichen Sexualität (durch die Freudsche Psychoanalyse) zeigte ebenfalls ihre Wirkung. In der Malerei wurde Erotik immer seltener als Motiv verwendet. Einige Maler - wie etwa Picasso oder Buffet - gingen sogar so weit, den weiblichen Körper zu verunstalten, indem sie ihn in abgemagerter oder geometrischer Form darstellten.

Parallel zu diesen soziokulturellen Aspekten trugen zwei weitere Faktoren zur Durchsetzung eines niedrigeren Körpergewichtes bei: die Ausbreitung der Fettleibigkeit in einem führenden Land wie Amerika und die Erkenntnis der Medizin, daß Übergewicht ein ernstzunehmendes Gesundheitsrisiko in sich birgt.

FRAUEN, DIE GLAUBEN, DICK ZU SEIN

Sich einen „normalen" Körper zu wünschen, ist nur recht und billig. Leider legen viele Frauen einen etwas hohen oder vielmehr zu niedrigen Maßstab an und orientieren sich an den Fotomodellen ihrer Lieblingszeitschriften, deren Maße (90, 60, 90) unerreichbar bleiben. Bedauerlicherweise wird in unserer Gesellschaft alles standardisiert; sobald man nicht mehr den festgelegten Normen entspricht, wird man ausgegrenzt und gehört fortan zu den Randerscheinungen der Gesellschaft.

Ein junges Mädchen, das gegen die Norm „verstößt", denkt natürlich, daß sich kein Junge für sie interessiert; eine verheiratete Frau, die etwas mollig ist, befürchtet, daß ihr Mann sie mit einer atemberaubenden Schönheit betrügt, und eine Frau, die geliebt wird (und zu Übergewicht neigt), hat Angst, daß sie wegen einer attraktiven Zwanzigjährigen verlassen wird.

Manchmal denken diese Frauen jedoch nur, daß sie dick sind und geben den zusätzlichen Pfunden die Schuld an allem, was in ihrem Leben mißlingt. Deshalb ist es am besten, erst einmal eine genaue Diagnose zu stellen.

In den letzten Jahren waren einige mehr oder weniger unseriöse Gewichtstabellen im Umlauf, bei denen das Idealgewicht nach der Größe berechnet wurde. Die Maßstäbe waren entweder zu streng oder viel zu locker angelegt.

WIE BERECHNET MAN SEIN IDEALGEWICHT?

Es gibt zur Zeit zwei Methoden zur Berechnung des Idealgewichtes, die in den meisten Lehrbüchern aufgeführt sind.

1. Lorentz-Formel

$$\text{Idealgewicht} = (\text{Größe in cm} - 100) - \frac{(\text{Größe} - 150)}{2}$$

Wenn man nun 1,70 m groß ist, beträgt das Idealgewicht 60 Kilo, was weitgehend normal ist.

Wenn man dagegen 1,50 m groß ist, ergibt sich ein Idealgewicht von 50 Kilo, was etwas zu hoch erscheint.

2. BMI (Body Mass Index) oder Quetelet-Formel

Dabei handelt es sich um eine international anerkannte Formel, die eine äußerst genaue Bestimmung des Körpergewichtes ermöglicht.

Diese Formel gibt das Verhältnis zwischen dem Gewicht (in Kilo) und der Größe (in Meter und Quadrat) an.

$$\text{BMI} = \frac{\text{Gewicht (kg)}}{\text{Größe}^2 \text{ (m)}}$$

Mithilfe der nachfolgenden Angaben ist eine sofortige Bestimmung des eigenen BMI-Wertes möglich:

- BMI-Wert zwischen 20 und 23: normales Körpergewicht;

- BMI-Wert zwischen 24 und 29: Übergewicht;

- BMI-Wert über dreißig: Fettleibigkeit (Adipositas).

Im Gegensatz zur Lorentz-Formel kann beim Quetelet-Index das normale Körpergewicht innerhalb einer bestimmten Spannbreite schwanken und ist nicht auf ein genaues Maß festgelegt.

VERTEILUNG DER FETTE

Paradoxerweise ist die Waage nicht immer das beste Mittel, um ein Übergewicht festzustellen, da sich das Körpergewicht normalerweise aus Knochen, Muskeln, Eingeweiden, Wasser und Fett zusammensetzt.

Adipositas wird jedoch nur als ein Übermaß an Fett definiert. Bei der Frau beträgt die Fettmasse ungefähr 25 % des Körpergewichtes. Wenn Sportlerinnen eventuell etwas mehr auf die Waage bringen, sind sie nicht unbedingt als dick zu bezeichnen, da dieses zusätzliche Körpergewicht hauptsächlich auf eine größere Muskelmasse zurückzuführen ist.

Wasser, das allein zwei Drittel des Körpergewichtes ausmacht, kann leicht Gewichtsschwankungen verursachen (ein oder zwei Kilo), insbesondere vor oder nach der Menstruation.

„Abnehmen" und *„an Gewicht verlieren"* sind also zwei verschiedene Dinge: Abnehmen bedeutet, überflüssiges Fett verlieren, während man bereits an Gewicht verliert, wenn nur ein Wasserverlust zu verzeichnen ist. Deshalb ist es völlig sinnlos, Diuretika einzunehmen, wenn man abnehmen möchte, ganz zu schweigen von den Risiken, die sie in sich bergen.

1. Bestimmung der Fettmasse

Heutzutage gibt es die Möglichkeit, die Fettmasse exakt zu bestimmen: Man wird an einen Apparat angeschlossen (wie bei einem Elektrokardiogramm) und auf einem Monitor wird die Wasser-, Muskel- und Fettmasse sichtbar.

Mit diesem Apparat kann man die Fettmasse genau messen und ihre Veränderung in der Abnahmephase beobachten. Leider verfügen bisher nur sehr wenige Ernährungsspezialisten über eine derartige Ausstattung.

Außerdem zeigt dieser Apparat nur die Fettmenge auf und gibt keinerlei Hinweise auf die Verteilung der Fettmasse im Körper. Dies könnte man zum Beispiel mit einem Scanner bewerkstelligen oder damit, daß man das Verhältnis zwischen Bauchumfang in Nabelhöhe und Hüftumfang mißt, das auf jeden Fall unter 0,85 liegen sollte. Es folgt nun eine Aufstellung der verschiedenen Arten von Adipositas.

2. Männliche Adipositas

Bei der männlichen Adipositas sammelt sich das Fett vor allem in der oberen Körperhälfte (Gesicht, Hals, Brust, Bauch oberhalb des Nabels).

Dieses Übergewicht führt häufig zu bestimmten Stoffwechselstörungen: Diabetes, Bluthochdruck, Hyperinsulinismus, Hypercholesterinämie, Hypertriglyzeridämie, Herz-Kreislauf-Erkrankungen...

Bei dieser Art von Adipositas sind die Fettzellen (Adipozyten) durch ein Übermaß an Fett extrem vergrößert, doch meistens liegt keine Erhöhung ihrer Anzahl vor. In diesem Fall ist eine Gewichtsabnahme relativ leicht zu erreichen.

3. Weibliche Adipositas

Wenn die Fettmasse vor allem im unteren Körperteil vorherrscht (Unterleib, Hüften, Oberschenkel, Po), spricht man von weiblicher Adipositas.

Bei dieser Form kommt es nur selten zu den oben genannten Stoffwechselstörungen. Allerdings ist häufig eine Venenschwäche oder Arthrose in den Knien und Hüften zu beobachten. Die Beeinträchtigung ist sowohl physischer als auch ästhetischer Natur, zumal bei den betroffenen Frauen sehr häufig noch Cellulitis hinzukommt.

4. Tiefe Fettdepots

Diese dritte Art von Adipositas wurde erst vor kurzem entdeckt. Es handelt sich dabei um ein Übermaß an abdominalen Fetten in den Eingeweiden. Dieses tiefe Fettdepot, das häufig von außen nicht zu sehen ist (weshalb der Taillenumfang ganz normal erscheint), stellt trotzdem ein Risiko dar, da es Diabetes oder Herz-Kreislauf-Erkrankungen begünstigt.

Raucherinnen neigen besonders zu diesen tiefen Fettdepots, die mit einem normalen Körpergewicht einhergehen.

SICH EIN REALISTISCHES ZIEL SETZEN!

Auch wenn sich mit der Waage ein Übergewicht nur ungenau feststellen läßt, wird sie immer noch am häufigsten verwendet, um die bereits erzielte Gewichtsabnahme zu ermitteln.

Allerdings muß man sich ein realistisches Ziel setzen! Eine fünfzigjährige Frau kann nicht erwarten, daß sie wieder das Gewicht erreicht, das sie mit zwanzig Jahren wog, zumal die Gewichtsabnahme eher erfolgreich verläuft, wenn man sich ein realistisches Ziel setzt, als wenn man einen viel zu hohen Maßstab anlegt.

Doch bevor man eine Gewichtsabnahme anstrebt, sollte man sich fragen, warum man eigentlich abnehmen möchte. Wird man danach sein neues Aussehen akzeptieren? Denn wenn man sich plötzlich mit seinem Gewicht befaßt, verbirgt sich manchmal ein anderes Problem dahinter, wie zum Beispiel Ehe- oder Familienstreitigkeiten.

Außerdem besteht nicht immer ein Bedürfnis nach einer Gewichtsabnahme. Manche Frauen leiden zum Beispiel an psychischen Problemen, die durch einen Gewichtsverlust zum Ausdruck kommen. Für andere stellt Übergewicht eine Art Schutzmauer dar, die sie gegen ihre Mitmenschen errichten, insbesondere gegen Männer. Diese Frauen wehren sich dagegen, sexuell begehrt zu werden.

Es ist klar, daß sich in diesem Fall eine Selbstdiagnose schwierig gestaltet. Wenn man sich jedoch ernsthaft Gedanken darüber macht, stößt man vielleicht auf die Ursache.

Selbst wenn nicht alle Frauen das Bedürfnis verspüren, abzunehmen, ist es meines Wissens noch nie ein Fehler gewesen, schlechte Ernährungsgewohnheiten zu ändern (was wir im übrigen im ersten Teil dieses Buches empfohlen haben).

Wenn man sich außerstande sieht, die Phase I durchzumachen (die auf eine beträchtliche Gewichtsabnahme ausgerichtet ist), genügt es voll und ganz, die Grundprinzipien der Methode (Phase II) anzuwenden. Dadurch kommt es nicht nur zu einer körperlichen Veränderung, die nach und nach immer deutlicher wird, sondern auch zu einer endgültigen Umstellung der Ernährungsweise, was letztendlich der Gesundheit zugute kommt (sowohl in physischer als auch in psychischer Hinsicht).

KAPITEL 2

DIE SYMBOLIK DER NAHRUNG

Jeder weiß, daß Nahrung nicht nur eine Energiequelle darstellt, sondern auch eine gewisse Symbolik beinhaltet. Essen bedeutet, eine Beziehung zur Mutter oder zumindest zur Kindheit herzustellen, d.h. zur Erziehung. Unsere Ernährungsweise unterliegt auch kulturellen Einflüssen, die nationaler, regionaler oder auch religiöser Natur sein können.

Einige Frauen haben jedoch diese besondere Beziehung zur Nahrung verloren (oder niemals kennengelernt). Sie setzen sich zum Essen an den Tisch, genauso wie sie mit ihrem Auto an die Tankstelle fahren, um vollzutanken.

Häufig nehmen sie sich nicht einmal die Zeit, sich zum Essen hinzusetzen. Morgens trinken sie im Stehen einen Schluck Kaffee und mittags gehen sie allein in ein Fast food-Restaurant und vertilgen in aller Eile ein Sandwich oder Hamburger.

Viele legen somit ein falsches Eßverhalten an den Tag, was dazu führt, daß sie bei jeder sich bietenden Gelegenheit etwas knabbern. Dieses Verhalten ist vergleichbar mit dem eines Hundes, der an seinen Freßnapf geht, sobald er hungrig ist. Noch nie war der Spruch von Brillat-Savarin so zutreffend: *„das Tier frißt, der Mensch ißt und nur ein geistreicher Mensch weiß, wie man ißt".*

Das Interesse, das der Nahrung entgegengebracht wird, ist auf die Befriedigung eines physiologischen Bedürfnisses reduziert, wie man an dem Beispiel der USA sehen kann. Übergewicht und Stoffwechselstörungen (Diabetes, Herz-Kreislauf-Erkrankungen...) sind die unweigerliche Folge.

Dem falschen Eßverhalten ist damit Tür und Tor geöffnet: man knabbert zwischen den Mahlzeiten, läßt das Mittagessen ausfallen und nimmt ein viel zu reichhaltiges Abendessen ein (das somit die einzige richtige Mahlzeit am Tag darstellt).

Eine Umfrage, die im Oktober 1991 in der Zeitschrift „Elle" veröffentlicht wurde, hat gezeigt, daß 15 % der Franzosen das Essen als eine lästige Pflicht ansehen, weshalb man so wenig Zeit wie möglich dafür aufwenden sollte.

NAHRUNG ALS TROSTSPENDER

Falsches Eßverhalten entsteht häufig schon im Säuglingsalter. Sobald das Baby zu weinen beginnt, hält die Mutter diesen Ausdruck der Verlassenheit für Hunger. Es kann jedoch sein, daß der Säugling nur einfach „Hunger" nach Zärtlichkeit und Nähe hat. Wenn man nun dem Baby jedes Mal, wenn es weint, etwas zu essen gibt, um es zu beruhigen, bleibt dieser Reflex im Erwachsenenalter erhalten. Sobald ein Bedürfnis nach Zärtlichkeit oder Liebe besteht, erfolgt als Reaktion eine Nahrungsaufnahme.

Dieser orale Reflex - erste „sexuelle Handlung" und Gefühlsäußerung des Säuglings - wirkt sich später nicht nur auf sein Eßverhalten, sondern auch auf seine zwischenmenschlichen Beziehungen aus. Es kann also sein, daß man im Erwachsenenalter weiterhin fehlende Liebe mit Essen kompensiert, denn Nahrung ist immer griffbereit.

Eine Störung im Eßverhalten äußert sich also zunächst dadurch, daß man bei jeder sich bietenden Gelegenheit etwas knabbert, ohne hungrig zu sein. Rauchen hat im übrigen häufig die gleiche Ersatzfunktion.

Im weiteren Verlauf verspürt der Betroffene zwischen den Mahlzeiten ein plötzliches, starkes Verlangen nach Essen, woraufhin er eine große Menge an Nahrungsmitteln verzehrt, ohne daß ein Hungergefühl vorhanden ist. Dabei empfindet er neben dem anfänglichen Genuß auch ein großes Schuldgefühl.

Wenn es zudem zuckerhaltige Nahrungsmittel sind, kann eine regelrechte Abhängigkeit entstehen, da sie mit den Süßigkeiten, die man in der Kindheit als Belohnung erhalten hat, gleichgesetzt werden. In diesem Fall wird die Nahrung auch als Genuß betrachtet, weshalb es nach dem Verzehr zu einer Ausschüttung von Endorphinen kommen kann. Dieses „körpereigene Morphin" läßt ein Wohlgefühl entstehen.

Schlimmstenfalls kann sich daraus ein unwiderstehliches Verlangen nach Nahrung entwickeln, was als Bulimie bezeichnet wird. Diese Eßstörung äußert sich dadurch, daß eine beträchtliche Menge an Nahrungsmitteln gierig verschlungen wird. Um eine Gewichtszunahme zu vermeiden, schrecken die Betroffenen nicht einmal davor zurück, sich zum Erbrechen zu bringen.

Bei einigen Frauen kann es zu Depressionen kommen, wenn ihnen ihr anormales Eßverhalten bewußt wird. Um Depressionen und Schuldgefühlen entgegenzuwirken, kann es zu Anorexie, d.h. Magersucht kommen: die Betroffenen haben jegliches Hungergefühl verloren und legen ein äußerst gestörtes Verhältnis zur Nahrung an den Tag. Obwohl zu Beginn keine psychische Störung vorlag, kann die Gewichtsabnahme zu einer fixen Idee werden.

Die jungen Frauen, die hauptsächlich an dieser Störung leiden (sie sind im allgemeinen nicht älter als fünfundzwanzig Jahre), wiegen teilweise weniger als vierzig Kilo, weshalb häufig ein Krankenhausaufenthalt und eventuell auch eine Intensivbehandlung notwendig wird, um ihren Tod zu verhindern. Leider ist die Mortalitätsrate (10 %) immer noch viel zu hoch.

Selbst wenn bestimmte Eßstörungen auf ein falsches Verhalten im frühen Kindesalter zurückzuführen sind, werden sie auch häufig durch eine Einschränkung der Nahrungszufuhr im Erwachsenenalter verursacht. Durch kalorienreduzierte Diäten, die normalerweise zur Behandlung von Fettleibigkeit empfohlen werden, kommt es ebenfalls zu psychischen Störungen, die zu Bulimie oder Anorexie führen.

Eine regelrechte Eßsucht und ein anormales Eßverhalten sind normalerweise die Folgen der dabei erlittenen Frustrationen. Der Betroffene wird reizbar und launisch und sogar aggressiv, wenn sein Verlangen nach Nahrung übermächtig wird. Da er nicht mehr in der Lage ist, seine Eßsucht zu unterdrücken, empfindet er immer weniger Achtung vor sich selbst, was zu Depressionen führen kann.

NAHRUNG ALS GENUSS: EIN AUSDRUCK DER KULTUR

Nahrung ist nicht nur als Trostspender anzusehen, sondern auch als Genuß. Sie dient dabei sowohl der Befriedigung eines physiologischen Bedürfnisses (Energiequelle) als auch eines psychischen Bedürfnisses (hedonistischer Art). Allerdings ist es schwierig, beides voneinander zu trennen.

Die Kochkunst besteht im übrigen darin, den Geschmack der Nahrungsmittel so zu verfeinern, daß das Essen zu einer wahren Gaumenfreude wird.

Durch die Verfeinerung entfalten die Nahrungsmittel ihr volles Aroma, was dem Essen eine kulturelle Bedeutung verleiht, die im Verhältnis zur jeweiligen kulturellen Entwicklungsstufe steht.

Für den Menschen stellt die Nahrungsaufnahme traditionsgemäß ein Ritual dar und gerade in seiner Beziehung zur Nahrung spiegelt sich seine kulturelle Entwicklung wider.

Durch die im Familien- oder Freundeskreis eingenommene Mahlzeit, die gemeinsam zubereitet wurde, kam schon immer die jeweilige Entwicklungsstufe des Menschen zum Ausdruck.

Ethnologen wissen, daß die Verfeinerung des Eßrituals im Verhältnis zur jeweiligen kulturellen Entwicklung steht.

In der bürgerlichen Tradition nahm das Essen seit jeher einen besonderen Stellenwert ein. Aus den Mahlzeiten machte man eine regelrechte Zeremonie, die auf keinen Fall gestört werden durfte.

Der Schriftsteller Maupassant beschrieb zum Beispiel in einer seiner Novellen, wie sich ein heruntergekommener Adliger in eine Holzfällerhütte mitten im Wald zurückzog und zum Abendessen wie gewohnt seine Abendkleidung anlegte. Die Mahlzeit war in seinen Augen immer noch etwas Heiliges, die man entsprechend zu würdigen hatte.

Leider wird die Tradition heute nicht mehr geschätzt, wodurch die Kultur eine rückläufige Entwicklung nimmt.

Dies liegt zunächst daran, daß die traditionelle Kochkunst nicht mehr von den Müttern an die Töchter weitergegeben wird. Außer-

dem werden die Mahlzeiten meistens außerhalb des Hauses eingenommen, da die Mütter in der Regel berufstätig sind. Schließlich
steht einem zu Hause nur wenig Zeit für die Zubereitung des Essens
zur Verfügung, so daß man auf Fertigmenüs, Tiefkühlkost und
Mikrowellengerichte zurückgreift.

Da Freizeitaktivitäten (Fernsehen, Videospiele, Fitness-Center...) immer wichtiger werden, nimmt man sich zum Essen kaum noch Zeit.
Die Mahlzeiten sind nicht mehr Gegenstand sozialer Integration und
werden deshalb mehr und mehr als Zeitverschwendung betrachtet.
Aus diesem Grund will man für Nahrung auch so wenig Geld wie
möglich ausgeben.

Diese zunehmende Gleichgültigkeit gegenüber der Nahrung hat
dazu beigetragen, daß die feine Kochkunst in Vergessenheit geraten
ist.

In diesem Umfeld, in dem kulinarischen Genüssen keine Beachtung mehr geschenkt wurde, entwickelten sich - vor allem bei Frau-
en - die bereits erwähnten Eßstörungen, die Übergewicht, Müdigkeit
und zahlreiche Zivilisationskrankheiten auslösen.

Es ist klar, daß in dieser Situation sogenannte Ersatzmahlzeiten
(Protein-Trinklösungen) in Mode kamen, auf die man heutzutage
zurückgreift, wenn man seine überflüssigen Pfunde loswerden möchte.

DIE BEDEUTUNG DER NAHRUNG WIEDERENTDECKEN

Die Anwendung der Ernährungsprinzipien, die diesem Buch zugrundegelegt sind, verläuft nur dann erfolgreich, wenn man sich
zuvor die Funktion und Bedeutung der Nahrung wieder vor Augen
geführt hat.

Man sollte deshalb seine ablehnende Haltung gegenüber der Nahrung aufgeben und wieder eine Vorliebe für das Essen entwickeln.

KAPITEL 3

DIE PUBERTÄT

Die Pubertät ist ein entscheidender Abschnitt im Leben eines Menschen, insbesondere für das weibliche Geschlecht. In dieser Phase reift das Mädchen zur Frau heran, wobei sich in ihrem Körper zahlreiche organische und hormonelle Veränderungen abspielen.

Man kann sich somit vorstellen, wie wichtig die Ernährungsweise für die Entwicklung des weiblichen Körpers ist.

In diesem Kapitel geht es deshalb darum, festzustellen, was falsch gemacht wurde und was dagegen unternommen werden kann.

UMSTELLUNG DER ERNÄHRUNGSGEWOHNHEITEN

Sämtliche Untersuchungen, die über die Ernährungsgewohnheiten junger französischer Mädchen durchgeführt wurden, geben Anlaß zur Sorge.

Zwar befindet sich die Menge der zugeführten Nahrung im normalen Bereich, da sie etwa 2 000 Kalorien am Tag beträgt und auch nur 7 % der jungen Mädchen zu den starken Essern zählen.

Allerdings läßt die Verteilung der Nahrung über den Tag zu wünschen übrig. Statistiken über die Frühstücksgewohnheiten junger Mädchen (wobei das Frühstück nur 15 % der täglichen Nahrungszufuhr ausmacht) geben Aufschluß darüber:

– 30 % der jungen Mädchen behaupten, daß sie morgens keinen Hunger haben,

– 24 % sagen, daß sie morgens keine Zeit zum Essen haben,

– 7 % frühstücken nie.

Demzufolge messen mehr als 60 % der jungen Mädchen dem Frühstück eine zu geringe Bedeutung bei, was dazu führt, daß sie zwischen den Mahlzeiten knabbern.

Diese sogenannten „kleinen Zwischenmahlzeiten" bestehen meistens aus Hefegebäck, Kuchen, Süßigkeiten, salzigen Knabberartikeln und gezuckerten Getränken. Obst wird viel seltener verzehrt, so daß insgesamt zuviel schlechte Kohlenhydrate (Zucker und Weißmehl), gesättigte Fette und Salz zugeführt werden. Vor allem enthalten die verzehrten Nahrungsmittel zuwenig Nährstoffe (Mangel an Vitaminen, Mineralsalzen und Spurenelementen).

Eine Untersuchung, die 1988 im Departement Val-de-Marne durchgeführt wurde, zeigt sehr deutlich die unzureichende Zufuhr von Mikronährstoffen:

Mikronährstoffe	Defizit bei jungen Mädchen
Kalzium	– 35 %
Magnesium	– 30 %
Eisen	– 44 %
Zink	– 29 %
Vitamin E	– 78 %
Vitamin B9	– 78 %
Vitamin B2	– 17 %
Vitamin B6	– 85 %
Vitamin B12	– 5 %
Vitamin C	– 2 %
Vitamin A	– 75 %

Es ist somit ein gravierender Mangel an Kalzium, Magnesium und Vitaminen festzustellen, die in dieser körperlichen Entwicklungsphase jedoch besonders benötigt werden.

Dies ist darauf zurückzuführen, daß junge Mädchen bestimmte Nahrungsmittel bevorzugen und andere ablehnen oder zum Teil sogar verabscheuen. Dabei handelt es sich natürlich um die Nahrungsmittel, die besonders reich an Mikronährstoffen sind.

Bevorzugte Nahrungsmittel	Abgelehnte Nahrungsmittel
handelsüblicher Fruchtsaft	Hirn
Pfannkuchen	Kutteln
Pizza	Nieren
Eis	Kalbsbries
Pommes frites	Bratwurst
Quiches	Leber
Hefegebäck	Eier
Kuchen	vergorener Käse
Kartoffelpüree	Austern
Nudeln	Blutwurst
Karotten	Wein
gekocher Schinken	
Fruchtjoghurt	
rotes Obst (Erdbeeren, Kirschen, Himbeeren)	

Eine Untersuchung, die 1990 von einem Forschungsinstitut durchgeführt wurde, hat gezeigt, daß bestimmte Nahrungsmittel einem Großteil der Mädchen nicht einmal bekannt waren: Brokkoli, Rhabarber, Kresse, Sauerampfer... (über 50 %), Trockenerbsen, Kürbis, Sellerie und Schwarzwurzeln (über 30 %).

Des weiteren war festzustellen, daß:

– 15 % der Mädchen nie Obst essen,
– 27 % nie Milch trinken,
– 30 % nie Käse essen.

Dagegen war eine beträchtliche Zufuhr an gezuckerten Getränken (handelsüblicher Fruchtsaft oder Cola) zu verzeichnen, womit eigentlich zu rechnen war.

Gezuckerte Getränke	Tägliche Zufuhr
zwischen 0 und 25 cl	52 %
zwischen 25 und 50 cl	23 %
zwischen 75 und 100 cl	10 %
über 100 cl	15 %

Die Untersuchung gab auch Aufschluß über den Alkoholkonsum junger Mädchen im Alter von sechzehn Jahren:

- 56 % der jungen Mädchen konsumieren regelmäßig hochprozentigen Alkohol (10 % sogar mehrmals pro Woche);
- 25 % trinken regelmäßig Bier (durchschnittlich einen Liter pro Woche);
- 21 % trinken regelmäßig Wein (durchschnittlich einen halben Liter pro Woche).

Andere Untersuchungen haben ergeben, daß:

- 33 % der jungen Mädchen vor ihrem sechzehnten Lebensjahr schon mindestens einmal betrunken waren (45 % der Gymnasiastinnen und 17 % der Realschülerinnen);
- 22 % mehr als zehnmal im Jahr einen Alkoholrausch haben, vor allem Mädchen aus sozial schwachen Familien.

In bezug auf das Rauchen, das für dieses Alter typisch ist, sind die Zahlen genauso alarmierend:

Altersstufe	Anzahl der Raucherinnen in %
zwischen 10 und 11 Jahren	5,5 %
zwischen 12 und 13 Jahren	7,5 %
zwischen 14 und 15 Jahren	21,5 %
zwischen 16 und 17 Jahren	42,5 %
zwischen 18 und 24 Jahren	65,5 %

Der Prozentsatz der Mädchen, die im Alter von sechzehn Jahren mehr als zwölf Zigaretten pro Tag rauchen, betrug:

- in der neunten Klasse .... 17 %,
- in der zehnten Klasse .... 30 %,
- in der Berufsausbildung .... 48 %,
- im Berufspraktikum .... 61 %.

Heute steht bei den jungen Mädchen die Ausbildung im Vordergrund, so daß sie meistens nicht mehr zu Arbeiten im Haushalt herangezogen werden (genau wie die Jungen). Dies hat natürlich zur
Folge, daß sie häufig nicht kochen können, da ihre Mütter es ihnen
nicht mehr beibringen. Mehr als 30 % dieser Mädchen sind nicht
einmal in der Lage, ein Ei zu kochen!

Da die Tradition nicht mehr weitergeführt wird, ensteht eine gewisse Gleichgültigkeit gegenüber der Nahrung.

Es ist klar, daß sich in einem derartigen Umfeld Fertiggerichte
oder Fast-food-Essen am ehesten durchsetzen.

Im Gegensatz zu früher besteht auch kein Interesse mehr daran,
die Mahlzeiten gemeinsam einzunehmen. Wenn man sich im übrigen bei jungen Mädchen danach erkundigt, mit was sie sich am
liebsten beschäftigen, ergibt sich folgendes Bild:

- 28 % gehen am liebsten ins Kino,

- 24 % hören Musik,

- 19 % treiben Sport,

- 17 % unterhalten sich,

- 11 % lesen,

- und nur 0,6 % bevorzugen ein gutes Essen.

DIE RICHTIGE ERNÄHRUNG

Zunächst sollten sich die jungen Mädchen bewußt werden, wie wichtig
die Ernährung für ihre Gesundheit ist.

Entgegen der weit verbreiteten Annahme ist der Körper eines jungen Mädchens noch nicht ganz ausgereift, selbst wenn er schon weibliche Formen aufweist. Um den Reifeprozeß zu vollenden, wird somit eine ausgewogene Ernährung benötigt. Von der richtigen Nahrung hängen zudem die körperliche und geistige Leistungsfähigkeit
und auch der zukünftige Gesundheitszustand ab.

Nachfolgend sind einige allgemeine Empfehlungen aufgeführt, nach
denen sich die jungen Mädchen richten können.

1. Auf eine ausreichende Proteinzufuhr achten

Pro Kilo Gewicht sollte 1,2 g Protein zugeführt werden, das in Fleisch, Fisch, Eiern und Käse, und auch in pflanzlichen Produkten (Soja, Hülsenfrüchte, Vollkornprodukte, Getreide, Ölfrüchte) zu finden ist.

2. Für eine ausreichende Kalziumzufuhr sorgen

Wenn man zu jeder Mahlzeit ein Milchprodukt oder ein Stück Käse verzehrt, ist eine ausreichende Kalziumversorgung gewährleistet.

Die Kalziumzufuhr ermöglicht die abschließende Bildung des Knochengerüstes und beugt Risiken vor, die während zukünftigen Schwangerschaften und vor allem nach der Menopause (Osteoporose, Frakturen) auftreten können. Der tägliche Kalziumbedarf beträgt 1200 mg.

Nachfolgend ist eine Liste mit Nahrungsmitteln aufgeführt, die jeweils 300 mg Kalzium liefern. Die erforderliche Menge kann man entweder über den Tag verteilen oder auch zusammen verzehren.

Kalziumgehalt pro Nahrungsmittel (je 300 mg)	
30 g Gruyère	100 g Grieß
50 g Camembert	150 g Kresse
2 Joghurts	150 g Mandeln oder Haselnüsse
1/4 l Milch	400 g Schrotbrot
300 g Quark/Frischkäse	850 g Weißkohl
	4 große Orangen
	1 kg Fisch
	2 kg Fleisch

3. Eine ausreichende Eisenzufuhr gewährleisten

Bekanntlich läßt gerade die Eisenzufuhr bei jungen Mädchen sehr zu wünschen übrig.

Die Nahrungsmittel, die besonders eisenhaltig sind (siehe nachfolgende Tabelle), werden gemieden, und das zu einem Zeitpunkt, wo durch das Gewebewachstum und die Vermehrung der roten Blutkörperchen ein erhöhter Eisenbedarf besteht.

Außerdem entsteht durch die Menstruation ein Eisenverlust, der bei lang anhaltenden und starken Blutungen sehr hoch sein kann.

Man muß wissen, daß Eisenmangel Anämie und Müdigkeit begünstigt sowie eine verringerte körperliche und geistige Leistungsfähigkeit und eine erhöhte Infektionsanfälligkeit verursacht.

Da Eisen die natürliche Bildung von L-Carnitin – einem Enzym, das die bevorzugte Verwendung freier Fettsäuren ermöglicht – fördert, kann ein Mangel an diesem Stoff zu einer verzögerten Gewichtsabnahme führen.

Ein junges Mädchen benötigt eine tägliche Eisenzufuhr von 18 mg, die auf zweierlei Art erfolgen kann:

- durch den Verzehr tierischer Produkte (Fleisch, Fisch), wobei das enthaltene Eisen zu 25 % absorbiert wird;

- durch den Verzehr pflanzlicher Produkte, wobei das enthaltene Eisen nur zu 5 % absorbiert wird.

Dies zeigt, wie schwierig es für Vegetarierinnen ist, über die Nahrung genügend Eisen aufzunehmen.

Eisengehalt tierischer Produkte (in 100 g)		Eisengehalt pflanzlicher Produkte (in 100 g)	
Muscheln	25 mg	Kakaopulver	15 mg
Miesmuscheln	25 mg	Schokolade > 70 % Kakao	10 mg
Blutwurst	20 mg	Saubohnen	10 mg
Schweineleber	15 mg	Weiße Bohnen	8 mg
Leber vom Rind oder Lamm	10 mg	Linsen	7 mg
Eigelb	7 mg	Ölfrüchte	5 mg
Austern	6 mg	Dörrobst	4 mg
Kalbsleber	5 mg	Spinat	4 mg
Fleisch	3 mg	Schrotbrot	3 mg
Geflügel oder Fisch	2 mg		

Es ist festzuhalten, daß eine tanninreiche (Wein, Tee) und ballaststoffreiche Ernährung die Eisenabsorption etwas verringern kann.

4. Für eine optimale Vitaminzufuhr sorgen

Um eine optimale Vitaminzufuhr zu gewährleisten, sind raffinierte Nahrungsmittel zu meiden und Vollkorngetreide sowie Hülsenfrüchte (Linsen, Trockenbohnen, Kichererbsen...) zu bevorzugen.

Bei jungen Mädchen ist eine Ergänzung der Nahrung durch Trockenhefe und Weizenkeime auf jeden Fall zu empfehlen.

Sie sollten täglich Obst und Rohkost (reich an Vitamin C) verzehren und Nahrungsmittel bevorzugen, die viel Vitamin E enthalten: Olivenöl, Sonnenblumenöl, Ölfrüchte...

GEWICHTSABNAHME BEI JUNGEN MÄDCHEN

Früher waren Mädchen im Alter von etwa elf Jahren dünn, zierlich oder sogar mager. In der Pubertät, die mit hormonellen Veränderungen einhergeht, zeigten sich erste weibliche Rundungen. Manche wurden auch etwas dicker und bekamen Pickel im Gesicht.

Mit siebzehn Jahren hatte sich fast alles wieder normalisiert. Die jungen Mädchen besaßen sämtliche weiblichen Attribute und waren von schlanker Gestalt.

Mit achtzehn Jahren war ihr Körper voll ausgereift und eine Wespentaille betonte einen wohlgeformten Busen und Po. Es war das Alter, in dem sie erste Erfahrungen in der Liebe sammelten und heirateten.

Heute sind manche Mädchen bereits vor der Pubertät etwas pummelig. Darüber braucht man sich nicht zu wundern, da sich ihre tägliche Nahrung aus Ravioli, weißem Reis, Kartoffeln, tiefgefrorenen, gefüllten Pfannkuchen, Quiches oder Pizza zusammensetzt, ganz zu schweigen von Bonbons, Kuchen, Schokoriegeln und gezuckerten Limonaden. Seit dem frühen Kindesalter ist die Bauchspeicheldrüse somit einer starken Belastung ausgesetzt.

In der Pubertät ist ihre Ernährung noch schlechter (Fast-Food, Cola, Hefegebäck, Alkohol), was sich in dieser Phase besonders nachteilig auswirkt.

Es kommt unweigerlich zu einer Gewichtszunahme. Um die zusätzlichen Pfunde wieder loszuwerden, werden Mahlzeiten ausgelassen und kalorienreduzierte Diäten gemacht, deren negative Folgen verstärkt sichtbar werden, da der Organismus in dieser Entwicklungsphase besonders sensibel reagiert.

Typische Folgeerscheinungen:

- Vermehrung der Fettzellen (Hyperplasie) aufgrund der Nahrungseinschränkung;

- Zunahme des Nährstoffmangels, was zu ernsten Gesundheitsproblemen führen kann: Müdigkeit, Anämie, Infektionsanfälligkeit;

- Gewichtszunahme durch den Rebound-Effekt, was sich verhängnisvoll auf die Psyche des Betroffenen auswirken kann;

- Enstehung typischer Eßstörungen: Freßsucht, gefolgt von Magersucht.

Bulimie und Anorexie

Obwohl diese zwei Eßstörungen völlig gegensätzlich sind, kommen sie bei jungen Mädchen häufig abwechselnd vor. Es fängt damit an, daß junge Mädchen mit ihrem Aussehen nicht mehr zufrieden sind (35 % können ihren Körper nicht ausstehen). Da die Mädchen ihr Äußeres ablehnen, orientieren sie sich an dem gängigen Schlankheitsideal und schränken allmählich die Nahrungszufuhr ein. Dies ist die Phase der Anorexie.

Sobald der Hunger, der sich natürlich einstellt, übermächtig wird, entwickeln die Mädchen einen regelrechten Eßzwang. Dies ist die Phase der Bulimie, die mit vorsätzlichem Erbrechen und einer Einnahme von Laxativa, Diuretika oder Appetitzüglern einhergehen kann.

Diese Phase ist besonders gefährlich, da sie gegebenenfalls zu einer Verringerung des Kaliumgehaltes führt, was Herzrhythmusstörungen und Muskelschwäche begünstigen kann. Diese Eßstörungen sind im Ausland (insbesondere in angelsächsischen Ländern) viel häufiger zu beobachten, da in diesen Ländern praktisch keine Eßkultur vorhanden ist. Laut Statistik leiden immerhin noch 6 % der französischen Studentinnen an Bulimie und bei 3 bis 4 % der jungen Mädchen wird Anorexie diagnostiziert.

Auch wenn bei Bulimie durch Verhaltensänderungen deutliche Behandlungserfolge erzielt werden können, sind die Aussichten bei Anorexie nicht so günstig, obwohl oft mehrmalige stationäre Behandlungen erfolgen.

RICHTIGES VERHALTEN BEI DER GEWICHTSABNAHME

Zu den Charakterstärken der Frau zählt ihre feste Entschlossenheit. Eine ihrer Charakterschwächen besteht allerdings darin, daß sie manchmal zu übertrieben reagiert. Bei der Ernährung sollte jedoch immer ein vernünftiges Maß eingehalten werden.

Die grundlegenden Empfehlungen, die im ersten Teil des Buches dargelegt wurden, sind allgemeingültig. Meiner Meinung nach besteht jedoch für junge Mädchen keine Veranlassung, eine Phase der beschleunigten Gewichtsabnahme (Phase I) durchzumachen.

Abgesehen von der pathologischen Fettleibigkeit, die von einem Spezialisten behandelt werden sollte (einem Endokrinologen beispielsweise), genügt eine einfache Umstellung der Ernährungsgewohnheiten (Phase II), um eine endgültige Gewichtsabnahme zu erzielen (wenn ein leichtes Übergewicht vorliegt).

Die jungen Mädchen sollten trotzdem den ersten Teil dieses Buches lesen, damit sie begreifen, wie ihr Organismus funktioniert und wie die richtige Auswahl der Lebensmittel getroffen wird. Es ist völlig sinnlos, auf ein bestimmtes Nahrungsmittel zu verzichten, weil es angeblich dick macht. Wenn Lebensmittel einzeln verzehrt werden, wirken sie sich nicht auf das Gewicht aus. Eine eventuelle Gewichts-zunahme stellt sich erst dann ein, wenn spezielle Stoffwechselvor-gänge ausgelöst werden (durch bestimmte Nahrungsmittel) oder wenn Nahrungsmittel zusammen verzehrt werden (durch die dabei entste-hende Wechselwirkung).

Es folgt nun eine Liste mit Empfehlungen, die auf eine Normali-sierung des Körpergewichtes und eine Wiederherstellung der Vitali-tät bei jungen Mädchen ausgerichtet sind.

– Man sollte niemals eine Mahlzeit auslassen.

– Kohlenhydrate mit einem hohen bzw. sehr hohen glykämischen Index (Kartoffeln, Weißmehl, Zucker...) sind zu meiden.

– Auf das Knabbern zwischen den Mahlzeiten ist zu verzichten. Wenn man am späten Vormittag Hunger verspürt, bietet sich der Verzehr von Obst oder Dörrobst (vor allem Feigen) an. Nachmittags kann zum Beispiel ein Marmeladenbrot (Schrotbrot mit ungezuckerter, hundertprozentiger Fruchtmarmelade) verzehrt werden. Gelegent-lich darf man sich eine Süßigkeit gönnen, wie etwa einige Stück-chen Schokolade mit einem Kakaoanteil von mindestens 70 %.

– Die Hauptmahlzeiten sollten nicht aus Fast-food-Essen bestehen. In der Pizzeria kann man zum Beispiel überbackene Auberginen oder Tomaten mit Mozzarella bestellen. Notfalls sollte man lieber Nudeln verzehren, deren glykämischer Index 55/60 beträgt, als Ge-richte auf Weißmehlbasis (Pizza, Hamburger, Hotdog...) oder Pommes frites, die einen der höchsten glykämischen Indices aufweisen.

– Gerichte aus Großmutters Zeiten sollten wieder auf dem Speise-plan stehen: Linsen mit Speck, Trockenbohnen, Trockenerbsen, Ein-topf mit weißen Rüben, Kohl oder Lauch als Beilage.

– Milchprodukte dürfen auf keinen Fall fehlen. Zum Frühstück bietet sich Magermilch an. Genauso empfehlenswert sind Käse und Joghurt.

– Zum Frühstück empfiehlt sich Schrotbrot, das mit etwas Butter bestrichen werden kann oder auch Vollkornmüsli. Es schmeckt gut und ist schnell und leicht zuzubereiten.

226

- Fett sollte weiterhin Bestandteil der Ernährung sein. Allerdings sind die guten Fette zu bevorzugen, die zum Beispiel in Fisch (Hering, Lachs, Makrele, Sardinen), Olivenöl, Walnußöl oder Sonnenblumenöl enthalten sind.

- Industriell hergestellte Getränke (vor allem Cola) sind auf jeden Fall zu meiden. Stattdessen sollte man frisch gepressten, ungezuckerten Fruchtsaft bevorzugen. Gelegentlich kann man sich auch ein Glas Rotwein gönnen, beispielsweise am Wochenende (nach einer Mahlzeit). Beim Aperitif ist auf hochprozentigen Alkohol zu verzichten. Man sollte vielmehr auf Tomatensaft ausweichen. Gelegentlich darf es auch ein Glas Wein sein.

- Man sollte seine Vorliebe für das Essen und Kochen wiederentdecken. Kochen ist keine abwertende Tätigkeit, sondern stellt eine regelrechte Kunst dar. Der Beruf des Küchenchefs ist heute höher angesehen als die Tätigkeit eines leitenden EDV- Fachmanns.

MACHT DIE ANTIBABYPILLE DICK?

Fast 70 % der jungen Mädchen zwischen achtzehn und zwanzig Jahren nehmen die Pille. Leider schweigen sich die Hersteller darüber aus, inwieweit sich die Einnahme der Antibabypille auf das Gewicht auswirkt.

Zugegebenermaßen waren bei den Antibabypillen der ersten Generation Gewichtsveränderungen nicht auszuschließen. Heute ist man jedoch davon überzeugt, daß die derzeitigen Antibabypillen (dritte Generation) keinen Einfluß mehr auf das Gewicht nehmen, zumindest nicht bei dünnen Mädchen.

Allenfalls im ersten halben Jahr der Pilleneinnahme kann es zu einer geringen Gewichtszunahme (ungefähr zwei Kilo) kommen. Dieses zusätzliche Gewicht ist nicht unbedingt auf eine vermehrte Fettansammlung zurückzuführen, sondern vielmehr auf eine zusätzliche Wasseransammlung aufgrund der verabreichten Östrogene. Wenn sich die Gewichtszunahme dagegen später einstellt, liegt eine Fettansammlung vor, die durch die anabolisierende Wirkung des Progesterons entstanden ist.

Untersuchungen haben jedoch gezeigt, daß es selbst bei Pillen der dritten Generation zu einer erhöhten Insulinfreisetzung kommen kann. Deshalb führt die Einnahme der Pille bei übergewichtigen Frauen, die bereits an Hyperinsulinismus oder Insulinresistenz leiden, zwangsläufig zu einer Zunahme der Stoffwechselstörungen.

Es kommt noch erschwerend hinzu, daß die Ärzte nicht immer gleich eine Pille der dritten Generation verschreiben, die kaum noch Nebenwirkungen hat, sondern weiterhin Pillen der zweiten Generation verordnen.

Deshalb ist eine gewisse Vorsicht angebracht, vor allem bei jungen Mädchen, die bereits zu Beginn der Pilleneinnahme an Übergewicht leiden. Eine Gewichtszunahme kann zumindest nicht ausgeschlossen werden. Falls man mehr als drei Kilo zunimmt, sollte man seinen Arzt davon in Kenntnis setzen.

Gerade im Zusammenhang mit der Pille ist es ratsam, die Prinzipien der Methode anzuwenden, da sie eine Senkung der Insulinproduktion bewirken.

Positiv an der Pille ist, daß sie das Hautbild (bei Akne) verbessert; einige sind sogar speziell auf die Behandlung von Hautproblemen abgestimmt.

PUBERTÄT, SPORT UND ERNÄHRUNG

In der Pubertät ist eine sportliche Betätigung auf jeden Fall zu empfehlen. Wer regelmäßig Sport treibt, tut etwas Gutes für seine Muskeln, Atmung und Herztätigkeit. Außerdem ist es eine ideale Gelegenheit, sich mit Freunden zu treffen.

Sportlerinnen in der Wachstumsphase benötigen viel Proteine (1,5 g/kg/Tag), weshalb sich ihre Ernährung vermehrt aus Fleisch, Fisch, Milchprodukten, Eiern... zusammensetzen sollte. Des weiteren ist auf eine reichliche Flüssigkeitszufuhr zu achten, damit die Harnsäure und der Harnstoff (die durch die körperliche Anstrengung entstanden sind) ausgeschieden werden.

Beim Sport werden natürlich die Muskeln am meisten beansprucht. Bekanntlich dient die Glukose dabei als Treibstofflieferant. Diese Glukose ist im Körper in Form von Glykogen gespeichert (in der Leber und im Muskelgewebe). Sämtliche Kohlenhydrate wandeln sich nach der Verdauung in Glukose um (außer der Fruktose).

Im Hinblick auf die körperliche Anstrengung hat man Sportlern lange Zeit dazu geraten, „langsame Kohlenhydrate" zu sich zu nehmen. Heute ist man sich darüber im klaren, daß man von einer falschen Vorstellung ausgegangen ist und vor einer sportlichen Betätigung stattdessen Kohlenhydrate mit einem niedrigen glykämischen Index verzehrt werden sollten (Obst, Getreide, Schrotbrot, Hülsenfrüchte, Vollkornnudeln).
Der Verzehr von Kartoffeln, weißem Reis, Süßigkeiten und Kuchen führt unweigerlich zu einem schnellen Anstieg des Blutzuckerspiegels (erhöhter Glukosegehalt im Blut), was bekanntlich eine hohe Insulinfreisetzung nach sich zieht.
Dies könnte die Ursache dafür sein, daß zwei bis drei Stunden nach dem Essen eine starke Hypoglykämie auftritt, die hauptsächlich durch Müdigkeit zum Ausdruck kommt. Dieser Erschöpfungszustand wirkt sich natürlich nachteilig auf die sportliche Leistung aus.
Am Vortag einer größeren körperlichen Anstrengung sollte man sich an folgende Empfehlungen halten:

– Das Abendessen sollte hauptsächlich aus Kohlenhydraten mit einem niedrigen glykämischen Index bestehen, wie zum Beispiel Vollkornnudeln oder Hülsenfrüchte (Linsen, Bohnen, Kichererbsen, Vollkorngrieß...). Durch diese Zufuhr an guten Kohlenhydraten erreicht man eine Steigerung der Ausdauer;

– Zum Frühstück, das möglichst drei Stunden vor der sportlichen Betätigung eingenommen werden sollte, empfiehlt sich Vollkornbrot mit ungezuckerter Fruchtmarmelade und/oder Vollkornmüsli (ohne Zucker), und ein Milchprodukt mit 0 % Fettgehalt (kalte oder warme Milch, Joghurt oder Quark/Frischkäse);

Zusatzinformationen

- Alkohol ist ein Treibstoff, der von den Muskeln nicht verwertet werden kann. Entgegen der weit verbreiteten Annahme wirkt er sich also nicht positiv auf die Muskelkraft aus. Dies ist vor allem bei Bier der Fall. Außerdem haben alkoholische Getränke eine harntreibende Wirkung, die den Wasserverlust noch erhöhen.

- Die skandinavische Diät, die darin besteht, vom sechsten bis zum vierten Tag vor einer größeren körperlichen Anstrengung auf Kohlenhydrate zu verzichten und während der verbleibenden drei Tage dagegen ausschließlich Nudeln und Reis zu verzehren, sollte nur von Hochleistungssportlern unter strenger ärztlicher Kontrolle angewendet werden, da sie überhaupt nicht auf Hobbysportler abgestimmt ist.

- Krämpfe und Seitenstechen können mehrere Ursachen haben: unzureichende Flüssigkeitszufuhr, Mangel an Glykogen, hypoglykämischer Zustand, übermäßig viel Säure in den Muskeln...

– Während einer körperlichen Anstrengung benötigt der Körper viel Flüssigkeit, vor allem bei hohen Temperaturen. Man sollte deshalb schon morgens damit beginnen, Wasser mit Zitrone oder Tee in kleinen Schlucken zu sich zu nehmen. Bei Sportlern ist im übrigen sehr häufig ein Flüssigkeitsmangel festzustellen;

– Während der Sportausübung (vor allem bei Ausdauersport) sollte die Versorgung mit Glykogen sichergestellt werden, damit der „Treibstoff „ nicht ausgeht.
Bei einer größeren Muskelanstrengung kommt es im allgemeinen nur zu einer geringfügigen Insulinfreisetzung. Regelmäßiges Trinken ist während einer sportlichen Betätigung absolut notwendig. Dazu bietet sich zum Beispiel ein Getränk aus einem Liter Wasser, vier Eßlöffeln Fruktose und dem Saft zweier Zitronen an.

Wenn die Sportart es ermöglicht (Radfahren beispielsweise), kann man auch in aller Ruhe Dörrobst oder Müsliriegel verzehren.

Durch eine gut durchdachte Ernährung und ein minimales Muskel- und Atmungstraining ist es somit möglich, in einer optimalen körperlichen Verfassung Sport zu treiben, ohne daß es zu Erschöpfungszuständen kommt.
So macht es den jungen Mädchen richtig Spaß, Sport zu treiben.

WIE BEKOMMT MAN EINE SCHÖNE HAUT?

Der Gesundheitzustand ist häufig an Haut, Haaren und Fingernägel zu erkennen. Blasse Haut, fettige, brüchige oder gespaltene Haare, weißgesprenkelte oder rissige Fingernägel deuten darauf hin, daß dem Körper etwas fehlt. Diese Störungen sind meistens auf eine unausgewogene Ernährung zurückzuführen, die einen Mangel an Vitaminen, Spurenelementen, Mineralsalzen, Schwefelaminosäuren und essentiellen Fettsäuren zur Folge hat.

Die Vitamine A und E sind zum Beispiel für den Zustand der Haut von entscheidender Bedeutung [1].

- Vitamin B5 reguliert den Feuchtigkeitshaushalt der Haut und stärkt die Haarzwiebel;

- Vitamin B8 wirkt fettigen Haaren und Haarausfall entgegen;

- Zink reguliert die Talgsekretion (bei Akne erhöht) und verbessert die Haarstruktur.

Diese Mikronährstoffe sind zwar in verschiedenen Kosmetika, die man täglich verwendet, enthalten, doch eine nährstoffreiche Ernährung stellt immer noch die sicherste Versorgungsquelle dar.

---

[1] Siehe Vitamintabelle in Teil 1, Kapitel 6.

Die Einnahme von synthetischen Zusatzpräparaten ist nicht zu empfehlen, da sie im Darm schlecht absorbiert werden. Man kann dagegen die Ernährung durch zwei natürliche Produkte ergänzen, die besonders reich an Nährstoffen sind: Weizenkeime und Bierhefe.

Akne, die in der Pubertät auftritt, ist auf eine erhöhte Talgsekretion (Fettabsonderung der Haut) zurückzuführen und kann Entzündungen und Infektionen hervorrufen.

Diese Hauterkrankung hängt somit überhaupt nicht mit der Ernährung zusammen. Junge Mädchen, die über Pickel klagen, können also weiterhin unbesorgt Schokolade mit über 70 % Kakaoanteil oder Wurst verzehren. Überanstrengung, Schlafmangel und Rauchen können dagegen den Zustand der Haut deutlich verschlechtern.

WIE VERMEIDET MAN CELLULITIS?

Obwohl Cellulitis vor allem bei erwachsenen Frauen vorkommt, ist sie das Ergebnis eines langen Entwicklungsprozesses, der bereits in der Pubertät begonnen hat. Cellulitis läßt sich also am besten durch vorbeugende Maßnahmen vermeiden.

Cellulitis hat zahlreiche Ursachen: durch genetische, hormonelle, kreislauf- und ernährungsbedingte und psychische Faktoren kann Cellulitis entstehen. Zu Beginn liegt jedoch immer eine erhöhte Östrogensekretion oder eine Hypersensibilität gegenüber Östrogenen vor, da dieses Hormon die Vermehrung und Ausdehnung der Fettzellen begünstigt.

Vor allem die untere Körperhälfte ist davon betroffen (Oberschenkel, Hüften, Po).

Die Entstehung von Cellulitis ist einfach: unter dem Einfluß der Östrogene nimmt der Umfang der Fettzellen zu, die dadurch auf die Gefäße drücken. Dies hat Störungen der Blutzirkulation zur Folge.

Die Unterhaut verdickt sich (die berühmte Orangenhaut entsteht), die Schlackenstoffe der Zellen werden nicht vollständig entfernt, der Wasserkreislauf ist gestört und die Nervenbahnen werden zusammengedrückt (man empfindet Schmerzen).

Das Binde- und Stützgewebe verhärtet sich und bildet schließlich Fettdepots. Zu den Hormonen, die teilweise Cellulitis auslösen, zählt auch Insulin (eine hohe Insulinsekretion ist bekanntlich auf eine falsche Ernährungsweise zurückzuführen).

Bei Streß sind es die Corticoide der Nebennieren, die zu Cellulitis führen können.

Die erste vorbeugende Maßnahme besteht natürlich darin, seine Ernährung umzustellen (gemäß den Prinzipien der Methode).

Wer bereits nach der Pubertät über Durchblutungsstörungen in den Beinen klagt, die zu Schwellungen führen, sollte heiße Bäder und zuviel Sonne meiden. Gegebenenfalls ist eine ärztliche Behandlung der Venenschwäche erforderlich.

Des weiteren muß darauf geachtet werden, daß die Unter- und Oberbekleidung nicht zu eng ist (keine Jeans oder sonstige enganliegende Kleidung), da es sonst zu einer Störung der Blutzirkulation kommt.

Man sollte auf jeden Fall Sport treiben, um die negativen Auswirkungen der sitzenden Lebensweise zu verringern, zumal unterentwickelte Muskeln Fettpolstern zuviel Raum lassen.

Außerdem empfiehlt es sich, den Umgang mit Streß so früh wie möglich zu erlernen. Techniken zur Streßbewältigung (Entspannungsübungen, Yoga) dürften dabei von großem Nutzen sein.

KAPITEL 4

DIE FRAU IM ALTER VON DREISSIG JAHREN

In diesem Alter befinden sich die Frauen in den besten Jahren: Die Pubertät ist so gut wie vergessen und die Menopause liegt noch in weiter Ferne.

Die Frauen stehen in diesem Lebensabschnitt normalerweise mitten im Berufsleben, sind verheiratet (oder leben in einer eheähnlichen Gemeinschaft) und haben Kinder.

In dieser Phase, die vom dreißigsten bis zum fünfundvierzigsten Lebensjahr reicht, ist bei den Frauen eine unterschiedliche Ernährungsweise festzustellen. Sie hängt von der Erziehung und vor allem von der Zeit ab, die für die Zubereitung der Mahlzeiten eingeplant wird.

Untersuchungen haben gezeigt, daß diese Ernährungsgewohnheiten in der Regel zu einer Sensibilisierung des Organismus führen, auch wenn sie nicht mehr so schlecht sind wie in der Pubertät.

Des weiteren hat sich herausgestellt, daß Frauen zuviel Zucker, Salz, Weißmehl und zuwenig Gemüse, Milchprodukte usw. verzehren, was zu einer Mangelsituation führt (Mangel an Eisen, Vitamin C, E, B, Kalzium und Magnesium). Manche leiden an Übergewicht und Cellulitis, ganz zu schweigen von chronischer Müdigkeit. Für diese Frauen, die nicht nur gut aussehen, sondern auch topfit sein möchten, ist es deshalb unbedingt notwendig, die Ernährung umzustellen.

DAS „FITNESSPROGRAMM"

Die Empfehlungen, die im Kapitel über die Pubertät dargelegt wurden, sind bis auf einige kleine Unterschiede weiterhin gültig. Um Müdigkeit und Streßanfälligkeit zu vermeiden, sind bestimmte Faktoren zu beachten.

1. Für eine ausreichende Magnesiumzufuhr sorgen

Da heutzutage hauptsächlich raffinierte Lebensmittel verzehrt werden und natürliche Rohprodukte, wie zum Beispiel Hülsenfrüchte, kaum noch auf dem Speiseplan stehen, kommt es zu einem chronischen Magnesiummangel.

Magnesiumgehalt			
Raffinierte Produkte (in 100 g)		**Rohprodukte** (in 100 g)	
Weißbrot	30 mg	Vollkornbrot	80 mg
weißer Reis	30 mg	Schrotbrot	90 mg
Nudeln	52 mg	Vollkornreis	140 mg
		Vollkornnudeln	70 mg

magnesiumreiche Nahrungsmittel	
Kakaopulver	420 mg / 100 g
Weizenkeime	400 mg / 100 g
Mandeln	260 mg / 100 g
Schokolade mit 70 % Kakaogehalt	200 mg / 100 g
Trockenbohnen	160 mg / 100 g
Wal- und Haselnüsse	140 mg / 100 g
Vollkornreis	140 mg / 100 g
Haferflocken	130 mg / 100 g
Linsen	90 mg / 100 g
Schrotbrot	90 mg / 100 g
Trockenfeigen	85 mg / 100 g
Vollkornnudeln	70 mg / 100 g

Bei französischen Frauen beträgt die tägliche Magnesiumzufuhr 210 mg, obwohl es 330 mg sein sollten. Dieser Mangel führt zu Müdigkeit, Krämpfen, Überempfindlichkeit und Spasmophilie.

2. Auf eine ausreichende Zufuhr von Vitamin B6 achten

Wenn Frauen, die die Pille nehmen, über Müdigkeit, Reizbarkeit und Depressionen klagen, liegt in der Regel ein Mangel an Vitamin B6 vor. Die Untersuchung, die im Departement Val-de-Marne durchgeführt wurde, hat gezeigt, daß 85 % der Frauen zuwenig Vitamin B6 zu sich nehmen, was auf eine schlechte Ernährungsweise zurückzuführen ist. Durch die Einnahme der Pille, eine Schwangerschaft oder einen übermäßigen Verzehr von Glutamat kann dieser Mangel noch verstärkt werden.

Weitere mögliche Folgen sind Schwindelgefühle, eine erhöhte Talgsekretion (fettige Haut und Haare) und ein starkes Verlangen nach Süßigkeiten (durch Serotoninmangel).

Die tägliche Zufuhr an Vitamin B6 sollte 2 mg betragen. Diese Menge erhält man durch den Verzehr folgender Nahrungsmittel:

- Bierhefe .... 4 mg in 100 g
- Weizenkeime .... 3 mg in 100 g
- Soja .... 1,5 mg in 100 g
- Avocado .... 0,60 mg in 100 g
- Hülsenfrüchte .... 0,50 mg in 100 g
- Vollkornreis .... 0,50 mg in 100 g
- Fisch .... 0,40 mg in 100 g

3. Eine ausreichende Zufuhr an Vitamin C gewährleisten

Auch wenn sich die Experten heute darüber streiten, ob Vitamin C (in starker Dosis) eine kräftigende Wirkung besitzt, ist man davon überzeugt, daß es sich in folgenden Fällen günstig auswirkt:

• es erhöht die Widerstandsfähigkeit des Organismus gegen Infektionen;

• es begünstigt die Synthese bestimmter Hormone (Steroide) und unterstützt dadurch den Streßabbau;

- es fördert die Eisenabsorption und die L-Carnitin-Synthese;

- es schützt vor den schädlichen Einflüssen des Nikotins.

Durch einen Mangel an Vitamin C verschlimmern sich folgende Beschwerden:

- Müdigkeit;
- Kurzatmigkeit;
- Schläfrigkeit;
- Muskelschmerzen;
- Infektionsrisiken.

Deshalb wird eine tägliche Vitamin C-Zufuhr von 80 - 90 mg empfohlen.

Nahrungsmittel mit einem Vitamin C–Gehalt von 50 mg	
30 g schwarze Johannisbeeren	70 g Kresse
25 g Kiwi	80 g roher Rotkohl
50 g roher Paprika	100 g Zitrusfrüchte
25 g Petersilie	200 g Leber oder Nieren
50 g Kerbel	

Bei Raucherinnen besteht ein erhöhter Vitamin C-Bedarf. Ein Päckchen Zigaretten zerstört zum Beispiel ungefähr 50 mg Vitamin C.

Raucherinnen sollten deshalb täglich 150 bis 200 mg Vitamin C zu sich nehmen (je nach Zigarettenkonsum), um ein Defizit zu vermeiden und die Zellen vor Oxydation zu schützen.

Eine höhere Vitamin C-Zufuhr ist jedoch völlig sinnlos und sogar gefährlich, da es zum Beispiel zu Harnsteinen kommen kann (Nierenkoliken).

Synthetisches Vitamin C (in Tablettenform) wird im übrigen nicht so gut vom Organismus absorbiert wie das in Nahrungsmitteln enthaltene natürliche Vitamin C.

4. Hypoglykämie vermeiden

(siehe Teil 1, Kapitel 6).

VERLANGSAMTE GEWICHTSABNAHME

Die Gewichtsabnahme bei Mann und Frau verläuft nicht immer gleich. Selbst wenn beide die Mahlzeiten gemeinsam einnehmen und genau das gleiche essen (art- und mengenmäßig) und auch die Prinzipien der Methode genau befolgen, kann es zu einer völlig unterschiedlichen Gewichtsabnahme kommen. Nach einigen Monaten hat der Mann beispielsweise zehn Kilo abgenommen, während die Frau nur drei Kilo verloren hat.

Die Frau denkt natürlich, daß die „Montignac-Methode bei Männern besser funktioniert als bei Frauen" und vergißt dabei, daß ihre beste Freundin (die ihr dazu geraten hat, das Buch zu kaufen) innerhalb von zwei Monaten problemlos acht Kilo abgenommen hat. Die Schlußfolgerung, die sie gezogen hat, war demnach ein bißchen voreilig. Die Unterschiede erklären sich dadurch, daß individuelle Faktoren die Gewichtsabnahme beeinflussen. Bei Frauen kann zum Beispiel eine unterschiedliche Sensibilität vorliegen, während zwischen Mann und Frau zahlreiche Unterschiede bestehen.

1. Frauen sind „fetter" als Männer

Die Frau besitzt eine größere Fettmasse als der Mann: 22 bis 25 % gegenüber 17 % (beim Mann). Dieser Unterschied ist auf eine höhere Anzahl an Fettzellen (Adipozyten) zurückzuführen.

2. Unterschiedliche Fettverteilung

Bei der Frau sammelt sich das Fett meistens im unteren Körperbereich, woraus Cellulitis entstehen kann. Beim Mann befindet sich die Fettmasse eher in der oberen Körperhälfte.

Diese besondere Fettverteilung bei der Frau (Oberschenkel, Hüften, Po) dient als Energiespeicher im Falle einer Schwangerschaft oder Stillperiode. Die Funktion der Reservebildung, die früher lebenswichtig war, um schlechte Zeiten (Hungersnöte...) zu überstehen, ist zwar heutzutage in den Industrieländern nicht mehr erforderlich, doch in vielen Fällen verfügt der weibliche Organismus immer noch über diesen Urreflex.

In der unteren weiblichen Körperhälfte besitzen die Fettzellen besondere Rezeptoren, die gewissermaßen darauf „programmiert" sind, Reserven zu bilden.

Deshalb kommt es in diesem Körperbereich nicht so schnell zu einer Gewichtsabnahme.

3. Erhöhte Sensibilität gegenüber Hormonen

Im Gegensatz zum Mann ist die Frau hormonellen Schwankungen ausgesetzt (Pubertät, Menstruation, Schwangerschaft, Menopause), die eine Gewichtszunahme begünstigen können.

Bei einigen Frauen ist zum Beispiel in den Tagen vor der Menstruation eine Zunahme des Appetits und ein starkes Verlangen nach Süßem zu verzeichnen.

Viele Frauen klagen in dieser Phase auch über leichte Depressionen, die auf einen Serotoninmangel zurückzuführen sind. Das Verlangen nach Süßem dient im übrigen dazu, diesen Mangel wieder auszugleichen.

Wenn bestimmte Hormonbehandlungen nicht richtig durchgeführt werden, kann dies ebenfalls eine Gewichtszunahme begünstigen (siehe Teil 2, Kapitel 5).

4. „Belebte Diätvergangenheit" der Frau

Im allgemeinen machen Männer frühestens im Alter von fünfunddreißig bis fünfundvierzig Jahren ihre erste Diät, wenn sie eine radikale Umstellung ihrer Lebensgewohnheiten vornehmen. Sie streben nicht nur eine Gewichtsabnahme an, sondern treiben auch wieder Sport, hören mit dem Rauchen auf und nehmen Änderungen im beruflichen Bereich und manchmal auch im Privatleben vor. Da es ihre erste Diät ist, reagiert der Organismus viel besser, so daß es schneller zu einer Gewichtsabnahme kommt.

Frauen zwingen sich dagegen viel früher (ab der Pubertät) und häufiger zu einer Diät. Sie möchten unbedingt wieder so dünn werden wie vor der Pubertät und zudem dem gängigen Schlankheitsideal in den Frauenzeitschriften entsprechen.

Die kommenden Jahre sind somit von kalorienreduzierten Diäten erfüllt. Durch die damit verbundenen Gewichtsschwankungen (Gewichtsverlust gefolgt von neuerlicher Gewichtszunahme) werden im Organismus bestimmte Regulationsmechanismen in Gang gesetzt, die bei jeder neuen Diät mit einer Bildung von Fettreserven reagieren.

Häufig kommt es sogar zu einer Vermehrung der Fettzellen, damit möglichst viele Reserven angelegt werden können. Es liegt also nicht nur Hypertrophie (Vergrößerung der Adipozyten) vor, sondern auch Hyperplasie (Bildung neuer Adipozyten).

5. Vorsicht vor Proteinmangel!

Im Gegensatz zu den Männern essen Frauen viel weniger Fleisch und Käse. Außerdem mögen viele von ihnen keine Eier. Diese Ernährungsgewohnheiten haben zur Folge, daß die Frauen häufig zuwenig Proteine zu sich nehmen und während einer Diät sogar an einem Mangel leiden.

Wenn jedoch eine zu geringe Proteinzufuhr über die Nahrung erfolgt, wird die Gewichtsabnahme verzögert, da die Fettmasse langsamer abgebaut wird.

6. Streßeinwirkung

Aufgrund tiefgreifender Ereignisse (Todesfall, Scheidung, Arbeitslosigkeit...) kommt es bei einigen Frauen zu einer Gewichtsabnahme. Es handelt sich dabei um eine Art Zwangsdiät.

Diese Frauen können nichts mehr essen, da ihr Magen wie „zugeschnürt" ist, doch dieser Zustand ist im allgemeinen nur vorübergehender Natur. Bei Streß ist eher eine Gewichtszunahme zu verzeichnen.

In diesem Fall spielen verhaltensbedingte und biochemische Faktoren eine Rolle.

Verhaltensbedingte Faktoren

Da der Körper einer starken Belastung ausgesetzt ist, beginnt man zu essen, um die beängstigende Leere auszufüllen (der orale Reflex setzt sich wieder durch).
Es kommt zu folgenden Eßstörungen:

- regelmäßiges Knabbern;

- starkes Verlangen nach Süßem (bis hin zur Abhängigkeit);

- Anfälle von Bulimie.

40 % der Frauen geben im übrigen zu, daß sie aus Langeweile essen.

Biochemische Faktoren

Streß löst zahlreiche biochemische Reaktionen im Körper aus:

- Verringerung des Wachstumshormons;

- Ausschüttung von Endorphinen;

- Ausschüttung von Cortisol.

Diese Veränderungen begünstigen die Lipogenese (auf direktem Weg oder über eine erhöhte Insulinfreisetzung).

Frauen nehmen eher an Gewicht zu als Männer, da sie streßanfälliger sind. Durch den bestehenden Mangel an Nährstoffen (Magnesium, Vitamin B6, Eisen...), reagiert ihr Organismus besonders sensibel.

Streß läßt sich jedoch durch eine Umstellung der Ernährungsgewohnheiten auf natürliche Weise abbauen.

RICHTIGE ERNÄHRUNG
IN DER SCHWANGERSCHAFT

Die Geburt ist ein einschneidendes Erlebnis, weshalb sich Frauen sowohl mental als auch körperlich darauf vorbereiten sollten.

Falls eine Gewichtsabnahme erforderlich ist, sollte sie immer vor der Schwangerschaft erfolgen. Die meisten Frauen sagen sich jedoch, daß auch nach der Geburt noch genügend Zeit dafür ist, da sie in der Schwangerschaft sowieso an Gewicht zunehmen. Irrtum! Wer an Übergewicht leidet, sollte möglichst vor einer Schwangerschaft für eine Gewichtsabnahme sorgen, damit sich die überflüssigen Pfunde nicht „festsetzen" und Komplikationen beim Fötus oder bei der Mutter vermieden werden (Bluthochdruck, Diabetes, Eklampsie).

Von einer Gewichtsabnahme nach der herkömmlichen Diätmethode (kalorienreduzierte Diät) ist auf jeden Fall abzuraten, da es gerade dann zu einem gravierenden Mangel an Vitaminen, Mineralsalzen und Spurenelementen kommen würde, wenn ein erhöhter Bedarf besteht.

Wenn die Gewichtsabnahme dagegen nach der Montignac-Methode vorgenommen wird, werden sämtliche Nährstoffe, die für ein gesundes Wachstum des Babys erforderlich sind, über die Nahrung zugeführt.

Die zukünftige Mutter muß neun Monate lang für eine optimale Entwicklung des Fötus sorgen, ohne jedoch ihre eigenen Reserven zu verbrauchen. Deshalb empfiehlt sich eine nährstoffreiche Nahrungszufuhr, die gleichmäßig über den Tag verteilt werden sollte.

Neben unseren Grundprinzipien, die diese Voraussetzung erfüllen, kommen folgende Empfehlungen zusätzlich in Betracht:

- Es ist nicht notwendig, die doppelte Nahrungsmenge zu sich zu nehmen. Man sollte sich jedoch besonders nährstoffreich ernähren;

- für eine ausreichende Zufuhr an tierischen Proteinen (Fleisch, Geflügel, Fisch, Eier, Milchprodukte...) und pflanzlichen Proteinen (Vollkornprodukte, Hülsenfrüchte, Sojaprodukte) sorgen, da sie für die Entwicklung des Babys unentbehrlich sind. Man sollte jedoch nicht mehr als einmal in der Woche Leber verzehren, um das Risiko einer Schädigung durch Vitamin A zu vermeiden. Auf den Verzehr von rohem Fleisch, wie zum Beispiel Tartar, und Muscheln (Infektionsrisiko) ist ebenfalls zu verzichten;

- möglichst viel Kalzium zuführen, damit die Knochenbildung des Kindes sichergestellt ist und die Kalziumreserven der Mutter nicht angegriffen werden. Deshalb sollte zu jeder Mahlzeit ein Milchprodukt (Milch, Käse, Joghurt, Quark/Frischkäse) verzehrt werden;

- Mineralwasser bevorzugen, um eine ausreichende Versorgung mit Fluor zu gewährleisten;

- auf eine ausreichende Eisenzufuhr achten, um Anämie, Müdigkeit oder Infektionsanfälligkeit zu vermeiden (Blutwurst, Fleisch, Hülsenfrüchte, Dörrobst und Eier);

- genügend Folsäure zuführen, damit es beim Fötus zu keinen Mißbildungen kommt. Dies erreicht man durch den bevorzugten Verzehr von Bierhefe, Weizenkeimen und Hülsenfrüchten;

- ballaststoffreiche Nahrung zu sich nehmen, da darin viel Vitamine und Mineralsalze enthalten sind und dadurch der Verstopfung entgegengewirkt wird. Obst, Rohkost, frisches Gemüse, Salat, Brot, Vollkorngetreide und Hülsenfrüchte sollten deshalb regelmäßig auf dem Speiseplan stehen;

- für eine ausreichende Flüssigkeitszufuhr sorgen, um die Dehydrierung zu verhindern, die Darmtätigkeit zu fördern und Harninfektionen Einhalt zu gebieten.

Auf Alkohol ist natürlich zu verzichten, um das Baby nicht zu gefährden. Gegen ein halbes Glas Rotwein nach der Mahlzeit ist jedoch nichts einzuwenden, da die darin enthaltenen Polyphenole die Blutzirkulation verbessern;

– Medikamente oder Zusatzpräparate nur auf ärztliches Anraten einnehmen;

– abwechslungsreiche Kost zu sich nehmen, um eine Mangelernährung zu vermeiden und das Kind an die Nahrungsvielfalt zu gewöhnen. Ab dem vierten Schwangerschaftsmonat besitzt der Fötus die Fähigkeit, Geschmack zu empfinden. Wenn das Baby im Mutterleib verschiedene Nahrungsmittel kennengelernt hat, läßt sich das Abstillen leichter bewerkstelligen;

– nicht rauchen, da durch das Nikotin die Gewichtszunahme beeinträchtigt wird.

Manche Frauen nehmen während der Schwangerschaft fünfzehn bis zwanzig Kilo zu, was völlig ungerechtfertigt ist. Im Normalfall kommt es zu einer Gewichtszunahme von etwa acht Kilo, die sich folgendermaßen zusammensetzen:

– Fötus - 3,5 kg;

– Plazenta - 500 g;

– Gebärmutter - 1 kg;

– Fruchtwasser - 700 g;

– Brust - 1 kg;

– Blutmenge - 1,3 kg.

Der Unterschied zwischen der theoretischen (acht Kilo) und tatsächlichen Gewichtszunahme läßt sich folgendermaßen erklären: im zweiten Drittel der Schwangerschaft nimmt der Fötus wenig an Gewicht zu, doch bei der Mutter kann es durch einen unbewußten Reflex zu einer Bildung von Fettdepots kommen, damit für den Notfall genügend Reserven zur Verfügung stehen. Eine Ernährung aus hyperglykämisch wirkenden Lebensmitteln begünstigt im übrigen diese Gewichtszunahme, weshalb die Anwendung der Montignac-Methode die beste Vorbeugung darstellt.

Manchmal ist das zusätzliche Gewicht jedoch auf eine übermäßige Wasseransammlung zurückzuführen, woraus Ödeme entstehen können, die die Blutzirkulation beeinträchtigen. In diesem Fall ist ein Arzt hinzuzuziehen, da sich dahinter Bluthochdruck oder Albuminorie (Eiweiß im Harn) verbergen kann.

Die Gewichtszunahme muß auf jeden Fall im Verhältnis zum Ausgangsgewicht und zur Körpergröße stehen. Eine Frau, die bei einer Größe von 1,50 m sechzig Kilo wiegt, sollte während der Schwangerschaft nicht mehr als acht Kilo zunehmen.

Eine Frau, die bei einer Größe von 1,75 m nur zweiundfünfzig Kilo wiegt, kann problemlos fünfzehn Kilo zunehmen, da ihr Körper sehr wenig Fettreserven besitzt. Nach der Geburt wird sie die überflüssigen Pfunde schnell wieder verlieren. Stillen begünstigt im übrigen den Fettabbau, so daß sie bald wieder so schlank sein wird wie vor der Schwangerschaft.

CELLULITIS

Zwar wird Cellulitis von allen Frauen als störend empfunden, doch es besteht erst dann Grund zur Sorge, wenn die Symptome deutlich zu sehen sind.

Obwohl im Abschnitt über die Pubertät bereits darauf eingegangen wurde, soll noch einmal betont werden, daß Cellulitis am besten dadurch bekämpft wird, daß man so früh wie möglich mit der Vorbeugung beginnt.

Es ist jedoch nie zu spät, um etwas dagegen zu unternehmen, auch wenn es kein Patentrezept gibt. Allerdings läßt sich eine deutliche Verbesserung des Zustands erreichen, wenn mehrere Maßnahmen gleichzeitig ergriffen werden.

Cellulitis ist das Ergebnis folgender Faktoren:

– natürliche Veranlagung;
– Hormonschwankungen;
– schlechte Ernährungsgewohnheiten;
– ungesunder Lebensstil.

Wenn gegen die letzten zwei Faktoren etwas unternommen wird, kann der Entwicklungsprozeß aufgehalten und sogar umgekehrt werden. Doch diese Besserung erreicht man nur, wenn eine Umstellung der gesamten Lebensweise vorgenommen wird. Folgende Maßnahmen sollten ergriffen werden:

– Normalgewicht anstreben

Da Übergewicht eine Verschlimmerung der Cellulitis bewirkt, sollten die Betroffenen eine Gewichtsabnahme anstreben, damit die Symptome besser zu erkennen sind. Dann kann eine lokale Behandlung der Cellulitis erfolgen.

– Ernährung umstellen

Man sollte vor allem seine schlechten Eßgewohnheiten aufgeben. Dazu genügt es, die Grundprinzipien der Methode [1] anzuwenden, die auf einem bevorzugten Verzehr von Kohlenhydraten mit einem niedrigen glykämischen Index beruhen.

– Venenschwäche behandeln

Die Venenschwäche, die allgemein als „schlechte Durchblutung" bezeichnet wird, ist eine häufige Erkrankung, die bei Cellulitis zwangsläufig in Erscheinung tritt. Es kommt zu Durchblutungs-

_____
[1] Siehe Teil 1

störungen, die durch die sitzende Lebensweise und den modernen Lebensstil noch verstärkt werden (zu enge Kleidung, zu heiße Bäder, zuviel Sonne).

In schwerwiegenden Fällen dürfte eine ärztliche Behandlung von großem Nutzen sein, doch meistens haben sich alte Hausmittel (Roßkastanienextrakt...) am besten bewährt. Sie sind genauso wirksam wie Medikamente, besitzen aber keinerlei Nebenwirkungen. Diese Naturprodukte sind im übrigen in jeder Apotheke erhältlich.

Ein paar Minuten Gymnastik täglich (Seilhüpfen...) und eine sportliche Betätigung zwei- bis dreimal in der Woche (Laufen, Jogging, Fahrradfahren, Schwimmen) sind besonders zu empfehlen.
    Außerdem sollte man nie den Fahrstuhl, sondern immer die Treppe benutzen (zwei Stufen auf einmal).

– Streß abbauen

Um Streß abzubauen, sollte man auf keinen Fall Beruhigungsmittel oder andere angstlösende Mittel einnehmen, sondern vielmehr Entspannungsübungen durchführen oder Yoga anwenden.
    Akupunktur sowie bestimmte homöopathische oder phytotherapeutische Behandlungen eignen sich ebenfalls zur Streßbewältigung.

– Creme verwenden

Die Behandlung der Cellulitis mit einer speziellen Creme verläuft nur dann erfolgreich, wenn zusätzliche Maßnahmen ergriffen werden.
    Bei der Verwendung von Cremes auf Koffeinbasis läßt sich eine deutliche Verbesserung der Hautoberfläche feststellen, doch sollte die Creme nicht zu stark einmassiert werden, da es sonst zu einer Ausbreitung der betroffenen Stellen kommen kann.

– Wundermittel

Meiner Meinung nach gibt es zwei Wundermittel gegen Cellulitis, auch wenn sie von einigen als völlig wirkungslos bezeichnet werden. Dazu zählt zunächst das Stillen.
Viele meiner Leserinnen sind durch das Stillen tatsächlich ihre Cellulitis losgeworden. Allerdings hatten sie zusätzlich die Prinzipien der Methode angewendet, was bei früheren Schwangerschaften nicht der Fall war.

Es waren somit zwei Faktoren notwendig, um diesen Erfolg zu erzielen: das Stillen und eine gleichzeitige Umstellung der Ernährungsgewohnheiten.

Die zukünftigen Mütter können es ja ausprobieren... Wer nicht schwanger ist, kann die Cellulitis mit dem zweiten „Wundermittel" bekämpfen. Dabei handelt es sich um eine Lebertran-Kur, die in Verbindung mit einer Ernährungsumstellung durchgeführt wird.
Es wurde im übrigen wissenschaftlich nachgewiesen, daß der Verzehr von Fischöl zu einer deutlichen Verringerung der abdominalen Fettmasse führt.
Einige Frauen haben nun täglich drei Löffel Lebertran über einen Zeitraum von mindestens vier Monaten zu sich genommen und ihre Ernährung nach den Prinzipien der Methode ausgerichtet. Die erzielten Erfolge reichten von einer Besserung der Cellulitis bis hin zu einem völligen Verschwinden der Orangenhaut.
Man benötigt allerdings etwas Mut, um diesen Versuch durchzuführen und vor allem durchzuhalten!
Am besten schüttet man den Lebertran in ein Glas (oder einen Joghurtbecher, den man anschließend wegwirft), hält sich die Nase zu und trinkt das Glas in einem Zug leer... Anschließend sollte man den Saft zweier Zitronen (natürlich ohne Zucker) zu sich nehmen. Es ist hart, aber es scheint zu funktionieren!

– ärztliche Behandlung

Wenn keine der bisher aufgeführten Maßnahmen zu einem befriedigendem Ergebnis geführt hat, bleibt nur noch der Weg zum Spe-

zialisten, der die geeignete Behandlungsmethode (je nach Art der Cellulitis) festlegt. Gegenwärtig gibt es zahlreiche Behandlungsmöglichkeiten: Lymphdrainage, Mesotherapie, Zellipolyse...
Diese Behandlungen haben jedoch den Nachteil, daß sie sehr kostenintensiv sind.

– Medikamenteneinnahme

Diesem wichtigen Thema ist ein ganzes Kapitel gewidmet (Siehe Teil 2, Kapitel 7).

WASSERANSAMMLUNG

Man muß unterscheiden zwischen dem Übergewicht, das auf eine übermäßige Fettmasse zurückzuführen ist und dem zusätzlichen Gewicht, das durch eine Wasseransammlung entstanden ist.
Einige Frauen leiden an Ödemen, die vor allem im Bereich der Extremitäten, im Bauchraum und an den Händen auftreten. Diese Ödembildung hängt in den meisten Fällen vom Menstruationszyklus ab. Vor der Menstruation ist die Wasseransammlung am größten, was durch vollere Brüste und einen dickeren Bauch zum Ausdruck kommt. Außerdem klagen viele Betroffene über Müdigkeit, Kurzatmigkeit, Kopfschmerzen und Verstopfung, die mit Venenschwäche, Störungen im Wasserhaushalt und einer erhöhten Östrogenproduktion einhergehen können.

Welche Maßnahmen sind zu ergreifen?

– die Salzzufuhr sollte auf ein Minimum reduziert werden (5 bis 8 g pro Tag), weshalb auf salzhaltige Lebensmittel, wie zum Beispiel Wurst, zu verzichten ist.

– es müssen genügend Proteine zugeführt werden, was durch den Verzehr von Fisch, Fleisch, Eiern und Käse erreicht wird.

– es ist auf eine ausreichende Flüssigkeitszufuhr zu achten, denn Wasser ist das beste Diuretikum. Frauen, die über Wasseransammlungen im Körper klagen, nehmen im allgemeinen zuwenig Flüssigkeit zu sich.

Die harntreibende Wirkung des Wassers wird noch verstärkt, wenn die Flüssigkeit im Liegen zugeführt wird, wie es bei Trinkkuren üblich ist.

– auf die Einnahme von Diuretika ist zu verzichten, da ihre Wirkung in den meisten Fällen zu wünschen übrig läßt und der Organismus sich sehr schnell daran gewöhnt. Außerdem führt jede Unterbrechung der Einnahme zu einer Verschlechterung des Zustands.

– Laxativa (zur Behandlung von Verstopfung) sind ebenfalls zu meiden. Eine normale Darmtätigkeit wird einzig und allein durch eine ausgewogene Ernährung erreicht (siehe Teil 2, Kapitel 5).

Eine Störung der Blutzirkulation bedarf dagegen einer angemessenen Behandlung. Besonders empfehlenswert sind Präparate auf Vitamin P-Basis (Flavone).

Zu den weiteren Behandlungsmöglichkeiten dieser leider chronisch verlaufenden Erkrankung zählen das Hochlegen der Beine, der Verzicht auf das Rauchen und die Lymphdrainage.

MIT DEM RAUCHEN AUFHÖREN, OHNE ZUZUNEHMEN

Laut Statistik kommt es sehr häufig zu einer Gewichtszunahme, wenn das Rauchen eingestellt wird. Dies hat leider auf viele Frauen eine abschreckende Wirkung.

Heutzutage weiß man, warum Raucher nicht so schnell zunehmen.

Durch das Rauchen wird zum einen mehr Energie verbraucht, da der Grundumsatz angeregt wird, und zum andern die Darmtätigkeit beschleunigt, was die Absorption der Nährstoffe beeinträchtigt, die damit über den Darm ausgeschieden werden.

Außerdem scheint das Nikotin die Insulinsekretion zu hemmen.

Während der schwierigen Entwöhnungsphase sollte man jedoch keine kalorienreduzierte Diät machen, um nicht noch mehr Frustrationen zu erleiden.

Eine Gewichtszunahme läßt sich am besten mit der Anwendung der Montignac-Methode vermeiden.

VEGETARIERINNEN

Wenn Vegetarierinnen aus Tierliebe auf den Verzehr von Fleisch verzichten, ist dieser Haltung Respekt zu zollen. Wenn sich die Argumentation dagegen darauf stützt, daß durch den Verzehr von Fleisch Stoffe entstehen, die für den Organismus schädlich sind, handelt es sich dabei um eine völlig überholte Vorstellung aus dem neunzehnten Jahrhundert.

Diese berühmten schädlichen Stoffe sind nichts anderes als Harnsäure und Harnstoff, die normalerweise vollständig über die Nieren ausgeschieden werden. Voraussetzung ist allerdings, daß eine ausreichende Flüssigkeitszufuhr erfolgt. Der Organismus erleidet überhaupt keinen Schaden, da er gewissermaßen auf die Beseitigung von Stoffwechselrückständen „programmiert" ist.

Damit es bei Vegetarierinnen, die völlig auf Fleisch, Wurst, Geflügel und Fisch verzichten, zu keinem Mangel kommt, sollten sie genügend tierische Nebenprodukte zu sich nehmen. Dazu zählen vor allem Milchprodukte und Eier.

Um den Proteinbedarf zu decken, muß man sich jedoch gut auskennen und zum Beispiel wissen, daß tierische und pflanzliche Proteine nicht gleichwertig sind, da einige pflanzliche Proteine nur teilweise assimiliert werden.

Proteingehalt		
	in 100 g	assimilierbar
Sojabohnen	35 g	100 %
Sojamehl	45 g	100 %
Kichererbsen	78 g	70 %
Linsen	24 g	52 %
Saubohnen	6,5 g	17 %
Vollkornmehl	11,5 g	36 %

Pflanzliche Proteine haben somit nicht den gleichen Nährwert wie tierische Proteine. Demzufolge sind 10 g Linseneiweiß nicht so hochwertig wie 10 g Hühnereiweiß.

Dies muß man wissen, damit eine ausreichende Proteinzufuhr (1g/kg/Tag) gewährleistet ist.

Vegetarierinnen, die eine Vorliebe für Soja haben, sollten wissen, daß nicht alle Nahrungsmittel auf Sojabasis die gleiche Proteinmenge enthalten.

Bei folgenden Sojaprodukten beträgt der Proteingehalt in 100 g:

- Sojamehl: 45 g,

- Sojabohnen: 35 g,

- Tofu: 13 g,

- Sojabohnensprossen: 4 g,

- Sojasprossen: 1,5 g.

Außerdem enthält Sojasaft - fälschlicherweise als „Sojamilch" bezeichnet - ziemlich wenig Kalzium (42 mg/100 g) im Vergleich zur Kuhmilch (120 mg/100 g). Des weiteren kommen in pflanzlichen Proteinen nicht so viele Aminosäuren vor (Stoffe, die vom Organismus nicht selbst gebildet werden können). Dies ist zum Beispiel bei Getreide (Lysindefizit) und bei Hülsenfrüchten (Methionindefizit) der Fall. Deshalb sollte die tägliche Nahrungszufuhr aus einer Kombination von Vollkorngetreide, Hülsen- und Ölfrüchten (Walnüsse, Haselnüsse, Mandeln...) bestehen.

In zahlreichen exotischen Gerichten werden im übrigen Getreide und Hülsenfrüchte miteinander kombiniert:

- Mais und rote Bohnen in Tortillas (Mexiko),

- Grieß und Kichererbsen in Couscous (Maghreb),

- Hirse und Erdnüsse (Schwarzafrika).

Das Ei ist dagegen das einzige Produkt, das sehr viele Aminosäuren in einem ausgewogenen Verhältnis enthält.

Vegetarierinnen müssen auch darauf achten, daß sie genügend Eisen mit der Nahrung aufnehmen, da Eisen aus pflanzlichen Produkten bekanntlich fünfmal weniger gut assimiliert wird als Eisen aus tierischen Produkten.

Um einen Mangel an Vitamin B12 zu vermeiden, sollten Vegetarierinnen bevorzugt Käse, Eier und Algen verzehren.

Gegen gut durchdachte vegetarische Gerichte ist absolut nichts einzuwenden. Sie können sogar Herz-Kreislauf-Erkrankungen und Krebs (vor allem Dickdarm- und Mastdarmkrebs) vorbeugen. Bei kleinen Kindern (Wachstum), Schwangeren und alten Menschen ist jedoch weiterhin davon abzuraten.

Die Montignac-Methode, die mit der vegetarischen Diätform sehr gut kombiniert werden kann, empfiehlt den Verzehr von Kohlenhydraten (mit einem niedrigen glykämischen Index):

- Schrotbrot,

- echtes Vollkornbrot,

- Vollkornreis,

- Vollkornnudeln,

- Linsen,

- weiße und rote Bohnen,

- Erbsen und Saubohnen,

- Vollkorngetreide,

- frisches Obst und Ölfrüchte,

- ungezuckerte Fruchtmarmelade,

- Soja,

- Schokolade mit einem hohen Kakaoanteil.

Zum Frühstück bietet sich zum Beispiel ballaststoffreiches Brot oder Müsli ohne Zucker an, das durch ein Magermilchprodukt ergänzt werden kann (je nach Bedarf).
Außerdem sollte das Abendessen dreimal in der Woche aus guten Kohlenhydraten bestehen. Vegetarierinnen können sich auch häufiger eine derartige Mahlzeit zubereiten.

Beim Hauptgericht kann zwischen folgenden Gerichten gewählt werden:

- Vollkornreis mit Tomatenpüree;

- Vollkornnudeln mit Basilikumsauce, Tomatensauce oder Champignonsauce;

- Linsen mit Zwiebeln;

- weiße und rote Bohnen;

- Erbsen oder Saubohnen;

- Kichererbsen;

- Couscous mit Vollkorngrieß ohne Fleisch;

- Sojaprodukte;

- Getreideprodukte;

- Algen.

Als Beilage bieten sich Gemüsesuppe, Rohkost, Gemüse, Salatm, usw. an (je nach Bedarf). Mit einem Magermilchprodukt (Quark/Frischkäse mit 0 % Fettgehalt oder Magerjoghurt) wird die Mahlzeit beendet.

Letztendlich ist festzuhalten, daß bei einer rein vegetarischen Kost, die den Verzehr von Milchprodukten und Eiern verbietet, eine ausreichende Versorgung mit Nährstoffen nicht gewährleistet ist, so daß es zu einem Mangel kommen kann.

KAPITEL 5

DIE FRAU
IM ALTER VON FÜNFZIG JAHREN

Vor einhundert Jahren wurde eine fünfzigjährige Frau als alt angesehen. Das Ende der Geschlechtsreife bedeutete, daß sie nicht mehr in der Lage war, Kinder zu bekommen, so daß ihr nur noch die Rolle der Großmutter blieb.

Heute ist eine Frau im Alter von fünfzig Jahren noch jung, und es stehen genügend Mittel zur Verfügung, damit sie es auch bleibt.

Eine Hormonbehandlung (selbst wenn sie nicht unbedingt erforderlich ist) kann sehr hilfreich sein, um die Menopause besser zu überstehen und den Alterungsprozeß zu verzögern.

Doch um jung zu bleiben und bestimmten Gesundheitsrisiken vorzubeugen (Osteoporose, Herz-Kreislauf-Erkrankungen, Krebs, Gewichtszunahme), bedarf es einer Umstellung der Ernährungsgewohnheiten.

Eine ausgewogene Ernährung ist die Voraussetzung dafür, schön, jung und gesund zu bleiben, denn Großmutter kann man auch mit einem jugendlichen Körper sein.

Die Menopause

Die Phase der Menopause ist von besonderer Aktualität, da sich der größte Teil der weiblichen Bevölkerung in diesem Lebensabschnitt befindet. Es ist die Generation, die während des Babybooms in der Nachkriegszeit zur Welt gekommen ist.

Diese Frauen, die als erste mit der Antibabypille in Berührung kamen, besitzen eine völlig andere Einstellung zur Menopause als ihre Mütter, die diese Phase mit Altwerden gleichsetzten. Die Töchter sehen darin jedoch nur einen weiteren Abschnitt in ihrem Leben, da sie genau wissen, daß die Menopause (wie die Schwangerschaft) keine Krankheit, sondern ein natürlicher Vorgang ist.

Bis vor dreißig Jahren ging der Arzt nur dann auf die körperlichen Belange der Frau ein, wenn eine Schwangerschaft vorlag oder eine Geburt bevorstand.

Mit der Einführung der Antibabypille änderte sich dies dahingehend, daß ein Gespräch mit dem Arzt über Empfängnisverhütung, gynäkologische Probleme und Sexualität zu etwas Alltäglichem wurde.

Dies führte dazu, daß eine medikamentöse Behandlung der in der Menopause auftretenden Beschwerden möglich wurde.

1. Was ist die Menopause?

In dieser Phase stellen die Keimdrüsen ihre Funktion ein, was hauptsächlich am Ausbleiben der Menstruation sichtbar wird.

Das Durchschnittsalter liegt bei fünfzig Jahren, doch je nach Rasse, Klima und Veranlagung bestehen Unterschiede. Bei Raucherinnen setzt die Menopause im übrigen mindestens zwei Jahre früher ein.

Durch die Pille ist es der Frau bewußt geworden, daß Fruchtbarkeit und Sexualität zwei verschiedene Dinge sind. Sie empfindet es nicht als störend, daß sie keine Kinder mehr bekommen kann, da sie weiß, daß dies keinen Einfluß auf ihr Sexualleben hat.

2. Die Auswirkungen der Menopause

Nachdem die Keimdrüsen ihre Östrogenproduktion eingestellt haben, kommt es zu zahlreichen Störungen, die nach und nach in Erscheinung treten:

- Hitzewallungen;

- Inkontinenz;

- trockene Scheide (kann beim Geschlechtsverkehr Schmerzen verursachen);

- trockene Haut mit vorzeitiger Alterung;

- beginnende Osteoporose;

- Gefäßerkrankungen, die Herz-Kreislauf-Störungen hervorrufen können;

- Depressionen;

- Hormonstörungen mit eventueller Gewichtszunahme.

Viele dieser Störungen könnten durch eine spezielle Ernährung vermieden werden.

3. Gut essen, um jung zu bleiben

Der Alterungsprozeß des menschlichen Körpers ist genetisch bedingt. Er kann jedoch durch aggressive äußere Faktoren - wie die freien Radikalen - beschleunigt werden.
   Freie Radikale sind giftige Substanzen, die bei chemischen Reaktionen entstehen, bei denen wenig Sauerstoff verwendet wird.
   Sie beschleunigen die Alterung der Zellen, stören die Zellreproduktion (Krebsrisiko) und lösen Gefäßerkrankungen aus.

Bestimmte Nährstoffe - sogenannte Antioxydationsmittel - sind in der Lage, freie Radikale unschädlich zu machen. Dazu zählen:

- Vitamin C,

- Vitamin E,

- Beta-Carotin,

- Selen,

- Zink,

- Polyphenole.

Durch eine ausgewogene Ernährung wird eine optimale Zufuhr an Nährstoffen gewährleistet.

Nährstoffe	nährstoffreiche Nahrungsmittel
Vitamin C	Schwarze Johannisbeeren, Petersilie, Kiwi, Brokkoli, Zitrone, Orange, Grapefruit, Rohkost, Salat.
Vitamin E	Weizenkeimöl, Maisöl, Sonnenblumenöl, Walnußöl, Traubenkernöl, Weizenkeime.
Beta-Carotin	Löwenzahn, Kresse, gekochter Spinat, Brokkoli, Kopfsalat, Tomaten. Trockenaprikosen, Mango, Pfirsich, Orange. Sämtliches farbiges Obst und Gemüse (orange, rot oder grün).
Selen	Fisch, Fleisch, Innereien, Geflügel, Austern, Vollkorngetreide, Champignons.
Zink	Austern, Trockenerbsen, Sesamkörner, Bierhefe, Leber, Fleisch, Hartkäse, Linsen, Trockenbohnen.
Polyphenole	Rotwein, Schokolade mit einem hohen Kakaoanteil (+ 70 %), Tee.

4. Knochenerkrankungen vorbeugen

Der Ausfall der Hormone in der Menopause wirkt sich nachteilig auf die Knochenstabilität aus. Um Knochenerkrankungen vorzubeugen, ist auf eine ausreichende Kalziumzufuhr zu achten (möglichst in Verbindung mit Vitamin D und einer Hormonbehandlung).

Wenn eine Frau die Fünfzig überschritten hat, sollte sie 1200 bis 1500 mg Kalzium pro Tag zu sich nehmen. Umfragen haben jedoch ergeben, daß die Kalziumzufuhr bei französischen Frauen durchschnittlich 700 mg pro Tag beträgt, was völlig unzureichend ist.

Eine Frau, die sich in der Menopause befindet, sollte nicht nur mehr Käse (insbesondere Emmentaler) verzehren, sondern auch den Verlust von Kalzium vermeiden, der durch Alkohol (mehr als einen halben Liter Wein pro Tag), Kaffee (mehr als vier Tassen) und Nikotin noch verstärkt wird.

Beim Eintritt in die Menopause empfiehlt sich im übrigen eine Untersuchung der Knochensubstanz, um das Osteoporoserisiko abzuschätzen.

5. Hormonbehandlung

Soll in der Menopause eine Hormonbehandlung erfolgen?

Heutzutage hat eine fünfzigjährige Frau noch eine Lebenserwartung von etwa fünfunddreißig Jahren. Ist es nicht gerechtfertigt, ihr diese restlichen Jahre, die immerhin mehr als ein Drittel ihres Lebens ausmachen, so angenehm wie möglich zu gestalten?

Eine Hormonbehandlung bewirkt zum Beispiel eine glattere Haut und verhindert Osteoporose (schmerzhafter Schwund der Wirbelknochen - an der gekrümmten Körperhaltung zu erkennen - mit Neigung zu Knochenbrüchen wie Oberschenkelhalsbruch, usw.).

Außerdem werden durch die fehlenden Hormone Herz-Kreislauf-Erkrankungen (Arteritis, Angina pectoris, Herzinfarkt) begünstigt.

Es gibt zwar alternative Behandlungsmöglichkeiten (nicht hormoneller Art), die bei Hitzewallungen Linderung verschaffen, doch Knochen und Arterien werden dabei nicht geschützt.

Nur durch eine Hormonbehandlung mit natürlichen Östrogenen und Gestagenen läßt sich das biologische Gleichgewicht länger aufrechterhalten. Es handelt sich also weniger um einen Eingriff in die Natur, sondern um eine unterstützende Maßnahme, damit diese Phase so gut wie möglich überstanden wird.

MENOPAUSE UND KÖRPERGEWICHT

Wenn eine Frau in der Menopause an Gewicht zunimmt, gibt sie entweder den fehlenden Hormonen die Schuld (wenn sie keine Hormonbehandlung macht) oder den Hormonen, die sie gerade einnimmt.

Nachfolgend ist zu sehen, daß es häufig gar nicht an den Hormonen liegt, wenn es zu einer Gewichtszunahme kommt.

Zunächst folgt ein Blick auf die Statistik, um eine objektive Vorstellung zu erhalten.

Übersicht 1

Gewichtszunahme in der Menopause	
ohne Hormonbehandlung	**mit Hormonbehandlung**
44 % nehmen an Gewicht zu (4 bis 6 kg)	31 % nehmen an Gewicht zu (4 bis 7 kg)
52 % haben ein unverändertes Gewicht	67 % haben ein unverändertes Gewicht
4 % nehmen an Gewicht ab (2,5 bis 7,5 kg)	2 % nehmen an Gewicht ab

Übersicht 2

Gewichtszunahme nach einer Hysterektomie	
Teilhysterektomie (operative Entfernung der Gebärmutter)	**Totalhysterektomie** (operative Entfernung der Gebärmutter und der Eierstöcke)
35 % nehmen an Gewicht zu	50 % nehmen an Gewicht zu
56 % haben ein unverändertes Gewicht	33 % haben ein unverändertes Gewicht
9 % nehmen an Gewicht ab	17 % nehmen an Gewicht ab

Übersicht 3

Körpergewicht bei Frauen im Alter von 52 bis 58 Jahren
43 % haben Übergewicht (davon sind 27 % im medizinischen Sinne fettleibig)
52 % haben ein normales Körpergewicht
5 % haben Untergewicht

Quellen: Europäisches Forschungs- und Informationszentrum über Übergewicht (Dr. David Elia).

Die Statistik wäre unvollständig, wenn die durchschnittliche Entwicklung des Körpergewichtes vom zwanzigsten bis zum zweiundfünfzigsten Lebensjahr außer acht gelassen würde.

DIE DURCHSCHNITTLICHE ENTWICKLUNG DES KÖRPERGEWICHTES

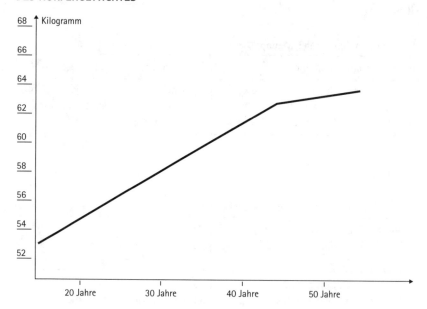

An diesen Statistiken wird Folgendes deutlich:

– Nicht einmal jede zweite Frau leidet in der Menopause an Übergewicht (43 %);

– Es kommt seltener zu einer Gewichtszunahme, wenn sich die Frau einer Hormonbehandlung unterzieht (31 % gegenüber 44 %);

– Im Falle einer Totalhysterektomie stellt sich am häufigsten eine Gewichtszunahme ein (50 %).

Des weiteren ist bemerkenswert, daß nach der Pubertät die Entwicklung des Körpergewichtes konstant verläuft, da innerhalb von dreißig Jahren (vom zwanzigsten bis zum fünfzigsten Lebensjahr) eine Gewichtszunahme von durchschnittlich 10 kg zu verzeichnen ist (von dreiundfünfzig auf dreiundsechzig Kilo).

Paradoxerweise nimmt das Körpergewicht in der Menopause (nachdem die Fünfzig überschritten wurde) nicht so stark zu.

Die Erfahrung der Ärzte hat im übrigen gezeigt, daß die Frauen, die in der Menopause an Gewicht zunehmen (mit oder ohne Hormonbehandlung), bereits vorher an Übergewicht litten. Wie anhand der Übersicht 3 zu sehen ist, sind 27 % dieser Frauen sogar fettleibig.

Entgegen der weit verbreiteten Annahme kommt es in der Menopause somit nicht automatisch zu einer Gewichtszunahme. Das zusätzliche Gewicht stellt sich nur dann ein, wenn bereits Übergewicht vorliegt.

Die Frauen nehmen also nicht deshalb an Gewicht zu, weil Hormone fehlen oder eine Hormonbehandlung durchgeführt wird, sondern weil Stoffwechselstörungen, die durch die physiologischen Veränderungen im Körper ausgelöst wurden, zu einer Bildung von Fettreserven führen.

Die Neigung des Organismus, Fettreserven anzulegen, läßt sich am besten daran messen, inwieweit Hyperinsulinismus vorliegt.

Es wurde nachgewiesen, daß durch die fehlenden Östrogene die Glukoseverträglichkeit und die Insulinempfindlichkeit herabgesetzt wird, was eine Insulinresistenz zur Folge hat, die durch eine erhöhte Insulinproduktion zum Ausdruck kommt.

In der Wing-Studie, die 1983 in Pennsylvania durchgeführt wurde, wird das Ausmaß dieses Phänomens deutlich.

Insulinspiegel in der Menopause			
Übergewicht	nüchtern	2 Std. nach der Einnahme von 75 g Glukose	Zunahme-koeffizient
1 bis 3,3 kg	48	260	5,4
3,4 bis 6,5 kg	50	280	5,6
6,6 bis 10,6 kg	52	320	6,1

Diese Übersicht zeigt sehr deutlich:

- daß in der Menopause der Insulinspiegel nach der Glukoseeinnahme übermäßig stark ansteigt;

- daß der übermäßige Anstieg des Insulinspiegels durch Übergewicht noch verstärkt wird.

Je dicker man also ist, umso mehr leidet man an Hyperinsulinismus und umgekehrt.

SCHLANK BLEIBEN IN DER MENOPAUSE

Dabei ist zu unterscheiden, ob eine Hormonbehandlung durchgeführt wird oder nicht.

1. Ohne Hormonbehandlung

Dieser Fall ist äußerst problematisch, da 44 % der betroffenen Frauen an Gewicht zunehmen (4 bis 6 kg).

Bei den Frauen, die seit jeher schlank sind, ist praktisch überhaupt keine Gewichtszunahme zu verzeichnen. Daß diese Frauen trotz ihrer schlechten Ernährungsgewohnheiten noch nie an Übergewicht gelitten haben, liegt an ihrer widerstandsfähigen Bauchspeicheldrüse. Es ist somit unwahrscheinlich, daß sich durch den Wegfall der Östrogene plötzlich eine Funktionsstörung der Bauchspeicheldrüse einstellt und es zu Hyperinsulinismus kommt.

Um völlig sicherzugehen, genügt es, wenn diese Frauen die Montignac-Methode anwenden (Phase II).

Bei den Frauen, die bereits dick sind, ist es etwas problematischer, vor allem dann, wenn ein beträchtliches Übergewicht vorliegt.

Es wäre natürlich am besten gewesen, wenn das Gewichtsproblem schon vor dem Eintritt in die Menopause gelöst worden wäre, da es nun zu einer weiteren Gewichtzunahme kommt.

Je dicker die Frauen sind, umso mehr nehmen sie an Gewicht zu und umgekehrt.

Gewichtsverlust, der von Frauen über fünfzig bei der Anwendung der Phase I erzielt wurde

BMI	durchschnittlicher Gewichtsverlust nach vier Monaten	Gewichtsverlust in %
24 bis 29	− 9,2 kg	− 12,4 %
30 und mehr	− 15,1 kg	− 16,8 %

Quellen: Institut Vitalité et Nutrition.

Die Erfahrung hat im übrigen gezeigt, daß durch die Anwendung der Montignac-Methode ansehnliche Erfolge erzielt werden (vor allem dann, wenn die Prinzipien der Phase I genau befolgt werden). Eine weitere Gewichtszunahme läßt sich somit am besten durch eine Umstellung der Ernährungsweise vermeiden. Doch man muß auch die übrigen Faktoren miteinbeziehen, die die Gewichtsabnahme beeinträchtigen können. Dazu zählen die Faktoren, die in den vorhergehenden Kapiteln aufgeführt wurden und die Faktoren, die am Ende dieses Kapitels erwähnt werden.

2. Mit Hormonbehandlung

Selbst wenn es ohne Hormonbehandlung relativ häufig zu einer Gewichtszunahme kommt (wie zu sehen war, führt der Wegfall von Östrogenen zu einer Verschlimmerung des Hyperinsulinismus), bedeutet dies nicht, daß eine Hormonbehandlung wahre Wunder vollbringt.

Zwar sind ihre Vorteile nicht von der Hand zu weisen, doch läßt sich eine Gewichtszunahme genauso wenig ausschließen, auch wenn die statistische Wahrscheinlichkeit geringer ist (31 % gegenüber 44 % ohne Hormonbehandlung).

Dies läßt sich folgendermaßen erklären:

Östrogene begünstigen naturgemäß:
- die Zunahme der Unterhautfettmasse an den Oberschenkeln;
- abdominale Lipolyse;
- die Zunahme der Muskelmasse (anabolisierende Wirkung).
- Wasseransammlung;

Gestagene begünstigen naturgemäß:
- Appetit;
- die Zunahme der abdominalen Fettmasse (anabolisierende Wirkung);
- die Zunahme der Muskelmasse (anabolisierende Wirkung);
- Wasseransammlung.

Ein eventuelle Gewichtszunahme ist somit auf folgende Faktoren zurückführen:
- eine mögliche Zunahme der Fettmasse.
- eine mögliche Zunahme der Muskelmasse;
- eine eventuelle Wasseransammlung;

Diese eventuelle Gewichtszunahme hängt jedoch von zwei Parametern ab:
- vom bereits vorhandenen Übergewicht (je dicker man ist, umso mehr neigt man zur Gewichtszunahme);
- von der verordneten Behandlungsmethode.

Dr. David Elia, Gynäkologe, äußert sich folgendermaßen dazu: *„Es gibt keine Frau, die eine Hormonbehandlung nicht verträgt. Es gibt nur Hormonbehandlungen, die nicht auf die individuellen Bedürfnisse der Frau abgestimmt sind. Man darf nicht vergessen, daß es durch eine zu hohe oder zu niedrige Dosierung der Östrogene zu einer Gewichtszunahme kommen kann".*

Das zusätzliche Gewicht läßt sich somit vermeiden, wenn eine richtige Dosierung der Hormone vorgenommen wird.

Bei einer korrekt durchgeführten Behandlung ist keine Gewichtszunahme zu verzeichnen, im Gegenteil:

	vor der Behandlung	nach einer sechsmonatigen Hormonbehandlung
Durchschnittliches Gewicht	57,1 ± 2,6 kg	56,8 ± 2,7 kg

Die Art der Hormone, die verabreichte Dosis und die genau abgestimmte Dosierung sind also von entscheidender Bedeutung.

Leider verordnen Ärzte (und manchmal auch Spezialisten) viel zu häufig Standardbehandlungen, ohne die individuellen Bedürfnisse der Frauen miteinzubeziehen.

Es ist ganz klar, daß es keine allgemeingültige Hormonbehandlung für die Beschwerden in der Menopause geben kann. Deshalb sollte jede Behandlung auf individuellen Kriterien basieren. Viele Ärzte scheinen jedoch kaum auf die ästhetischen Belange ihrer Patientinnen einzugehen.

Zu ihrer Entlastung ist zu sagen, daß die Pharmaindustrie eine gewisse Mitschuld trägt, da sie das Risiko einer Gewichtszunahme nur ganz allgemein erwähnt, so daß nicht ersichtlich wird, wie sich die Hormone auf das Körpergewicht auswirken, wenn bereits Übergewicht vorliegt.

Eine unangemessene Behandlung kann also bei jeder Frau eine Gewichtszunahme auslösen, insbesondere bei denjenigen, die bereits übergewichtig sind. Dies bedeutet, daß eine ständige Überwachung der Hormonbehandlung zu erfolgen hat, denn bei jeder noch so geringen Gewichtszunahme muß die Dosierung der Hormone geändert oder die Behandlung sogar ganz abgebrochen werden.

Da keine genauen Angaben darüber gemacht werden, wie die Behandlungsrisiken zu umgehen sind, nehmen viele Frauen von einer Hormonbehandlung Abstand.

Dies ist auch die Erklärung dafür, warum 30 % der Frauen die verordneten Hormonpräparate nicht einnehmen und 20 % der Frauen innerhalb eines Jahres die Behandlung von sich aus abbrechen. Obwohl in Frankreich neun Millionen Frauen davon betroffen sind, erhalten nur 10 % eine angemessene Behandlung.

Insgesamt ist festzuhalten, daß bei einer Hormonbehandlung in der Menopause folgende Maßnahmen ergriffen werden müssen, um eine Gewichtszunahme zu vermeiden:

1. sich vergewissern, daß die Behandlung an die individuellen Bedürfnisse angepaßt ist;

2. die Montignac-Methode anwenden, um jedes zusätzliches Risiko von Hyperinsulinismus auszuschalten.

3. Abnehmen in der Menopause

Laut Statistik beträgt die Gewichtszunahme vom zwanzigsten bis zum fünfzigsten Lebensjahr durchschnittlich 10 kg.

Schwangerschaften und schlechte Ernährungsgewohnheiten haben bei zahlreichen Frauen ihre Spuren hinterlassen.

Wenn ihnen nun bewußt wird, daß in der Menopause eine weitere Gewichtszunahme droht (mit oder ohne Hormonbehandlung), fassen sie den festen Entschluß, abzunehmen.

Für eine Gewichtsabnahme ist es nie zu spät, doch kann man sich sehr gut vorstellen, welche Frustrationen die Betroffenen erleiden würden (ganz zu schweigen von der Enttäuschung über den Mißerfolg), wenn sie ihren überflüssigen Pfunden mit Hilfe einer kalorienreduzierten Diät zu Leibe rücken würden, wie etwa mithilfe der „assoziierten" Diät von Dr. Jacques Fricker oder der „Paul-Loup Sulitzer-Diät".

Nur mit einer Umstellung der Ernährungsgewohnheiten läßt sich eine Gewichtsabnahme erzielen, ohne daß es zu Frustrationen kommt, was in dieser Phase besonders wichtig ist, da die Frauen durch den Wegfall der Hormone häufig zu Depressionen neigen.

WEITERE FAKTOREN DER MENOPAUSE

Die Menopause begünstigt auch das Entstehen weiterer Störungen:

- Schilddrüsenunterfunktion;
- Depression;
- Streß durch eine Änderung der Lebensweise;
- mangelnde Bewegung.

Diese Störungen können indirekt eine Gewichtszunahme auslösen.

1. Vorsicht vor Depressionen!

In der Menopause können Ermüdungserscheinungen auftreten. Wenn Schilddrüsenunterfunktion und Eisenmangel als Ursache nicht in Frage kommen, können auch Depressionen dafür verantwortlich sein (die direkt oder indirekt mit der Menopause zusammenhängen).

Professor A. Basdevant hat die Auswirkungen verschiedener psychischer Störungen auf das Körpergewicht untersucht.

Dabei hat sich herausgestellt, daß das Körpergewicht in beide Richtungen beeinflußt werden kann. Je nach Veranlagung nimmt man an Gewicht zu oder ab.

Störungen	Durchschnittliche Gewichtszunahme		Durchschnittliche Gewichtsabnahme	
	Häufigkeit	Angabe in kg	Häufigkeit	Angabe in kg
Depression	28 %	+ 7,8 ± 4,3	27 %	- 7,7 ± 3,6
Todesfall	9 %	+ 8,5 ± 4,3	26 %	- 6,7 ± 2,7
Scheidung	15 %	+ 8,5 ± 4,3	36 %	- 8,3 ± 4,2
Familiäre Probleme	14 %	+ 6,9 ± 3,1	14 %	- 6,6 ± 2,5
Eheprobleme	12 %	+ 7,9 ± 3,1	12 %	- 8 ± 3,7
Sexuelle Probleme	15 %	+ 9,5 ± 5,3	12 %	- 7,8 ± 2,3
Finanzielle Probleme	10 %	+ 7,1 ± 3,6	10 %	- 6,3 ± 2,5
Berufliche Probleme	14 %	+ 8,2 ± 4,5	8 %	- 6,5 ± 3,2
Umzug	2 %	+ 5 ± 0,9	7 %	- 5,6 ± 1,9

Hieraus wird ersichtlich, daß sexuelle Probleme die größte Gewichtszunahme auslösen. Sie können sogar mit einer Inkontinenz einhergehen, was für die Betroffenen sehr demütigend ist.

An der Übersicht über die Gewichtszunahme wird deutlich, daß seelische Störungen häufig durch eine übermäßige Nahrungszufuhr kompensiert werden (hauptsächlich schlechte Kohlenhydrate).

Des weiteren kommt es durch den Wegfall der Hormone zu einer erhöhten Streßanfälligkeit.

Streß kann jedoch die Sekretion von Cortisol durch die Nebennieren begünstigen. Dies führt zu:

- einer Zunahme der abdominalen Fettmasse;
- einer Zunahme des Appetits;
- einer erhöhten Wasseransammlung;
- einer Verringerung der Muskelmasse.

Durch eine angemessene Hormonbehandlung lassen sich diese Störungen weitgehend unterdrücken.

Schließlich sollte auf eine ausreichende Magnesiumzufuhr geachtet werden, um die Widerstandsfähigkeit des weiblichen Organismus zu erhöhen.

2. Vorsicht vor Azidose!

Das Problem der Azidose wird von vielen Ärzten nicht ernstgenommen, da sie nur selten mit dieser Störung konfrontiert werden. Dennoch scheint sie immer häufiger vorzukommen.

Daß es sich um ein ernstzunehmendes Problem handelt, sieht man an der Anzahl der Medikamente, die in den USA rezeptfrei erhältlich sind. Nach Meinung von Dr. Catherine Kousmine kommt dem Säure-Base-Gleichgewicht des Organismus eine große Bedeutung zu.

Aus ihren ersten Veröffentlichungen wird ersichtlich, daß die moderne Ernährung, die aus raffinierten, hyperglykämisch wirkenden Lebensmitteln und zuviel Fleisch besteht, das Entstehen von Azidose begünstigt. Durch die Azidose wird der Sympathikus angeregt und es treten folgende Symptome auf:

- Müdigkeit, insbesondere morgens;
- Übersäuerung des Magensaftes;
- Blähungen;
- Verstopfung;
- Kälteempfindlichkeit;
- Glukoseunverträglichkeit;
- Reizbarkeit und erhöhte Streßanfälligkeit.

Dr. Kousmine empfiehlt deshalb, den Verzehr säurebildender Lebensmittel einzuschränken (Fleisch, würziger Käse, Weißbrot, Zucker, Alkohol, Tee, Kaffee) und alkalisierende Lebensmittel (Eigelb, Joghurt, frische Milchprodukte, frisches Gemüse, Zitrone, Soja, frisches Obst, Dörrobst) oder neutrale Lebensmittel (Walnüsse, Vollkorngetreide, Schrotbrot) zu bevorzugen.

Um der Azidose entgegenzuwirken, kann man auch morgens nach dem Aufstehen frisch gepreßten Zitronensaft (aus zwei Zitronen) und tagsüber alkalisierendes Wasser zu sich nehmen.

Im akuten Zustand ist das gute alte Natriumbicarbonat, das unsere Großeltern schon verwendet haben, immer noch hilfreich.

Um zu überprüfen, ob man an Azidose leidet oder nicht, genügt es, in der Apotheke entsprechende Teststreifen zu kaufen, die in den morgendlichen Urin gehalten werden. Der PH-Wert sollte über 7 betragen.

MIT FÜNFZIG JAHREN SPORT TREIBEN

In der herkömmlichen Diätetik, die auf einer Kalorienreduktion beruht, werden die überflüssigen Pfunde nicht nur auf eine zu große Energiezufuhr, sondern auch auf mangelnde Bewegung zurückgeführt.

Wie ist es dann zu erklären, daß sowohl Frau Baronin, die niemals ihr Boudoir verläßt, als auch die Gemahlin des Großindustriellen, die nicht einmal weiß, daß es in ihrem Haus in der feinsten Pariser Gegend eine Treppe gibt, von schlanker Gestalt sind?

Und wie ist es weiterhin zu erklären, daß ihr weibliches Dienstpersonal, das durch seine Tätigkeit ständig in Bewegung ist, meistens übergewichtig ist?

Allein durch Sport läßt sich keine Gewichtsabnahme erzielen (siehe Teil 1, Kapitel 8).

Dies bedeutet jedoch nicht, daß körperliche Bewegung nutzlos ist. Ganz im Gegenteil. Doch man sollte nicht mehr den „Energieverbrauch" in den Vordergrund stellen, da dieser Begriff auf einer falschen Vorstellung beruht, sondern vielmehr die positive Wirkung hervorheben, die ein normal aktiviertes Muskelsystem auf den Organismus ausübt.

Körperliche Betätigung trägt jedoch erst dann zu einer Gewichtsabnahme bei, wenn zuvor eine Umstellung der Ernährungsgewohnheiten vorgenommen wurde.

Die wohltuende Wirkung des Sports macht sich vor allem nach einer ersten Gewichtsabnahme bemerkbar. Durch körperliche Ertüchtigung im Rahmen der Montignac-Methode kommt es zu:

- einer Zunahme der Glukoseverträglichkeit;
- einer Verringerung des Hyperinsulinismus, was die Lipolyse begünstigt (Gewichtsverlust);
- einer Verringerung der Insulinresistenz.

Sport führt zudem zu einer Senkung der Blutfette (Triglyzeride, Cholesterin...) und des Bluthochdrucks, wodurch Herz-Kreislauf-Erkrankungen vorgebeugt wird.

Man darf nicht vergessen, daß die Frau in der Menopause den natürlichen Schutz der Hormone verliert, so daß sie in diesem Bereich genauso anfällig wird wie der Mann.

Durch körperliche Betätigung läßt sich auch Osteoporose vermeiden. Voraussetzung ist allerdings, daß regelmäßig und dauerhaft Sport getrieben wird.

Man kann sich im übrigen von einem Bewegungstherapeuten oder Sportarzt ein individuelles Trainingsprogramm erstellen lassen.

Selbst wenn man nicht die Zeit oder den Mut dazu hat, eine Ausdauersportart zu betreiben, gibt es einige Möglichkeiten, für ausreichende körperliche Bewegung im Alltag zu sorgen. Dazu genügt es,
bestimmte schlechte Gewohnheiten abzulegen.

- Man sollte nicht mehr den Fahrstuhl oder die Rolltreppe benutzen,
  sondern sich stets die Zeit zum Treppensteigen nehmen.

- Es empfiehlt sich, so oft wie möglich zu Fuß zu gehen. Wer in Paris
  wohnt und regelmäßig die Metro benutzt, sollte zwei Stationen
  früher aussteigen und den Rest des Weges zu Fuß gehen. Ein täg-
  licher Fußmarsch von mindestens einer halben Stunde und ein-
  bis zweistündige Spaziergänge am Wochenende sind ebenfalls zu
  empfehlen.

- Den Urlaub sollte man nicht im Liegestuhl verbringen. Sinnvoll sind
  Spaziergänge am Strand (mit den Füßen im Wasser), Wander- oder
  Radtouren (auf dem Land oder im Gebirge). Gymnastik und Schwim-
  men gehören ebenfalls zu den empfehlenswerten Sportarten.

Aufgrund der wohltuenden Wirkung wird man allmählich Gefallen
an der körperlichen Betätigung finden, so daß das anfängliche Gefühl von Strafe sehr bald der Vergangenheit angehören wird. Mit jeder
Leistungssteigerung trägt man zur Wiederherstellung des Gleichge-
wichts bei.

FRAUEN UND DIABETES

Bei Diabetes ist der Glukosegehalt im Blut (Blutzucker) erhöht (sowohl im nüchternen Zustand als auch nach dem Essen). Man unterscheidet zwei Arten von Diabetes.

1. Diabetes II oder „Fettdiabetes"

Dieser Diabetes tritt häufig bei Frauen nach dem fünfzigsten Lebensjahr auf, die in der Regel an Übergewicht leiden.

Die Bauchspeicheldrüse produziert in diesem Fall eine zu große Menge an Insulin. Dieses Hormon ist entweder „von schlechter Qualität" oder wird von den Zellen nicht richtig erkannt, so daß seine Wirksamkeit eingeschränkt ist.

Somit liegt nicht nur Hyperinsulinismus, sondern auch Insulinresistenz vor. Der Blutzuckerspiegel bleibt erhöht, da das freigesetzte Insulin nicht in der Lage ist, eine Senkung herbeizuführen.

Um eine Normalisierung des Blutzuckergehaltes zu erreichen, ist eine Gewichtsabnahme unerläßlich. Die Montignac-Methode ist für diese Diabetesart besonders geeignet, da sie auf dem bevorzugten Verzehr von Kohlenhydraten mit einem niedrigen glykämischen Index beruht.

Untersuchungen haben gezeigt, daß eine Verringerung des glykämischen Indexes um 14 % (durch den Verzicht auf Weißbrot und Kartoffeln und den bevorzugten Verzehr von Schrotbrot, Vollkornnudeln und weißen Bohnen) bei Diabetikern eine Verbesserung der gestörten Stoffwechselfunktion bewirkt.

Die Ernährung sollte deshalb reich an Ballaststoffen sein, insbesondere an löslichen Ballaststoffen (Pektin von Äpfeln, Alginate von Algen, Pflanzenmehl- und Quellstoffe von weißen Bohnen...).

Des weiteren empfiehlt sich eine Nahrung, die viel Mikronährstoffe (Chrom, Vitamin B1) enthält, da diese den Kohlenhydratstoffwechsel verbessern. Man findet sie vor allem in Vollkorngetreide, Bierhefe und Weizenkeimen.

Diabetiker sollten auch die Zufuhr an gesättigten Fetten (Fleisch, Wurst, Butter, Vollmilchprodukte) einschränken und dafür einfach und mehrfach ungesättigte Fette bevorzugen, wie zum Beispiel naturreines Olivenöl, das die Eigenschaften hat, den Blutzuckerspiegel zu senken und den Insulinhaushalt zu verbessern.

Schließlich ist auf eine ausreichende Flüssigkeitszufuhr (mindestens 1,5 Liter pro Tag) zu achten.

2. Diabetes I oder „Magerdiabetes": insulinabhängig

Dieser Diabetes tritt viel früher - in der Pubertät oder sogar schon in der Kindheit - in Erscheinung. Er ist durch eine Funktionsstörung der Bauchspeicheldrüse charakterisiert, die kein Insulin mehr produziert, so daß die notwendige Menge von außen zugeführt werden muß (in Form von Spritzen). Auch in diesem Fall kann Übergewicht vorliegen, doch ist es nicht so häufig anzutreffen wie bei der ersten Diabetesart.

Die Betroffenen müssen täglich eine bestimmte Menge an Kohlenhydraten zu sich nehmen, die meistens auf die Hauptmahlzeiten zu verteilen sind. Deshalb ist der Verzehr von Fisch und fettarmem Geflügel zu bevorzugen, wozu Kohlenhydrate mit einem niedrigen glykämischen Index (Linsen, Trockenbohnen, Vollkornreis, Vollkornnudeln...) gereicht werden.

Durch den Verzehr ballaststoffreicher Nahrungsmittel läßt sich die Insulindosis häufig verringern und Hypoglykämie völlig vermeiden.

Da Diabetes die Entstehung der Herz-Kreislauf-Störungen (Augen-, Nieren- und Koronarerkrankungen) begünstigt, die es um jeden Preis zu verhindern gilt, ist die Montignac-Methode durch ihre vorbeugende Wirkung besonders zu empfehlen, ohne jedoch den Diätplan des Diabetologen überflüssig zu machen. Die Montignac-Methode sieht folgende Maßnahmen vor:

- den Verzehr von Kohlenhydraten mit einem niedrigen glykämischen Index, die eine Senkung des schlechten Cholesterins und der Triglyzeride begünstigen;

- die Bevorzugung einfach und mehrfach ungesättigter Fettsäuren, die zu einem Anstieg des „guten Cholesterins" und einer Senkung der Triglyzeride führen;

- eine Gewichtsabnahme, damit sich der Blutdruck wieder normalisiert, das Herz nicht mehr so beansprucht wird, die körperliche Bewegung leichter fällt und das Herz-Kreislauf-Risiko verringert wird.

- eine nährstoffreiche Ernährung (Vitamin C, Vitamin E, Beta-Carotin, Zink, Selen, Polyphenole...), wodurch die Gefäßwände geschützt werden.

Somit kann durch die von uns empfohlene Ernährungsweise den gefährlichen vaskulären Risiken, die mit Diabetes einhergehen, vorgebeugt werden.

FRAUEN UND VERSTOPFUNG

Unter Verstopfung versteht man eine verzögerte Darmentleerung in Verbindung mit einer Dehydrierung des Stuhlgangs. Man erkennt diese Störung am Ausbleiben des Stuhlgangs (weniger als dreimal in der Woche). Bei einer normalen Darmtätigkeit kommt es zwischen viermal wöchentlich und dreimal täglich zu einer Stuhlentleerung.

Mehr als die Hälfte der Bevölkerung klagt über Verstopfung, wovon drei Viertel Frauen sind.

Man unterscheidet zwei Arten von Verstopfung: fehlender Stuhldrang und Darmträgheit.

Bei fehlendem Stuhldrang sind Medikamente und häufig auch Diäten völlig wirkungslos. Deshalb sollte in schweren Fällen die Störung mit Unterstützung eines Bewegungstherapeuten beseitigt werden, der über die entsprechenden Kenntnisse verfügt.

Bei Darmträgheit - die häufigste Art von Verstopfung - besteht die Behandlung aus:

- Umstellung auf eine ausgewogene Ernährung;

- Normalisierung der Darmtätigkeit, so daß man regelmäßig Stuhlgang hat, auch wenn kein Drang zur Stuhlentleerung vorhanden ist;

- körperliche Bewegung (Laufen, Schwimmen, Fahrradfahren, Gymnastik) zur Kräftigung der Bauchmuskulatur;

- Verzicht auf Laxativa, da sie antiphysiologisch sind. Bei einer übermäßigen Einnahme kommt es zu Darmerkrankungen mit hartnäckigem Durchfall, Bauchschmerzen und einer deutlichen Senkung des Kaliumgehaltes;

- Verzicht auf Medikamente, die Verstopfung verursachen, wie zum Beispiel Antidepressiva;

- Abbruch kalorienreduzierter Diäten, da sie die Magen- und Darmtätigkeit beeinträchtigen;

- Aufgabe bestimmter schlechter Gewohnheiten (wie zum Beispiel der Verzehr von Paraffinöl), da sie auf die Dauer gefährlich werden können.

Ernährung bei Verstopfung

Zunächst sollte man nach dem Aufstehen ein Glas frischen Fruchtsaft trinken. Wenn die Flüssigkeit in den leeren Magen gelangt, wird die Magen- und Darmtätigkeit angeregt.

Des weiteren empfiehlt sich eine ballaststoffreiche Ernährung. Dazu zählen vor allem Vollkorngetreide (Nudeln, Reis, Schrotbrot...) und Hülsenfrüchte, die viel unlösliche Ballaststoffe enthalten. Bei Bedarf bietet sich auch der Verzehr von 20 g Weizenkleie (aus biologischem Anbau) an, die in ein Milchprodukt eingerührt werden (Quark/Frischkäse, Joghurt).

Wenn plötzlich eine hohe Ballaststoffzufuhr erfolgt, können Blähungen und Bauchschmerzen entstehen, da der Darm noch empfindlich ist. Deshalb sollte die Kleiemenge allmählich gesteigert werden. Man beginnt mit einer Zufuhr von 5 g pro Tag, die jede Woche um weitere 5 g erhöht wird, bis die gewünschte Menge erreicht ist.

Selbst wenn sich der Darm zunächst ein wenig „sträuben" sollte, ist die Kleiezufuhr beizubehalten, denn die harmlosen „Protestäußerungen" weisen darauf hin, daß sich die Darmfunktion wieder zu normalisieren beginnt.

Es empfiehlt sich, die notwendige Menge an Ballaststoffen ausschließlich über die Nahrung zuzuführen und nicht auf Pflanzenmehl- und Schleimstoffe oder sonstige Suppositorien aus der Apotheke zurückzugreifen.

Wenn jedoch eine zu geringe Flüssigkeitszufuhr erfolgt (weniger als 1,5 Liter pro Tag), kann sich die Verstopfung durch festen Stuhlgang noch verschlimmern.

Um die Entleerung der Gallenblase zu begünstigen und der Verstopfung entgegenzuwirken, empfiehlt es sich, nach dem Aufstehen einen Eßlöffel Olivenöl zu sich nehmen. Der Geschmack läßt sich damit überdecken, daß man gleich danach frisch gepreßten Zitronensaft trinkt.

Verstopfung sollte auf jeden Fall behandelt werden, um folgenden Störungen vorzubeugen:

– Rückfluß von Magensäure in die Speiseröhre;
– Hiatushernie;
– Hämorrhoiden;
– Krampfadern, die durch starken Bauchdruck entstehen (bei der Stuhlentleerung).

FRAUEN UND KOLITIS

Bei Kolitis (Dickdarmentzündung), Krämpfen oder Reizung des Dickdarms handelt es sich meistens um eine Hypersensibilität des Dickdarms gegenüber Gärungsprozessen und Ballaststoffen.

Der Dickdarm reagiert mit schmerzhaften Krämpfen oder einer Entzündung der Darmwände. Diese Störungen können mit Verstopfung oder Durchfall einhergehen.

Wenn zusätzlich Divertikulose vorliegt, sollte die Nahrung Ballaststoffe enthalten, um Infektionen zu vermeiden und Darmkrebs vorzubeugen.

Bei akuten Entzündungen ist vorübergehend auf die Zufuhr von Ballaststoffen zu verzichten.

In diesem Fall sind folgende Nahrungsmittel erlaubt:

– mageres Fleisch ohne Sauce;
– gekochter Schinken ohne Schwarte und ohne Fett;
– magerer Fisch;

- gekochte Eier;
- Käse (Emmentaler, Comté, Beaufort);
- weißer Reis;
- Nudeln;
- Grieß;
- Gemüsebrühe (aus passiertem Gemüse);
- gekochtes Gemüse: Gurke, grüne Bohnen;
- püriertes Gemüse: Brokkoli, Spinat, Karotten, Sellerie;
- gekochtes Obst (geschält);
- Fruchtsaft ohne Fruchtfleisch;
- Fruchtgelee;
- Butter, Öle, Margarine;
- Mineralwasser ohne Kohlensäure.

Diese unausgewogene Kost sollte jedoch nicht zu lange die Ernährungsgrundlage bilden.

Bei Darmkrämpfen (ohne Divertikulose) meiden die Betroffenen aufgrund schmerzhafter Darmreaktionen immer mehr Nahrungsmittel. Dies führt zu drastischen Einschränkungen und einer völlig unausgewogenen Nahrungszufuhr.

Manche Betroffene verzichten von vornherein auf sämtliche Milchprodukte. Dies begünstigt jedoch einen Kalzium- oder Proteinmangel, weshalb man sich diese Entscheidung nicht zu leicht machen sollte. Außerdem kommen Allergien gegen Milcheiweiß sehr selten vor und werden durch spezielle Allergietests nachgewiesen.

Unverträglichkeit von Laktose (Milchzucker) ist viel häufiger anzutreffen, doch dies bedeutet nicht, auf den Verzehr von vergorener Milch (Joghurt, Käse) zu verzichten, da diese Produkte im allgemeinen gut verträglich sind.

Des weiteren neigen Betroffene grundsätzlich dazu, ballaststoffreiche Nahrungsmittel zu meiden. Dies sollte man jedoch auf keinen

Fall tun, da Ballaststoffe Störungen der Darmfunktion regulieren (Durchfall oder Verstopfung).

Ballaststoffe werden dann gut vertragen, wenn bestimmte Ernährungsrichtlinien beachtet werden.

- Damit sich der Dickdarm etwas erholen kann, wird in der ersten Woche auf eine Ballaststoffzufuhr verzichtet. Dann beginnt man allmählich damit, Ballaststoffe in Form von zartem, frischem Gemüse und geschältem, gekochtem Obst zu sich zu nehmen.

- Außerdem sollte Vitamin C in Form von Fruchtsaft ohne Fruchtfleisch zugeführt werden.

- Anschließend nimmt man allmählich wieder Rohkost zu sich : Gemüse, Salat, Obst.

- Je nach Bedarf kann zusätzlich Kleie verzehrt werden, wobei die Kleiezufuhr wöchentlich um 5 g erhöht wird, bis eine Menge von 20 g erreicht ist. Vollkornprodukte sind ebenfalls erlaubt.

- Man sollte die Stärkeprodukte ausgiebig kauen, damit die Amylase des Speichels ihre Wirkung entfalten kann. Andernfalls würden die Stärkerückstände trotz der Verdauungsfermente der Bauchspeicheldrüse im Dickdarm zu gären beginnen und Blähungen verursachen, die sehr schmerzhaft werden können.

- Blähungen lassen sich mit Kohle oder Ton wirksam bekämpfen.

- Bei starken Schmerzen können krampflösende Medikamente verabreicht werden.

- Außerdem darf man nicht vergessen, daß Blähungen häufig auf eine hastige Eßweise zurückzuführen sind. In einem solchen Fall sollte man sich zum Essen an einen ruhigen Ort zurückziehen und die Mahlzeit ohne Hektik und in angenehmer Gesellschaft einnehmen. Wer alleine ißt, neigt in der Regel dazu, das Essen hinunterzuschlingen.

- Des weiteren sollte man mehrmals täglich Atemübungen durchführen, da dadurch die Bauchwand gestärkt und eine wohltuende

„Darmmassage" ausgeübt wird. Eine zehnminütige Entspannungs-phase nach dem Essen kann sich ebenfalls günstig auswirken.

Eine psychotherapeutische Behandlung der Darmstörungen ist nur dann notwendig, wenn seelische Probleme als Ursache festgestellt wurden. Im Normalfall genügt es, einen gesunden Lebensstil anzu-nehmen, die Ernährungsrichtlinien zu beachten und ein gutes Ver-hältnis zwischen dem Arzt und dem Patienten herzustellen.

KREBSVERHÜTENDE WIRKUNG DER ERNÄHRUNG

Im Jahre 1984 fand im Antikrebszentrum von Villejuif eine Tagung über die krebsverhütende Wirkung der Ernährung statt, die nach Meinung der anwesenden Wissenschaftler völlig unzeitgemäß war.
   Heute geht man jedoch davon aus, daß 80 % der Krebsfälle zum Teil auf die Umwelt zurückzuführen sind und fast 40 % davon direkt mit der Ernährung zusammenhängen!

1. Was ist Krebs?

Krebs entsteht, wenn verschiedene Umweltfaktoren auf einen prä-disponierten Organismus einwirken (erbliche Veranlagung oder Stoffwechselanfälligkeit).

Durch diese Umweltfaktoren kommen krebserregende Stoffe mit ei-ner oder mehreren Körperzellen in Berührung.
   Diese werden dahingehend verändert, daß eine Wucherung mög-lich wird.

Anschließend bewirken nicht krebserregende Stoffe die Vermehrung der Zellen und die Bildung des Tumors.
   Die Zelle wandelt sich also erst nach einer Reihe von atypischen Vorgängen in eine Krebszelle um. Die Ernährung ist dabei nur ein Glied in der Kette, doch sie kann eine entscheidende Rolle spielen.

2. Ursachen von Krebs

Anhand bestimmter epidemiologischer Untersuchungen wurde den Krebsursachen auf den Grund gegangen. Dabei bediente man sich sowohl geographischer Daten als auch individueller Beobachtungen.

So wurde in einem Fall zwischen zwei Ländern ein Vergleich hinsichtlich der Ernährungsweise und dem Auftreten einer bestimmten Krebsart angestellt. In einem anderen Fall wurde die Ernährung krebskranker Menschen mit der Ernährung gesunder Personen verglichen.

Den Worten von „La Vecchia" zufolge „*sind Untersuchungen, die auf einer Beobachtung von Personengruppen beruhen, zwar nützlich, um Hypothesen aufzustellen, doch können sie auf keinen Fall stichhaltige Beweise für einen Kausalzusammenhang liefern. Eine Korrelation bedeutet nicht zwangsläufig, daß ein Kausalzusammenhang vorliegt*".

Und Professor M. Apfelbaum betonte mit humorvollen Worten: „*Auch wenn es in Frankreich die meisten Renault-Fahrzeuge gibt und die Franzosen den Weltrekord in Sachen Leberzirrhose halten, heißt dies noch lange nicht, daß zwischen beiden Tatsachen ein Zusammenhang besteht!*"

Im Laufe der Zeit wurden in der Krebsforschung grundlegende Überlegungen angestellt. Selbst wenn die Ergebnisse mit Vorsicht zu interpretieren sind, läßt sich doch mit Bestimmtheit sagen, welche Nahrungsmittel und Nährstoffe die Krebsentstehung begünstigen und welche vorbeugend wirken.

3. Nahrungsmittel und Nährstoffe, die krebserregend sein können

a. Proteine

Wenn die Proteine des Fleisches erhitzt werden, entstehen heterozyklische Amine, die Dickdarm- und Mastdarmkrebs begünstigen können.

Deshalb ist das Krebsrisiko bei den Personen, die täglich Fleisch konsumieren (Rind, Kalb, Schwein oder Hammel), um das Zweieinhalbfache größer als bei den Personen, die nur einmal im Monat Fleisch verzehren.

Allerdings ist ein Proteinmangel genauso schädlich, da es zu einer Schwächung des Immunsystems kommt (verlangsamte Tätigkeit der T-Lymphozyten), wodurch der Körper krebsanfälliger wird.

b. Lipide

Eine übermäßige Zufuhr an gesättigten Fetten scheint das Entstehen von Brustkrebs, Krebs der Eierstöcke und des Gebärmutterhalses, Dickdarm- und Mastdarmkrebs zu begünstigen.

Solange Japan an seiner traditionellen Kochkunst festhielt (wenig tierische Fette), kamen diese Krebsarten sehr selten vor. Doch mit der Anpassung an die westliche Ernährungsweise war bei Brustkrebs zwischen 1975 und 1985 eine Zunahme von 58 % zu verzeichnen!

Übergewichtige Frauen sind einem erhöhten Brustkrebsrisiko ausgesetzt. Bei einer Fettkonzentration im oberen Teil des Körpers („Apfelform") ist die Wahrscheinlichkeit, an Brustkrebs zu erkranken, sechsmal höher als bei einer Fettansammlung in der unteren Körperhälfte („Birnenform"), da das im oberen Körperbereich konzentrierte Fett das Hormonsystem stärker beeinträchtigt.

Lipide sollten jedoch nicht generell als Feind angesehen werden, den es zu bekämpfen gilt, denn es sind vor allem die gesättigten Fette des Fleisches und der Milchprodukte, die eine Gefahr darstellen. Fisch und Olivenöl enthalten dagegen Lipide, die der Krebsentstehung entgegenwirken.

Man sollte nichts übertreiben, weshalb auch unbedingt davon abzuraten ist, den Cholesterinspiegel übermäßig stark zu senken.

Es wurde nachgewiesen, daß ein Gesamt-Cholesterinspiegel unter 1,80 g/l in den darauffolgenden zehn Jahren die Entstehung von Mastdarmkrebs begünstigt, was zeigt, daß bei allem ein vernünftiges Maß einzuhalten ist. Insbesondere sollte bei der Nahrungszufuhr stets auf ein ausgewogenes Verhältnis zwischen den verschiedenen gesättigten und ungesättigten Fettsäuren geachtet werden.

c. Salz

Übermäßig gesalzene Lebensmittel sowie Fleisch, Wurst oder Fisch, die in Salzlake oder Marinade eingelegt wurden, begünstigen die Entstehung von Magenkrebs. Dies läßt sich am Beispiel von Japan nachvollziehen, wo die schädlichen Auswirkungen dieser Konservierungstechniken bereits sichtbar wurden.

Seit der Übernahme von Kühl- und Tiefkühlverfahren und einem vermehrten Verzehr frischer Lebensmittel ist in diesem Land die Magenkrebsrate immerhin um 64 % zurückgegangen.

d. Alkohol

Alkohol gehört zusammen mit Tabak zu den krebserzeugenden Stoffen. Man kennt jedoch die Wirkung des Alkohols nur ungenau, da sich die Labortiere weigern, alkoholische Getränke zu sich zu nehmen. Somit gibt es keinen Modellversuch, an dem man die durch Alkohol ausgelösten physiologischen Veränderungen untersuchen könnte.

Man nimmt an, daß Alkohol unter anderem wie ein Lösungsmittel wirkt und die Zellen der Darmwand so verändert, daß den im Darm befindlichen krebserzeugenden Stoffen die Passage erleichtert wird.

Frankreich hält den traurigen Weltrekord bei den Krebsarten, die auf Alkoholkonsum zurückzuführen sind (Rachen, Mund, Speiseröhre, Kehlkopf, Leber) und die jährlich ungefähr 14 000 Tote fordern.

Konsum von purem Alkohol (in g/Tag)	Krebsrisiko
30 bis 40 g	x 2
40 bis 80 g	x 4
80 bis 100 g	x 10
über 100 g	x 20

In einem Liter Wein mit 10 Vol.-% sind 80 g Alkohol enthalten. Eine Kombination aus Alkohol und Tabak ist noch schädlicher: wenn bei einem täglichen Tabakkonsum von zwanzig Zigaretten zusätzlich ein Liter Wein (oder Bier bzw. Aperitif in der entsprechenden Alkoholmenge) getrunken wird, erhöht sich das Krebsrisiko um das Fünfzigfache.

Muß man unbedingt daran erinnern, daß ein Drittel der Krebsfälle auf Tabakkonsum zurückzuführen sind und daß Lungenkrebs und Krebs der oberen Luft- und Verdauungswege, der Speiseröhre und der Harnblase in 90 % der Fälle durch das Rauchen verursacht werden?

Seltsamerweise wirkt sich auch eine unzureichende Mundpflege - was bei Alkohol- und Tabakkonsumenten sehr häufig der Fall ist - krebsfördernd aus.

Krebs wird wiederholt als eine schreckliche Krankheit bezeichnet und bisweilen werden Klagen über die langsamen Fortschritte in der Krebsforschung laut, da es nicht gelingt, „die Ursache von Krebs zu finden oder wirksame Behandlungsmethoden zu entwickeln". Doch man sollte bedenken, daß die Krebsfälle um 56 % zurückgehen würden, wenn man mit dem Rauchen aufhören und den Alkoholkonsum einschränken würde.

e. Mangel an Mikronährstoffen

Beta-Carotin, Vitamin C, Vitamin E und Zink wirken vor allem dadurch krebsverhütend, daß sie die sogenannten freien Radikalen unschädlich machen.

Ein Mangel an diesen Mikronährstoffen begünstigt somit die Entstehung von Krebs.

f. Pestizide

Professor Révillard hat festgestellt, daß Pestizide bestimmte Zellen der Leber und Lunge angreifen, die für das Immunsystem sehr wichtig sind.

Zu den gängigen Pestiziden zählen zum Beispiel Carboryl, das die Tätigkeit der Makrophagen beeinträchtigt und Lindan, das die Makrophagen dazu veranlaßt, atypische Substanzen zu produzieren, die den freien Radikalen (krebsfördernde Wirkung) oder den Leukotrienen gleichen (Übertragungsstoffe, die das Entstehen von Entzündungen, Allergien und Immunstörungen begünstigen).

g. Nitrate und Nitrite

Die im Wasser befindlichen Nitrate können sich in Nitrite und anschließend in krebserzeugende Nitrosamine umwandeln. Wenn man nun weiß, daß in einigen Gebieten Frankreichs das Trinkwasser bis zu 100 mg Nitrat enthält, hat man allen Grund zur Sorge.

Nitrite wurden im übrigen lange Zeit als Konservierungsmittel für Wurst verwendet. Nachdem der Einsatz von Nitriten um 75 % gesenkt wurde, war auch bei Magenkrebs ein Rückgang von 66 % zu verzeichnen.

Bestimmte Biersorten, die immer noch Nitrosamine enthalten, verursachen Krebs der Verdauungsorgane.

4. Zubereitungsarten und Krebs

Ein Grill kann sich in einen Flammenwerfer verwandeln, wenn man ungeeignete Mittel zum Anzünden verwendet, doch er kann auch eine Zeitbombe sein, wenn er in horizontaler Form zum Einsatz kommt.

Durch die Hitze schmelzen die Lipide des Fleisches oder Fisches. Wenn nun das herabtropfende Fett mit der Glut in Berührung kommt, entsteht durch eine Pyrolyse die krebserzeugende Substanz Benzpyren, ganz zu schweigen von den übrigen polyzyklischen Kohlenwasserstoffen, die sich im Rauch befinden, der die Speisen durchdringt...

Deshalb sollte man eine vertikale Grillvorrichtung bevorzugen. Da bei uns jedoch nur selten im Jahr die Gelegenheit zum Grillen besteht, bleibt das Risiko gering.

Wie bereits erwähnt wurde, waren geräucherte Lebensmittel (Fleisch, Wurst, Fisch) lange Zeit für die Entstehung von Magenkrebs in den Ländern verantwortlich, in denen diese Produkte bevorzugt verzehrt wurden (Baltikum und Japan).

Schließlich sollte man auch die Butter nicht zu stark erhitzen, da ab einer Temperatur von 130 oC die krebserzeugende Substanz Acrolein entsteht.

5. krebsverhütende Ernährungsfaktoren

a. Antioxydationsmittel

Zur Erinnerung [1]):
- Vitamin C,
- Vitamin E,
- Beta-Carotin,
- Selen,
- Zink,
- Polyphenole.

b. Kalzium

Bei einem Kalziummangel erhöht sich das Dickdarm- und Mastdarmrisiko um das Dreifache. Eine tägliche Kalziumzufuhr von 1 250 mg über den Zeitraum von drei Monaten verringert dagegen die Ausbreitung der Darmkrebszellen. Deshalb sollten Magermilchprodukte auf jeden Fall auf dem Speiseplan stehen, zumal die gesättigten Fettsäuren nicht mehr enthalten sind.

c. Ballaststoffe

Man weiß, daß ein Ballaststoffmangel insbesondere die Entstehung von Dickdarm- und Mastdarmkrebs, aber auch von Lungen- und

---

1) siehe Teil 1, Kapitel 6 : Vitamintabelle

Gebärmutterhalskrebs begünstigt. Es sind vor allem die unlöslichen Ballaststoffe (Zellulose, Hemizellulose), die krebsvorbeugend wirken. Aufgrund mehrerer Mechanismen schützen Ballaststoffe die Wände des Dick- und Mastdarms:

- die möglichen krebserzeugenden Stoffe (Gallensäuren) kommen nicht mehr so lange mit der Schleimhaut des Dickdarms in Berührung, da der Darminhalt verdünnt (durch eine Hydrierung des Stuhlgangs) und die Darmpassage beschleunigt wird;

- die Darmflora wirkt nicht mehr so lange auf bestimmte Gallenstoffe ein;

- die Ausbreitung der Darmzellen durch die Gallensäuren wird verhindert.

Es wurde nachgewiesen, daß die Ballaststoffe erst dann richtig vor Dickdarm- und Mastdarmkrebs schützen, wenn der Verzehr von Fleisch eingeschränkt wird.

d. Ungesättigte Fette

Sojaöl, Maisöl, Olivenöl und Sonnenblumenöl (nicht oxidiert) wirken krebsvorbeugend.

e. Gemüse

Einige Gemüsearten enthalten Substanzen, die vor Krebs schützen:

- Indole in Kohl und Brokkoli, die die Östrogene inaktivieren;

- Sterine in der Gurke;

- Polyazetylene in Petersilie, die die schädliche Wirkung bestimmter Prostaglandine hemmen;

- Chinone in Rosmarin, die die Wirkung entgiftender Enzyme erhöhen;

• Isoflavone in zahlreichen Gemüsearten, die bestimmte Enzyme inaktivieren, die an der Krebsentstehung beteiligt sind.

Außerdem sind sie reich an Ballaststoffen und Vitamin C.

6. Einige allgemeine Richtlinien, die zu beachten sind

- eine übermäßige Nahrungszufuhr und Fettleibigkeit vermeiden.

- viel Fisch und wenig Fleisch verzehren und dabei geräucherte und eingesalzene Speisen meiden.

- die Fettzufuhr einschränken (insbesondere die gesättigten Fette).

- ballaststoffreiche Nahrung zu sich nehmen (Obst, frisches Gemüse, Hülsenfrüchte, Vollkorngetreide).

- den Verlust an Vitaminen und Spurenelementen vermeiden, insbesondere beim Kochen.

- den Alkoholkonsum reduzieren.

- sich möglichst ausgewogen und abwechslungsreich ernähren.

Wenn die Krebserkrankung früh genug entdeckt wird (im Frühstadium und ohne Bildung von Metastasen), sind sämtliche Prozesse noch reversibel. Es ist somit noch nicht zu spät, um die Ernährungsgewohnheiten umzustellen.

Eine gut durchdachte Ernährung kann insofern eine wirksame Unterstützung der Behandlung darstellen, als die Nebenwirkungen einer eventuellen Chemotherapie oder Bestrahlung abgeschwächt werden.

Zusätzlich sollten folgende allgemeine Empfehlungen beachtet werden. Krebs ist nicht unabwendbar und einigen Krebsarten kann sogar auf einfache Weise vorgebeugt werden.

1. Nicht rauchen und andere nicht „einräuchern".

2. sich nicht zu lange der Sonne aussetzen (Hautkrebsrisiko).

3. beim Umgang mit krebserzeugenden Substanzen die Sicherheits-
vorschriften beachten.

4. bei Früherkennung ist Krebs in den meisten Fällen heilbar; deshalb bei anhaltenden Störungen den Arzt aufsuchen.

KAPITEL 6

DIE FRAU IM ALTER

Zwar ist der Begriff des Alters heute nicht mehr zeitgemäß, doch der Spruch „man kann sein Alter nicht verleugnen" besaß noch nie soviel Aktualität.

Im achtzehnten Jahrhundert wurde man bereits mit vierzig Jahren als alt angesehen, zumal nicht einmal 4 % der Bevölkerung das sechzigste Lebensjahr erreichte.

Heute ist man im verwaltungstechnischen Sinne mit fünfundsechzig Jahren „alt", wobei die Lebenserwartung bei der Frau gegenwärtig fünfundachtzig Jahre beträgt. Im Jahr 2001 werden mehr als 21 % der Franzosen den letzten Lebensabschnitt erreicht haben.

Das Alter hat jedoch nichts damit zu tun, wie alt man sich fühlt. Wer kennt nicht mindestens eine Frau, die im Alter von siebzig, fünfundsiebzig Jahren (oder noch älter) immer noch eine fieberhafte Tätigkeit an den Tag legt und erstaunlich rüstig ist?

Meine Großmutter, die der Tod mit einhundertzwei Jahren ereilt hat, war ein Muster an Vitalität.

An ihrem hundersten Geburtstag wirkte sie sogar viel jünger als die meisten Achtzigjährigen, die zum Gratulieren gekommen waren. Neben der seelischen Verfassung ist jedoch auch die Ernährungsweise von entscheidender Bedeutung für die Lebensdauer, da sie den Alterungsprozeß beeinflussen kann.

DER NATÜRLICHE ALTERUNGSPROZESS

Zwischen dem sechzigsten und siebzigsten Lebensjahr ist der Organismus einer Reihe natürlicher Veränderungen ausgesetzt.

1. Körperliche Veränderungen

Das Gewicht der Organe und Eingeweide bleibt annähernd gleich, allerdings tritt eine Verminderung der Muskelmasse ein. Diese Veränderung ist entweder auf eine verringerte Sekretion von Androgenen (dies verursacht den verminderten Proteinaufbaustoffwechsel) oder auf mangelnde Bewegung zurückzuführen.

Dies wirkt sich nachteilig auf die körperliche Verfassung aus, was durch eine geringere Mobilität zum Ausdruck kommt. Es besteht die Gefahr, sich nur noch zwischen Bett und Sessel zu bewegen oder schlimmstenfalls bettlägerig zu werden.

Obwohl die Fettmasse im Bauchraum erkennbar zunimmt, ist beim Fett der Unterhaut eine Tendenz zur Rückbildung festzustellen. Beim Wasserhaushalt ist ebenfalls ein Rückgang zu verzeichnen:

– um 0,3 Kilo jährlich zwischen dem fünfundsechzigsten und siebzigsten Lebensjahr;

– um 0,7 Kilo jährlich nach dem siebzigsten Lebensjahr.

Im Volksmund spricht man davon, daß der alte Mensch „austrocknet".

2. Funktionsstörungen

Der Alterungsprozeß des Organismus bewirkt folgende Veränderungen bei den Verdauungsfunktionen:

– eine Änderung des Geschmacks durch einen Schwund der Geschmackspapillen, der durch Zinkmangel noch verstärkt wird. Die Geschmacksempfindungen Süß und Salzig sind weniger ausgeprägt. Die Nahrung erscheint fader, weshalb man dazu neigt, zuviel Zucker, Salz oder Gewürze zu verwenden;

– Mundtrockenheit durch einen Schwund der Speicheldrüsen oder durch Nebenwirkungen bestimmter Medikamente (atropinhaltig);

- Beeinträchtigung der Kaufunktion durch den Zustand des Gebisses;

- vermehrter Rückfluß des Speisebreis vom Zwölffingerdarm in den Magen;

- verringerte Sekretion von Magensäure;

- verlangsamte Magenentleerung;

- verringerte Sekretion von Bauchspeicheldrüsenfermenten, wodurch Fette schlechter verdaut werden;

- verminderte Aufnahme der Verdauungsprodukte, was den Mangel an Mikronährstoffen verstärkt: Vitamine, Mineralsalze und Spurenelemente;

- Vermehrung von Mikroben durch eine verlangsamte Darmtätigkeit, was eine zusätzliche Gärung verursacht.

3. Stoffwechselveränderungen

Dazu zählen:

- Verlangsamung der Proteinerneuerung um 30 % im Vergleich zu jüngeren Erwachsenen;

- Anstieg des Blutzuckerspiegels nach dem Essen aufgrund einer unzureichenden Insulinfreisetzung, wodurch das Risiko einer Insulinresistenz erhöht wird;

- verstärkter Natrium- und Wasserverlust, der zusammen mit einem verringerten Durstgefühl das Risiko einer Dehydrierung erhöht. Eine Dehydrierung ist daran zu erkennen, wenn beim Kneifen in die Haut die Hautfalte bestehen bleibt. Durch eine zu häufige Einnahme von Diuretika oder Laxativa kommt es zu einer Verschlimmerung des Zustands.

VERÄNDERUNGEN DER LEBENSWEISE

Dabei ist zu unterscheiden, ob die älteren Frauen ihren Lebensabend zu Hause verbringen oder ob sie in einem Heim untergebracht werden.

1. Frauen, die zu Hause leben

Man unterscheidet zwei Gruppen:

– die Frauen, die selbst kochen oder von einem Familienmitglied oder einer Haushaltshilfe mit Essen versorgt werden. In diesem Fall ist die Ernährung einigermaßen gesund und ausgewogen;

– die Frauen, die mit dem Essen vorliebnehmen müssen, das ihnen ein Lieferservice nach Hause bringt;

Viele dieser Frauen sind häufig verwitwet und fühlen sich einsam und verlassen. Dadurch kommt es zu depressiven Verstimmungen, die sich dahingehend auswirken, daß sie keinen Appetit mehr verspüren und sich von der Außenwelt zurückziehen. Somit entsteht ein Teufelskreis, der zu Bettlägerigkeit führt, wenn nicht rechtzeitig etwas dagegen unternommen wird.

Durch eine übermäßige Einnahme von Medikamenten kommt es im übrigen häufig zu Appetitlosigkeit, Verdauungsstörungen und in manchen Fällen sogar zu einem Verlust an Mikronährstoffen.

2. Frauen, die in einem Altersheim oder Pflegeheim untergebracht sind

– Im Altersheim bestehen die Vorteile darin, daß das Essen fertig zubereitet ist und gemeinsam eingenommen wird. Voraussetzung ist allerdings, daß sich die Frauen nicht absondern, indem sie auf ihrem Zimmer bleiben.

– Im Pflegeheim kontrollieren Diätetikerinnen das Essen.

Doch in der Realität sieht es nicht so rosig aus, da die betagten Leute generell nur das zu sich nehmen, was sie mögen! Außerdem sind die Mahlzeiten meistens kalt und es fehlt an Personal, das den Frauen behilflich ist, die nicht mehr selbständig essen können. Schließlich wird nicht kontrolliert, ob die alten Leute das Essen überhaupt zu sich genommen haben.

Paradoxerweise kommt es gerade bei den älteren Menschen im Pflegeheim zu deutlichen Mangelerscheinungen, obwohl sie unter Aufsicht stehen und das Essen ständig überprüft wird.

MANGELERNÄHRUNG

Mangelernährung kann entstehen, wenn bei der Ernährung wiederholt Fehler gemacht werden. Dies äußert sich durch:

- Müdigkeit bis hin zu Apathie,
- Muskelschwund,
- Gewichtsverlust (bis zu 15 % des Körpergewichtes),
- Sturz mit Knochenbrüchen,
- geistige Verwirrung,
- Infektionsanfälligkeit,
- Nachlassen der geistigen Leistungsfähigkeit.

Vereinsamung, Mißachtung bestimmter Ernährungsrichtlinien, Verarmung und Alkoholkonsum bewirken im übrigen eine Verschlimmerung des Zustands.

WIDERLEGUNG HERKÖMMLICHER ANSICHTEN

- Alte Menschen benötigen viel Nährstoffe und müssen genauso viel Nahrung zu sich nehmen wie Heranwachsende, da die Darmabsorption nachläßt und die Proteinsynthese teilweise gestört ist.

Man sollte auf keinen Fall die Nahrungszufuhr verringern, nur weil man ein gewisses Alter erreicht hat, nicht mehr so aktiv ist und weniger Ansprüche stellt.

Erfolgt die Nahrungseinschränkung durch eine kalorienreduzierte Diät, kommt es zu einem Mangel an Mikronährstoffen.

– Alte Menschen benötigen Proteine und Eisen. Deshalb besteht überhaupt kein Grund, den Verzehr von Fleisch einzuschränken oder sogar ganz zu meiden.

– Entgegen der weit verbreiteten Ansicht sind Eier nicht leberschädigend und Joghurts rufen keinen Kalkmangel hervor. Deshalb sollten diese zwei Lebensmittel bei älteren Menschen auf jeden Fall auf dem Speiseplan stehen.

Es entspricht ebenfalls nicht der Wahrheit, daß Salz die Gefäße verhärtet, Fleisch die Bildung von Harnstoff verursacht und Hülsenfrüchte Blähungen hervorrufen.

GUT ESSEN, UM BESSER ZU LEBEN

Für die Ernährung gibt es kein „Rentenalter", weshalb die Energiezufuhr im Alter nicht verringert werden sollte. Es empfiehlt sich, seinen bisherigen Eßrhythmus beizubehalten, indem man weiterhin vier Mahlzeiten am Tag zu sich nimmt, denn man darf nicht vergessen, wie wichtig das Frühstück ist und wie sehr man den Nachmittagskaffee genießt.

Eine Untersuchung, die 1983 von Professor Cerf aus Lille durchgeführt wurde, hat gezeigt, daß die durchschnittliche Kalorienzufuhr bei älteren Frauen 1680 Kalorien beträgt und daß die Proteinzufuhr häufig zu niedrig und unausgewogen ist, da mehr als 77 % der zugeführten Proteine tierischen Ursprungs sind.

Deshalb sollten vor allem vollwertige Nahrungsmittel wie Getreideprodukte oder Hülsenfrüchte verzehrt werden, die zudem reich an Ballaststoffen und Mikronährstoffen sind.

Eine Einschränkung der Proteinzufuhr hat nur auf ärztliche Anordnung zu erfolgen (wenn zum Beispiel eine schwere Störung der Nierenfunktion vorliegt).

Bei finanziellen Problemen stellen Eier und Milch billige Protein-lieferanten dar.

Des weiteren sollte auf eine abwechslungsreiche Zufuhr an Lipiden geachtet werden. Da in einem gewissen Alter ein Teil der Enzyme in ihrer Funktion gestört sind, müssen bestimmte Fettsäuren, die der Organismus nicht mehr aus den Fettsäuren der Öle oder Butter bilden kann, durch den regelmäßigen Verzehr von Fleisch, Leber, Eiern und vor allem Fisch zugeführt werden.

Außerdem empfiehlt es sich, Kohlenhydrate mit einem niedrigen glykämischen Index zu sich zu nehmen, da sie reich an pflanzlichen Proteinen, Ballaststoffen (wirken verdauungsfördernd) und Mikronährstoffen sind.

Bei den kleinen Leckereien braucht man dagegen nicht so streng zu sein (außer bei extremer Fettleibigkeit oder schlecht eingestelltem Diabetes), da sie stets einen Genuß darstellen. Dabei sollte man natürlich Schokolade mit über 70 % Kakaoanteil bevorzugen.

Schließlich ist auf eine ausreichende Flüssigkeitszufuhr zu achten. Da bei älteren Menschen das Durstgefühl nicht mehr so ausgeprägt ist und Stoffwechselveränderungen das Risiko einer Dehydrierung erhöhen, sollten mindestens 1,5 Liter Flüssigkeit pro Tag zugeführt werden.

Dazu bieten sich Suppen, Tee und Fruchtsaft an. Allerdings ist ein übermäßiger Genuß von Kaffee zu meiden, da dadurch Schlafstörungen begünstigt werden.

Es empfiehlt sich, zu jeder Mahlzeit ein bis zwei Gläser Rotwein zu trinken, da Wein bekanntlich antioxydierende und euphorisierende Eigenschaften besitzt.

Die Kalziumzufuhr sollte bei älteren Frauen 1200 bis 1500 mg pro Tag betragen. Allerdings ist sie sehr häufig niedriger, vor allem dann, wenn eine restriktive Diät durchgeführt wird. Die Statistik gibt genau Aufschluß darüber:

– 58 % der älteren Frauen nehmen weniger als 800 mg Kalzium pro Tag zu sich;

- 16 % nehmen zwischen 800 und 1000 mg pro Tag zu sich;
- 10 % nehmen mehr als 1000 mg pro Tag zu sich;
- nur bei 16 % ist die Kalziumzufuhr ausreichend.

Dieser Mangel ist nicht zu unterschätzen, denn bei einer Kalziumzufuhr von weniger als 1000 mg besteht kein wirksamer Schutz vor Osteoporose (siehe Teil 2, Kapitel 5).

Die Osteoporose verläuft bei älteren Frauen etwas anders als bei Frauen in der Menopause, da nicht nur die Wirbel in Mitleidenschaft gezogen werden, sondern auch die Extremitäten. Dies wird daran deutlich, daß sich die Frauen bei einem Stoß oder Sturz leicht einen Bruch zuziehen. Der Oberschenkelhals und das Handgelenk sind am häufigsten davon betroffen. Deshalb ist der Verzehr von Milchprodukten in diesem Alter so wichtig.

Für den Kalziumstoffwechsel wird im übrigen Vitamin D benötigt. Da dieses Vitamin durch Sonneneinstrahlung in der Haut hergestellt wird, sollten sich auch ältere Frauen der Sonne aussetzen.

Wenn sie nicht die Gelegenheit haben, in Ruhe ein „Sonnenbad" zu nehmen, können sie dieses Vitamin auch über die Nahrung aufnehmen. Die Vitamin D-Zufuhr sollte etwa 12 Millionstel Gramm pro Tag betragen.

Nahrungsmittel, die reich an Vitamin D sind

- Lebertran .... 250 bis 700 Millionstel Gramm/100 g

- Thunfisch .... 60 Millionstel Gramm/100 g

- Sardinen .... 5 Millionstel Gramm/100 g

- Geflügelhaut .... 20 Millionstel Gramm/100 g

- Margarine .... 8 Millionstel Gramm/100 g

- Eigelb .... 5 Millionstel Gramm/100 g

- Champignons .... 8 Millionstel Gramm/100 g

- Schwein .... 3 Millionstel Gramm/100 g

- Huhn .... 2 Millionstel Gramm/100 g

Bei Vitamin D-Mangel kann Osteomalazie entstehen, die durch Schmerzen im Beckenbereich und Schwierigkeiten beim Gehen zum Ausdruck kommt (vergleichbar mit Rachitis bei Kindern).

Der behandelnde Arzt sollte immer an diese Ursache denken, wenn ältere Frauen über Gehschwierigkeiten klagen. In diesem Fall sind hohe Dosen an Vitamin D zu verordnen.

Ein Mangel an Folaten (Vitamin B9 oder Folsäure) kommt bei älteren Menschen ebenfalls sehr häufig vor: 30 % der Frauen, die zu Hause ihren Lebensabend verbringen, und 70 % der Frauen, die in einem Pflegeheim untergebracht sind, leiden daran.

Dieser Mangel äußert sich durch Anämie und vor allem durch psychische Störungen:

Stimmungswandel, Schlaflosigkeit, Konzentrationsschwäche, Depressionen, Apathie und in manchen Fällen sogar Senilität.

Deshalb sollte bei jeder älteren Frau, die den „Verstand verloren hat", diese Ursache in Betracht gezogen werden, bevor echte Senilität diagnostiziert wird.

Durch eine einfache Blutentnahme läßt sich feststellen, ob ein Mangel an Folsäure vorliegt. Die Heilbehandlung erfolgt dann in Form von Spritzen, doch man sollte auch eine entsprechende Umstellung der Ernährung vornehmen.

Der Tagesbedarf an Folaten beträgt 300 Millionstel Gramm.

Nahrungsmittel, die reich an Folsäure sind

- Bierhefe .... 4 000 Millionstel Gramm/100 g

- Kalbsleber .... 260 Millionstel Gramm/100 g

- Austern .... 240 Millionstel Gramm/100 g

- Kresse, Endivie .... 220 Millionstel Gramm/100 g

- gekochter Spinat .... 160 Millionstel Gramm/100 g

- Avocado .... 150 Millionstel Gramm/100 g

- gekochte rote Bohnen .... 130 Millionstel Gramm/100 g

Auf eine ausreichende Vitamin B6-Zufuhr achten

Man weiß, daß dieses Vitamin an der Zellerneuerung beteiligt ist (als Baustein von Fermentsystemen).

Ein Mangel an Vitamin B6 führt zu Müdigkeit, Depressionen, Reizbarkeit und einer erhöhten Infektionsanfälligkeit.

Die Nahrungsmittel, die reich an Vitamin B6 sind, können in Teil 1, Kapitel 6 nachgelesen werden.

Genügend Vitamin A zu sich nehmen

Dieses Vitamin ist an der Bildung des Sehpurpurs im Auge beteiligt und sorgt für den Schutz der Haut und Schleimhäute. Die tägliche Zufuhr sollte 800 Millionstel Gramm betragen.

Ein Vitamin A-Mangel (was bei 45 % der Frauen über sechzig der Fall ist) verursacht trockene und faltige Haut, erhöhte Anfälligkeit gegenüber Lungen- und HNO-Infektionen und Sonnenunverträglichkeit.

Des weiteren sollten folgende Stoffe bevorzugt werden...

- Antioxydationsmittel, vor allem Vitamin E und C sowie Polyphenole, die durch ihren Kampf gegen die freien Radikale dem Alterungsprozeß entgegenwirken;
- Eisen;
- Magnesium;
- Kalium.

Laut Statistik ist bei mehr als der Hälfte der älteren Menschen die tägliche Zufuhr an Nährstoffen völlig unzureichend (im Vergleich zu den empfohlenen Werten).

VORSICHT VOR DIÄTEN!

Sämtliche restriktiven Diäten (kalorienreduziert, salzlos, fettlos...) sind für ältere Menschen gefährlich, da sie ein Ungleichgewicht hervorrufen.

In bestimmten Fällen empfiehlt es sich jedoch, Einschränkungen vorzunehmen:

- schwere Störung der Nierenfunktion,
- bedrohlicher Bluthochdruck,
- fortschreitende Koronarerkrankungen,
- schwere Form von Diabetes.

Eine Gewichtsabnahme ist nur in zwei Fällen medizinisch vertretbar:

1. wenn durch das Übergewicht die Bewegungsfreiheit eingeschränkt ist oder die Person aufgrund der Fettleibigkeit ans Bett gefesselt ist; wenn extreme Kurzatmigkeit vorliegt, die mit Atem- und Herzschwäche einhergeht;

2. wenn aufgrund einer Arthrose in den Knie- oder Hüftgelenken eine Prothese eingesetzt werden soll.

Abgesehen von diesen Fällen ist es unnötig und fast grausam, ältere Menschen dazu zu veranlassen, eine kalorienreduzierte Diät zu machen, um eine Gewichtsabnahme herbeizuführen.

Wenn die älteren Leute dagegen von sich aus abnehmen möchten, können sie sich nach den Grundprinzipien der Montignac-Methode (Phase II) richten, vorausgesetzt, diese entsprechen einer optimalen Ernährungsweise. Andernfalls müßten die Prinzipien an die besonderen Bedürfnisse der älteren Menschen angepaßt werden, insbesondere, was den Bedarf an Nährstoffen betrifft.

ESSEN BEDEUTET FREUDE UND GESELLIGKEIT

Die Ernährung gilt nur dann als ausgewogen, wenn sie abwechslungsreich ist und den Geschmack und die Vorlieben jeder einzelnen Person berücksichtigt.

Deshalb sollte die Qualität und die Präsentation im Vordergrund stehen. Um den Appetit anzuregen, empfiehlt es sich, aus den Mahlzeiten wahre Feinschmeckergerichte zu machen.

Doch am meisten wird die Ernährungsweise von der Atmosphäre, der Umgebung und der Gemeinschaft bestimmt, in der die älteren Menschen leben. Jeder weiß, daß eine gemeinsam eingenommene Mahlzeit besser schmeckt.

Die Nahrung sollte somit wieder ihre hedonistische und epikureische Bedeutung erhalten, die von größter Wichtigkeit sind.

Dies läßt sich an den Worten von Brillat-Savarin nachvollziehen: „ *Die Tafelfreuden gelten in jedem Alter, jeder Situation, jedem Land und an jedem Tag; sie lassen sich mit allen übrigen Freuden verbinden und trösten uns am Ende über deren Verlust hinweg* ".

Deshalb sollte immer gut und reichlich gegessen werden.

KAPITEL 7

MEDIKAMENTE
UND IHRE NEBENWIRKUNGEN

Etliche sind froh darüber, daß der wissenschaftliche Fortschritt die Entdeckung wirksamer Medikamente ermöglicht hat.

Doch anstatt Arzneimittel in Maßen und nur bei Bedarf einzunehmen, wird bei jeder Gelegenheit davon Gebrauch gemacht.

Man muß dazu sagen, daß durch den Druck der florierenden Pharmaindustrie und ihrer Zwischenhändler in den letzten Jahrzehnten der Einsatz von Medikamenten selbst in den harmlosesten Fällen zur Gewohnheit geworden ist.

Die Ärzte haben im übrigen maßgeblich zu dieser Entwicklung beigetragen, nachdem sie festgestellt hatten, daß ihr Ansehen von der Anzahl der verordneten Medikamente abhing.

Wenn man die Arzneimittel miteinbezieht, die ohne ärztliche Verordnung eingenommen werden, wird das ganze Ausmaß dieses Phänomens sichtbar, das normalerweise nur ein kleineres Übel darstellen würde, wenn nicht die fatalen Auswirkungen auf die Krankenversicherung wären.

Allerdings bleibt diese übertriebene Medikamenteneinnahme nicht ohne Folgen für die Gesundheit, da die Arzneimittel nicht immer so harmlos sind, wie man glaubt.

Bei einer übermäßigen oder längeren Einnahme können schwerwiegende Nebenwirkungen auftreten.

Manche Medikamente bewirken zum Beispiel eine deutliche Gewichtszunahme. Leider gilt dies gerade für die Arzneimittel, von denen Frauen besonders häufig Gebrauch machen.

PSYCHOPHARMAKA

Psychopharmaka dienen der Behandlung verschiedener nervöser Störungen. Sie beeinflussen bestimmte Hirnzentren (Hypothalamus), die die Nahrungsaufnahme und den Wasserhaushalt regulieren.

Die Tätigkeit der Hypophyse, die die Hormonausschüttung der endokrinen Drüsen (Bauchspeicheldrüse, Nebennieren, Keimdrüsen) steuert, wird ebenfalls von diesen Medikamenten beeinflußt.

Bei den Psychopharmaka unterscheidet man mehrere Arten.

1. Antidepressiva

Manche Antidepressiva, die bei schweren Depressionen verordnet werden, regen den Appetit und das Verlangen nach Süßem an, was zu Anfällen von Bulimie und einem vermehrten Knabbern führen kann.

Außerdem bewirken sie eine Verschlimmerung der Insulinresistenz (siehe Teil 1, Kapitel 4).

Falls eine Behandlung mit Antidepressiva nicht zu umgehen ist, sollten Medikamente verordnet werden, die das Körpergewicht nicht beeinflussen (vorausgesetzt, es liegen keine Störungen im Eßverhalten vor).

2. Neuroleptika

Neuroleptika regen ebenfalls den Appetit und die Vorliebe für schlechte Kohlenhydrate an (insbesondere Süßigkeiten).

3. Beruhigende und angstlösende Mittel

Wenn Frauen Angst empfinden oder existentielle Probleme haben, neigen sie allzu häufig dazu, angeblich „heilbringende" Beruhigungsmittel einzunehmen. Man muß dazu sagen, daß Ärzte ohne Zögern diese Mittel verordnen, sobald sie darauf angesprochen werden.

Dies führt zu einem bedauerlichen Mißbrauch und nicht umsonst liegt Frankreich hinsichtlich des Konsums dieser „kleinen, glücksbringenden Pillen" an erster Stelle!

Außerdem ist festzuhalten, daß Benzodiazepine in manchen Fällen Gedächtnis- oder Konzentrationsschwäche verursachen, so daß die Frauen nicht mehr im Vollbesitz ihrer geistigen Kräfte sind.

Schließlich können diese Medikamente appetitanregend sein und ein Verlangen nach Süßem auslösen.

4. Lithium

Die Einnahme von Lithium geht mit einem starken Verlangen nach gezuckerten Getränken einher. Außerdem bewirkt es in manchen Fällen eine Störung der Schilddrüsenfunktion, wodurch es zu einer Gewichtszunahme kommen kann.

Deshalb sollte man sich die Einnahme von Medikamenten, die die Psyche beeinflussen, gut überlegen. Die Gewichtszunahme kann sehr unterschiedlich ausfallen (zwischen zwei und dreißig Kilo). Das zusätzliche Gewicht begünstigt nicht nur die Entstehung von Krankheiten, die mit Fettleibigkeit einhergehen, sondern es stellt auch für die Frauen, die bereits unter ihrem Aussehen leiden, eine zusätzliche Belastung dar.

Fettleibigkeit führt häufig zu einer Verschlimmerung der psychischen Störungen, was die Frauen dazu veranlaßt, das Medikament abzusetzen. Doch eine plötzliche Unterbrechung der Behandlung aufgrund einer Gewichtszunahme kann dramatische Auswirkungen haben (bis hin zu Selbstmord). Die Aufgabe des Arztes besteht deshalb darin, die Notwendigkeit der Behandlung und die eventuell auftretenden Nebenwirkungen gegeneinander abzuwägen.

In bestimmten Fällen kann die Durch- oder Weiterführung der Behandlung trotz einer Gewichtszunahme gerechtfertigt sein.

Bei einfacher Nervosität, Streß oder vorübergehender Niedergeschlagenheit sollte man jedoch auf die Einnahme derartiger Medikamente verzichten, denn die gewünschte Entspannung läßt sich auch auf andere Weise erzielen. Zu den besonders empfehlenswerten Therapien zählen Entspannungsübungen und Yoga.

BETABLOCKER

Betablocker dienen der Behandlung von Bluthochdruck und der Verhütung von
Herz-Kreislauf-Störungen bei vorliegender Koronarinsuffizienz. In manchen Fällen wird das Mittel auch zur Intensivbehandlung von Migräne und gegen Zittern (zum Beispiel bei Lampenfieber) eingesetzt.

Betablocker bewirken im allgemeinen eine Gewichtszunahme, da sie die Wärmebildung im Organismus durch eine Senkung der Muskelspannung herabsetzen.

Diese Mittel können jedoch nach Absprache mit dem Kardiologen oder bei Herz-Kreislauf-Problemen durch andere Medikamente ersetzt werden, die sich nicht negativ auf das Körpergewicht auswirken.

CORTISON

Cortison führt durch eine Wasser- und Salzansammlung zur Gewichtszunahme. Außerdem verursacht dieses Mittel eine Störung des Kohlenhydratstoffwechsels. Deshalb wird es vom Arzt erst nach reiflicher Überlegung verordnet.

Die Einnahme von Cortison ist bei schweren Krankheiten (Rheumatismus, Allergien, schwere Infektionen, Krebs), die lebensbedrohlich sein können oder mit einer Funktionsstörung einhergehen, häufig gerechtfertigt.

In diesen Fällen ist das Problem der Gewichtszunahme zweitrangig, zumal das zusätzliche Gewicht bei einer Verabreichung von hohen

Cortisondosen oder einer längeren Cortisonbehandlung durch eine strenge salzlose und kohlenhydratreduzierte Diät vermieden werden kann.

ENTZÜNDUNGSHEMMENDE MITTEL

Bei gewöhnlichen Entzündungen ist die Einnahme von Phenylbutazonen nicht mehr erlaubt. Einige Medikamente, die zur gleichen Gruppe gehören, können bei besonders anfälligen Personen eine Gewichtszunahme von zwei bis drei Kilo auslösen.

Allerdings ist dieses zusätzliche Gewicht ist vielen Fällen eher auf eine Wasseransammlung als auf eine Bildung von Fettreserven zurückzuführen.

Die Verordnung von entzündungshemmenden Mitteln muß ebenfalls gut überlegt werden, denn nicht jede Hals- oder Zahnentzündung, jeder rheumatische Schub oder Schmerzanfall während der Menstruation rechtfertigen eine derartige Behandlung, zumal diese Medikamente Blutungen im Verdauungstrakt hervorrufen können.

ANTIBIOTIKA

Antibiotika werden häufig in der Massentierhaltung eingesetzt, da sie bei den Tieren eine Gewichtszunahme von etwa 10 % ermöglichen.

Da diese Medikamente beim Menschen die gleiche Wirkung erzielen, sollte die Behandlung erst nach reiflicher Überlegung und nur über einen kurzen Zeitraum erfolgen. Eine längere Einnahme ist nur in Ausnahmefällen und aus zwingenden Gründen in Betracht zu ziehen.

Es ist besser, auf gängige Mittel zurückzugreifen, um das Immunsystem zu stärken und die Entstehung von Infektionen zu vermeiden.

STÄRKUNGSMITTEL

Wie im ersten Teil dieses Buches zu sehen war, ist Müdigkeit nur ein Symptom. Wer sich von seinem Arzt Stärkungsmittel verordnen läßt, nimmt damit in Kauf, daß die Ursache der Ermüdungserscheinungen nicht bekämpft wird.

In hoher Dosierung wirken Stärkungsmittel appetitanregend und führen indirekt zu einer Gewichtszunahme. Manche dieser Mittel enthalten sogar beträchtliche Mengen an Zucker (Ampullen, Sirup). Gerade bei Kindern kann die Einnahme von Stärkungsmitteln Fettleibigkeit verursachen.

WEIBLICHE HORMONE

In den vorhergehenden Kapiteln wurden die möglichen Auswirkungen der Antibabypille und der Östrogene und Gestagene, die in der Menopause verordnet werden, ausführlich behandelt.

Außerdem können andere Medikamente die Nahrungsaufnahme dahingehend beeinträchtigen, daß sie das Geschmacksempfinden herabsetzen (nicht weniger als dreiundvierzig Mittel sind davon betroffen) oder die Leber übermäßig belasten, was zu einer Störung der Verdauungsfunktion führen kann.

Deshalb sollte immer der gesunde Menschenverstand den Ausschlag geben. Bestimmte Medikamente sind bei gewöhnlichen Erkrankungen nur dann zu verordnen, wenn sie nicht durch andere Mittel, die keine Gewichtszunahme auslösen, ersetzt werden können, oder wenn sie unbedingt erforderlich sind.

Der Arzt hat somit die Pflicht, die Betroffenen vor einer Gewichtszunahme zu bewahren und die notwendigen Vorkehrungen zu treffen, um das Risiko einer Fettleibigkeit auf ein Minimum zu reduzieren.

Schließlich ist es absolut notwendig, daß die Betroffenen in einem offenen Gespräch mit ihrem Arzt über das jeweilige Medikament und die damit verbundene eventuelle Gewichtszunahme wahrheitsgetreu aufgeklärt werden.

Eine genaue Abschätzung der Folgen gestaltet sich jedoch schwierig, da sie von individuellen Faktoren abhängen.

ANHANG

Tomatenpürree

Zutaten

500 g	Tomatenpüree
3	große Zwiebeln
2	Knoblauchzehen
20 cl	zerriebenes getrocknetes Basilikum (oder frisch)
10 cl	zerstoßener Knoblauch
3	Eßlöffel Kräuter der Provence
1	Joghurt mit 0 % Fettgehalt

Zwiebeln und Knoblauchzehen in einen Mixer geben und pürieren. Eventuell etwas Wasser zugeben, um eine sämigere Konsistenz zu erhalten.

Die Masse in einer antihaftbeschichteten Pfanne bei sehr schwacher Hitze andünsten, bis die Flüssigkeit eingekocht ist.

Tomatenpüree, Knoblauch- und Zwiebelmasse, Basilikum, zerstoßener Knoblauch, Kräuter der Provence und Joghurt in einen Topf geben und gut umrühren.

Bei schwacher Hitze 30 Minuten kochen lassen.

Empfehlung

Das Tomatenpüree enthält überhaupt kein Fett und kann deshalb mit Vollkornnudeln oder Vollkornreis serviert werden.

PILZSAUCE

ZUTATEN

250 g	Steinpilze aus der Dose
250 g	Champignons aus der Dose
20 cl	Sahne
10 cl	zerriebenes getrocknetes Basilikum
5-6 cl	zerstoßener Knoblauch
	gefriergetrockneter Estragon
	Salz und Pfeffer

Steinpilze abtropfen lassen und anschließend in dünne Scheiben schneiden. Etwas Olivenöl eine Pfanne geben und die Steinpilze einige Minuten darin andünsten.

Abgetropfte Champignons und die Hälfte der Steinpilze in einen Mixer geben und pürieren. Bei Bedarf etwas Sahne zugeben.

Die Masse in einem Topf mit den restlichen Steinpilzen vermengen und Basilikum, den zerstoßenen Knoblauch und restliche Sahne hinzufügen. Mit Salz, Pfeffer und Estragon würzen.

Bei sehr schwacher Hitze kochen lassen, damit die Sauce nicht am Boden des Topfes anhängt.

VARIANTEN

Die Sauce kann auch ohne Steinpilze zubereitet werden. In diesem Fall sind 500 g Champignons zu verwenden.

Wenn daraus ein Rezept der „Phase I" werden soll, empfiehlt es sich, die 20 cl Sahne durch ein Joghurt oder Quark/Frischkäse mit 0 % Fettgehalt zu ersetzen.

INHALT

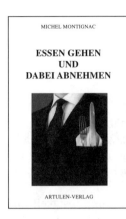

MICHEL MONTIGNAC

ESSEN GEHEN
UND DABEI ABNEHMEN

In Frankreich verursachten Michel Montignacs Betrachtungen zu Diät und Ernährung eine Revolution. Denn er widerlegte eine ganze Reihe von Irrtümern und Mythen über das Abnehmen. Kein Wunder, daß sein Buch *Comment maigrir en faisant des repas d'affaires* europaweit zu einem Bestseller wurde. Die deutsche Ausgabe ist bereits 1993 im ARTULEN-VERLAG erschienen.

Auch Sie können in diesem Buch erfahren, wie man nach Lust und Laune im Restaurant essen und dennoch abnehmen kann. Sie werden staunen, wie leicht Sie Ihre überflüssigen Pfunde loswerden, ohne Kalorien zu zählen oder gar zu hungern.

Und was noch wichtiger ist: Sie werden lernen, Ihr neues Gewicht auch zu halten. Fast nebenbei fühlen Sie sich physisch und psychisch so wohl wie schon lange nicht mehr. Denn Sie gewöhnen sich an, nur noch gesund zu essen. Dabei verlangt MONTIGNAC nicht, daß Sie sich kasteien. Im Gegenteil: Hin und wieder können Sie ohne Schuldgefühle nach Herzenslust schlemmen. Sie müssen weder auf Wein noch auf Schokolade verzichten.

Bedeutende französische Ärzte und medizinische Institute unterstützen Montignacs Methode, und zahlreiche Prominente - darunter Politiker und Leistungssportler - haben sie bereits erfolgreich angewandt. In seinem Heimatland unterrichtet der Autor in Seminaren gewichts- und gesundheitsbewußte Menschen aus aller Welt. Demnächst wird es hierfür nahe Paris sogar ein eigenes Gesundheitszentrum geben.

Sein Buch gilt vielen als Meilenstein in der Geschichte der Ernährungswissenschaft. Es liest sich leicht, vermittelt Spaß am Essen und ist das beste „Gegengift" gegen langweilige Mahlzeiten und herkömmliche Diäten. Zugleich dient es jenen Geschäftsleuten und Genießern, die fit bleiben wollen, ohne die kulinarischen Freuden des Lebens zu missen, als unerläßlicher Ratgeber. Es ist allen Gourmets gewidmet, die sich auf das „*savoir vivre*" verstehen.

ISBN: 2-9062-3632-2
Preis: 49,80 DM sFr 49,80 öS 389,00

MICHEL MONTIGNAC

MONTIGNAC REZEPTE UND MENÜS
oder
Die feine Küche

Mit einer revolutionären Ernährungsmethode, die nunmehr seinen Namen trägt, hat Michel MONTIGNAC in den letzten Jahren die ruhige Welt der herkömmlichen Diätetik erschüttert.

Er hat die hoffnungslose Wirkungslosigkeit und die Gefahren restriktiver kalorienreduzierter Diäten angeprangert und aufgezeigt, daß eine einfache Umstellung der Ernährungsgewohnheiten das beste Mittel darstellt, um eine Gewichtsabnahme zu erzielen und eine größere Vitalität zu erlangen.

Dieses Buch „Recettes et Menus" ist somit eine notwendige Ergänzung der ersten Werke „Je mange donc je maigris!" und „Comment maigrir en faisant des repas d'affaires" (Essen gehen und dabei abnehmen), die zu internationalen Bestsellern wurden.

Wer sich bereits der Montignac-Methode verschrieben hat, erhält mit diesem Buch die Möglichkeit, sich mit den Prinzipien und der feinen Küche intensiver zu beschäftigen.

Die übrigen Leser werden erstaunt sein, ein Kochbuch vorzufinden, das nicht nur auf die regionale Kochkunst Wert legt und vom guten und genießerischen Essen handelt, sondern auch die Gesundheit miteinbezieht.

Außerdem werden sie zu ihrer Verwunderung erfahren, daß Wein, Schokolade, Foie gras und Käse aus Rohmilch so außergewöhnliche Ernährungseigenschaften besitzen, daß sie nunmehr bevorzugt verzehrt werden sollten, um eine Senkung des Cholesterinspiegels zu erreichen.

ISBN: 3-930989-00-X
Preis: 29,80 DM sFr 29,80 öS 233,00

ERSCHEINUNGSTERMIN:
MAI 1995

Dr. E. MAURY

WEIN ALS MEDIZIN
oder
Wein als Allheilmittel

ARTULEN-VERLAG

WEIN ALS MEDIZIN
oder Wein als Allheilmittel

von Dr. E. MAURY

Seit einigen Jahrzehnten hat sich Wein in ein Ghetto einschließen lassen: in das Ghetto der alkoholischen Getränke.

Durch ungeschickte, wenn nicht sogar übelgesinnte Werbung in Verbindung mit einer unverzeihlichen Unwissenheit wurde ein Schatten auf das bekannteste und am meisten geschätzte Getränk geworfen.

Jahrtausendelang, insbesondere seit HIPPOKRATES, wurde Wein zur Behandlung von Krankheiten eingesetzt, was BAUDELAIRE zu folgenden Worten veranlaßte: *„wenn es ihn nicht mehr gäbe, würde im Bereich der Gesundheit und im Menschen eine Leere entstehen, die schlimmer wäre als die Exzesse, für die man ihn verantwortlich macht".*

Neuere wissenschaftliche Entdeckungen haben bestätigt, daß Wein eine außergewöhnliche Heilwirkung besitzt.

Man wußte bereits, daß Wein ein kräftigendes, verdauungsförderndes, harntreibendes und remineralisierendes Getränk ist. Bei den neueren Versuchen wurde auch seine bakterizide Wirkung nachgewiesen. Einige der berühmtesten Forscher haben sogar den Beweis erbracht, daß sich dieses Getränk günstig auf das kardiovaskuläre System auswirkt.

Bisher hat man sich bei der Auswahl des Weines wahrscheinlich an der Mahlzeit orientiert. Nach der Lektüre dieses Buches wird man in der Lage sein, die Entscheidung von seinen physischen Eigenschaften, seinen Krankheitsneigungen und seinem Gesundheitszustand abhängig zu machen.

Als Begründer der Homöopathie in Europa und großer Humanist dieses Jahrhunderts betrachtet Dr. MAURY den Wein nicht nur aus der Sicht des Wissenschaftlers und Arztes. Die nützlichen Ratschläge, die er in seinem Buch erteilt, weisen ihn auch als Experten auf dem Gebiet der Önologie aus, der seine Aufgabe in der Rehabilitation dieses edlen Getränks sieht.

ISBN: 3-930989-01- 8
Preis: 29,80 DM sFr 29,80 öS 233,00

ERSCHEINUNGSTERMIN:
SEPTEMBER 1995

DIE HEILKRAFT DER SCHOKOLADE

von Dr. Hervé ROBERT

Vorwort von Professor Jacques MIROUZE

Jeder mag Schokolade, doch es gibt viele, die diese Süßigkeit nur mit einem großen Schuldgefühl verzehren.

Denn kein anderes Produkt ist so vorbelastet wie Schokolade.

Der Autor dieses Buches, der obendrein Arzt ist, schildert die herkömmlichen Ansichten über ein Nahrungsmittel, das seit jeher für sämtliche Übel verantwortlich gemacht wird. Es hat sich jedoch herausgestellt, daß an den Anschuldigungen nichts Wahres dran ist.

Eingefleischte Knabberfans und sonstige Leckermäuler können sich freuen, denn neuere wissenschaftliche Untersuchungen haben zu einer völligen Rehabilitation dieses Produktes geführt.

Es wurde der Beweis erbracht, daß Schokolade sehr wohl als vollwertiges Nahrungsmittel anzusehen ist und daß sie sich zudem besonders günstig auf die Gesundheit auswirkt, da sie reich an Magnesium, Vitaminen, Spurenelementen ist und sogar eine Senkung des Cholesterinspiegels verursacht. Außerdem besitzt sie eine kräftigende, antidepressive und aphrodisische Wirkung...

In diesem Buch wird auf fesselnde Weise geschildert, wie es in den weit zurückliegenden Anfängen dieses Nahrungsmittels zu zahlreichen Meinungsverschiedenheiten zwischen den Schokoladen-Liebhabern, der Kirche und den Ärzten kam.

Anhand einer klaren und genauen Darstellung, die mit amüsanten Anekdoten gespickt ist und mit geschichtlichen und medizinischen Kommentaren untermauert wurde, erhält der Leser den endgültigen Beweis von der außergewöhnlichen Heilkraft dieses Lebensmittels, das *„die Freuden der Näscherei und die Segnungen der Diätetik"* wieder in Einklang bringt.

Nach der Lektüre dieses Buches werden sich diejenigen schuldig fühlen und schämen, die nicht regelmäßig Schokolade essen.

ISBN: 3-930989-02-6
Preis: 49,80 DM sFr 49,80 öS 389,00

ERSCHEINUNGSTERMIN:
FRÜHJAHR 1996

WEITERE INFORMATIONEN

Montignacs Ernährungsmethode wird von Michel Montignac und seinem Ärzteteam stetig weiter erforscht und verbessert.

Um ihnen regelmäßig den letzten Stand der Fortschritte und Verbesserungen dieser Ernährungsmethode mitzuteilen, sowie Sie über die verschiedenen Aktivitäten (Tagungen, Konferenzen, etc. ...) zu informieren, bitten wir Sie noch heute diesen Bogen ausgefüllt an folgende Anschrift zu schicken:

Hier
ausschneiden

ArtulenVerlag

Luisenstraße 4

D-77654 Offenburg

Hier falten

Ja, ich möchte mich kostenlos weiter informieren

Name:

Vorname:

Straße, Hausnummer:

PLZ, Ort: